AF345256

RÈGLEMENT

CONCERNANT

L'EXERCICE ET LES MANŒUVRES

DE L'INFANTERIE.

Du 1.er Août 1791.

A PARIS,

DE L'IMPRIMERIE ROYALE.

M. DCC. XCI.

TABLE.

TITRE PREMIER.

TITRE II.

TITRE IV.

F IN de la Table.

REGLEMENT

RÈGLEMENT

*Concernant l'Exercice & les Manœuvres
de l'Infanterie.*

Du 1.er Août 1791.

DE PAR LE ROI.

Sa Majesté s'étant fait rendre compte des Ordonnances & Instructions provisoires précédemment rendues sur l'Exercice & les Manœuvres de l'Infanterie ; & voulant régler définitivement ce qui concerne ces objets, a ordonné & ordonne ce qui suit :

TITRE PREMIER.

Formation d'un Régiment en ordre de bataille.

Quelle que soit la place d'une brigade dans l'ordre de bataille, le plus ancien des deux régimens dont elle sera composée, sera placé à la droite, & le moins ancien à la gauche.

Quelle que soit la place des régimens dans leur brigade, le premier bataillon de chacun sera placé à la droite, & le second à la gauche ; l'intervalle entre les bataillons sera de huit toises.

Le premier bataillon de chaque régiment sera composé de la première compagnie de Grenadiers, & des compagnies des premier, troisième, cinquième, septième, neuvième, onzième, treizième & quinzième Capitaines de Fusiliers du régiment.

A

Le fecond bataillon de chaque régiment fera compofé de la feconde compagnie de Grenadiers , & des compagnies des deuxième , quatrième , fixième , huitième , dixième , douzième , quatorzième & feizième Capitaines de Fufiliers du régiment.

Dans le premier bataillon, les compagnies de Fufiliers feront placées de la droite à la gauche , dans l'ordre fuivant : 1.ere 9.e , 3.e , 11.e , 5.e , 13.e , 7.e , 15.e.

Dans le fecond bataillon , les compagnies de Fufiliers feront également placées de la droite à la gauche , dans l'ordre fuivant : 2.e , 10.e , 4.e , 12.e , 6.e , 14.e , 8.e 16.^{e}

Lorfque les deux bataillons d'un régiment fe trouveront féparés , cet ordre aura lieu par bataillon , & à leur réunion , il fera rétabli fur la totalité du régiment.

Les deux compagnies de Grenadiers feront dénommées première & feconde , d'après le rang d'ancienneté des Capitaines qui les commandent ; la première fera placée à la droite du premier bataillon , & la feconde à la gauche du fecond bataillon.

Chaque bataillon fera partagé en deux demi-bataillons , défignés par les noms de *demi-bataillon de droite* & *demi-bataillon de gauche*.

Chaque compagnie , foit de Grenadiers ou de Fufiliers , formera un peloton , & les pelotons feront défignés par les noms de *premier , fecond , troifième , quatrième , cinquième , fixième , feptième* & *huitième* , de fuite , en commençant par la droite & finiffant par la gauche de chaque bataillon. Le peloton des grenadiers de chaque bataillon ne fera point compris dans ce nombre , & confervera fa dénomination de *Grenadiers*.

Le premier & le fecond pelotons de chaque bataillon formeront la première divifion , les troifième & quatrième pelotons , la feconde divifion , les cinquième & fixième pelotons , la troifième divifion ; enfin les feptième & huitième pelotons formeront la quatrième divifion.

Chaque peloton fera partagé en deux parties égales , qui feront défignées par le nom de *fection* ; celle de droite fera appelée *première fection* , celle de gauche *feconde fection*.

Chaque compagnie fera formée par rang de taille , de la droite à la gauche , quelle que foit fa place dans le bataillon :

le tiers compofé des plus grands hommes, formera le premier rang ; le tiers compofé des plus petits, formera le fecond rang, & l'autre tiers le troifième rang.

La diftance d'un rang à l'autre fera d'un pied, lequel fera mefuré de la poitrine des hommes du fecond & du troifième rang au dos de l'homme qui les précède refpectivement dans leur file, ou à fon havrefac, quand le foldat fera chargé.

Les régimens étant fur le pied de paix, lorfqu'ils devront manœuvrer par bataillon ou par régiment, les pelotons feront formés fur deux rangs, afin d'occuper à peu-près la même étendue qu'ils occuperoient fur trois rangs, au pied de guerre : on égalifera les pelotons dans chaque bataillon, en reverfant à cet effet, s'il y a lieu, des hommes d'une compagnie dans l'autre.

La compagnie de Grenadiers de chaque bataillon reftera attachée à fon bataillon lorfqu'il devra exercer féparément ; mais lorfqu'on devra exercer par régiment, celle du fecond bataillon ira fe réunir à la première, & fe placera à fa gauche. Les deux compagnies réunies formeront deux pelotons d'égale force, qui feront défignés par les noms de *premier* & de *fecond peloton de Grenadiers.*

Place des Officiers & Sous-officiers dans l'ordre de bataille.

Le Capitaine à la droite de fa compagnie, ou peloton, au PL. I.ʳᵉ premier rang.

Le Lieutenant en ferre-file, à deux pas derrière le centre de la feconde fection.

Le Sous-lieutenant en ferre-file, à deux pas derrière le centre de la première fection.

Le Sergent-major, derrière la droite de la feconde fection, en ferre-file.

Le premier Sergent, derrière le Capitaine au troifième rang ; ce Sergent fera défigné dans les évolutions fous le nom de *Sous-officier de remplacement,* & fera guide de droite de fon peloton.

Le fecond Sergent derrière la gauche de la feconde fection en ferre-file ; ce Sergent fera guide de gauche de fon peloton dans les évolutions.

Dans le huitième peloton du premier bataillon, le second Sergent fera placé à la gauche du premier rang du bataillon, ayant derrière lui un Caporal au troisième rang.

Il en fera de même au second bataillon dans le peloton, foit de Grenadiers, foit de Fufiliers, qui fermera la gauche de ce bataillon.

Le Caporal-fourrier à la garde du drapeau de fon bataillon.

Les Caporaux dans le rang feront placés à la droite & à la gauche de leur peloton, fuivant leur taille & de préférence au premier & au troifième rang.

Le remplacement des Officiers & Sous-officiers fe fera de grade en grade dans chaque compagnie; mais en l'abfence du Capitaine & du Lieutenant d'une compagnie, le Commandant du régiment pourra, lorfqu'il le jugera néceffaire, envoyer un Lieutenant d'une autre compagnie, pour commander pendant la manœuvre, celle dont le Capitaine & le Lieutenant fe trouveroient abfens.

Lorfque les régimens feront fur le pied de guerre, le troifième Sergent de chaque compagnie fe placera en ferre-file derrière la gauche de la première fection de fon peloton.

Places des Officiers fupérieurs, Adjudans-majors & Adjudans.

Le Colonel & les deux Lieutenans-colonels feront à cheval; les Adjudans-majors & Adjudans feront à pied.

Le Colonel fera placé à trente pas en arrière du rang des ferre-files, vis-à-vis le centre de l'intervalle qui fépare les deux bataillons de fon régiment;

Chaque Lieutenant-colonel à vingt pas en arrière du rang des ferre-files de fon bataillon, vis-à-vis la file du drapeau.

L'Adjudant-major de chaque bataillon, à huit pas en arrière du rang des ferre-files de fon bataillon, vis-à-vis le centre du demi-bataillon de droite;

L'Adjudant de chaque bataillon à huit pas en arrière des ferre-files, vis-à-vis le centre du demi-bataillon de gauche.

Places des Tambours & Muficiens.

Les Tambours de chaque bataillon formés fur un rang, fi le régiment eft fur le pied de paix, fur deux rangs s'il eft

fur

fur le pied de guerre, feront placés à quinze pas derrière le cinquième peloton de leur bataillon; le Tambour-major fera à la tête des Tambours du premier bataillon, & le Caporal-tambour à la tête de ceux du fecond. Les Muficiens fur un rang, feront placés à deux pas derrière les Tambours du premier bataillon.

Garde du Drapeau.

La garde du drapeau de chaque bataillon, compofée des huit Caporaux-fourriers des compagnies de Fufiliers, fera placée à la gauche de la feconde fection du quatrième peloton, & fera partie de cette fection.

Le premier rang de cette garde fera compofé du Sergent-major qui portera le drapeau, & de deux Caporaux-fourriers, placés l'un à fa droite & l'autre à fa gauche.

Les deux autres rangs feront formés chacun de trois Caporaux-fourriers.

Les Caporaux-fourriers porteront, ainfi que les Sous officiers placés derrière les Chefs de peloton & les Sous-officiers de ferre-file, l'arme dans le bras droit.

On placera de préférence au fecond rang de la garde du drapeau, les trois Caporaux-fourriers qui auront le plus de régularité & de perfection, tant pour la pofition fous les armes, que pour la marche.

Le Colonel, & en fon abfence le Commandant du régiment, choifira dans chaque bataillon le Sergent major qui devra porter le drapeau. Il eft de la plus grande importance pour la marche en bataille, que ce Sergent major foit exercé avec le plus grand foin à la précifion du pas, tant pour la longueur que pour la cadence, & à fe prolonger, fans varier, fur une direction donnée.

Inftruction des Régimens.

Le Colonel, & en fon abfence, l'Officier fupérieur qui commandera chaque régiment, fera refponfable de l'inftruction générale des Officiers, Sous-officiers & Soldats du régiment.

B

Inſtruction des Officiers.

L'inſtruction des Officiers devant embraſſer tout ce qui eſt compris dans les trois écoles du Soldat, du peloton & du bataillon, & ne pouvant être ſolidement établie qu'en joignant la théorie à la pratique, il y aura dans chaque régiment une inſtruction de théorie, indépendamment des exercices ſur le terrain.

En conſéquence, le Commandant de chaque régiment aſſemblera les Officiers auſſi ſouvent qu'il le jugera néceſſaire, ſoit chez lui, ſoit chez l'Officier ſupérieur de chaque bataillon, pour leur expliquer ou faire expliquer tous les principes relatifs à ces différentes écoles.

Nul Officier ne ſera réputé inſtruit, que lorſqu'il ſera en état de commander & d'expliquer parfaitement tout ce que renferment les trois écoles ſuſdites.

On ne s'attachera dans cette inſtruction qu'aux principes & à l'eſprit des évolutions, ſans jamais exiger que les Officiers en apprennent littéralement le texte.

Les Officiers ſeront exercés ſouvent, par un des Officiers ſupérieurs, à la marche; & on s'attachera avec le plus grand ſoin à leur faire contracter l'habitude de la bonne poſition ſous les armes, de la formation régulière, ainſi que de la longueur & de la cadence du pas.

Inſtruction des Sous-officiers.

L'inſtruction des Sous-officiers embraſſera l'école du Soldat & celle du peloton, & ils ſeront tenus de ſavoir exécuter eux-mêmes avec préciſion, outre le maniement des armes qui leur eſt particulier, tout ce qui a rapport au maniement des armes du Soldat, aux feux & à la marche.

Les Adjudans-majors & Adjudans devant être ſpécialement chargés de l'inſtruction des Sous-officiers, les Chefs de régiment commenceront par s'aſſurer de l'inſtruction deſdits Adjudans-majors & Adjudans, & les rendront enſuite reſponſables de celle des Sous-officiers.

Les Adjudans-majors & Adjudans commenceront par inftruire avec le plus grand foin tous les Sergens-majors, & deux Sous-officiers par compagnie, les plus intelligens.

Ces Sous-officiers étant folidement inftruits, en choifiront chacun deux ou trois autres dans leurs compagnies refpectives, & les inftruiront de la même manière, fous la furveillance des Adjudans & Sergens-majors.

Cette première inftruction qui n'embraffera que l'école du Soldat étant affurée, on réunira les Sous-officiers de chaque bataillon, pour en former un peloton fur trois rangs, auquel on attachera un Chef de peloton, un Sous-officier de remplacement & des ferre-files : ce peloton fera exercé par l'Adjudant-major ou l'Adjudant, dans la progreffion indiquée dans l'école de peloton.

Cette inftruction ayant principalement pour objet de mettre les Sous-officiers en état de bien inftruire les recrues, on leur expliquera tous les principes des deux premières écoles, d'abord fur le terrain, & enfuite dans des théories particulières, lefquelles devront comprendre auffi les diverfes fonctions des guides dans les exercices de bataillon.

Et afin que cette inftruction foit enfuite conftamment maintenue, les Adjudans-majors & Adjudans affembleront de temps en temps les Sous-officiers, foit pour les exercer fur le terrain, foit pour la théorie dans les chambres.

A mefure qu'il arrivera des mutations dans la colonne des Sous-officiers, les Sergens-majors feront tenus d'inftruire les nouveaux Sergens & Caporaux, chacun dans leur compagnie, & les Adjudans-majors & Adjudans y tiendront la main avec foin.

Les Commandans des régimens feront exercer fréquemment les pelotons des drapeaux & les guides généraux à la marche en bataille. On s'attachera avec une attention fcrupuleufe à faire contracter aux Porte-drapeaux l'habitude de fe prolonger fans varier, fur une direction donnée, & à obferver avec la plus grande précifion la longueur ainfi que la cadence du pas.

TITRE II.

École du Soldat.

CETTE école qui a pour objet l'inftruction des recrues, devant influer d'une manière fenfible fur l'inftruction des compagnies, dont dépend celle des bataillons & des régimens, doit être établie & furveillée avec le plus grand foin par les Officiers fupérieurs : elle fera fpécialement dirigée & commandée par les Adjudans-majors, qui répondront au Commandant du régiment de l'exactitude & des progrès de l'inftruction ; en conféquence, l'un des deux Adjudans-majors, à tour de rôle, ainfi que l'un des deux Adjudans, y affifteront conftamment.

Les nouveaux Officiers feront toujours employés pendant fix mois au moins à l'école des recrues, fous les ordres des Adjudans-majors, & ne pourront en être exemptés que fur l'ordre du Commandant du régiment, & lorqu'ils feront en état d'exécuter eux-mêmes, de bien commander & d'expliquer clairement tout ce qui fera prefcrit dans l'école du Soldat & dans celle du peloton.

Les Chefs des compagnies devant être refponfables envers le Commandant du régiment & l'Officier fupérieur de leur bataillon, de l'inftruction générale de leurs compagnies refpectives, ne perdront pas de vue celle de leurs recrues ; ils défigneront en conféquence les Sergens & Caporaux qui devront les former, & chargeront les Officiers & le Sergent-major de leur compagnie de veiller au progrès de leur inftruction.

Il y aura toujours, autant que poffible, un rendez - vous général indiqué pour le raffemblement des recrues de chaque régiment, & l'un des Officiers fupérieurs y affiftera, lorfque leurs occupations le leur permettront.

Lorfqu'il y aura un certain nombre de recrues en état de paffer à l'école du peloton, l'Adjudant-major les réunira, & les

fera

fera exercer, foit par un des nouveaux Officiers attachés à l'école, foit par un Sous-officier; il furveillera lui-même cette inftruction, & y fera obferver la progreffion prefcrite dans l'école du peloton.

Lorfque l'Adjudant-major jugera qu'un ou plufieurs des recrues qui compofent ce peloton, font en état de paffer au bataillon, il en fera prévenir les Chefs des compagnies dont feront ces hommes, & les fera exercer en leur préfence; les Chefs des compagnies prononceront enfuite, s'ils les trouvent fuffifamment inftruits, leur admiffion au bataillon.

DIVISION DE L'ÉCOLE DU SOLDAT.

L'école du Soldat fera divifée en trois parties. La première partie comprendra ce qu'on doit enfeigner à l'homme de recrue, avant de lui faire porter l'arme.

La feconde comprendra le maniement des armes, les charges & les feux.

La troifième comprendra les différens pas, les principes de la marche de front & de flanc, des alignemens, des converfions & des changemens de direction.

Chaque partie fera divifée en quatre leçons, ainfi qu'il fuit:

Première Partie.

1.re Leçon. { Pofition du Soldat fans armes. / Mouvement de tête à droite & à gauche.

2.e Leçon. A droite, à gauche, demi-tour à droite.

3.e Leçon. Principes du pas ordinaire direct.

4.e Leçon. Principes du pas oblique.

Seconde Partie.

1.re Leçon. Principes du port d'armes.

2.e Leçon. Maniement des armes.

3.e Leçon. Les charges précipitées & à volonté.

4.e Leçon. Les feux directs, obliques & de deux rangs.

Troifième Partie.

1.re Leçon. { Réunion de cinq à neuf hommes pour la marche / de front & les différens pas.

2.e Leçon. Marche de flanc.

C

3.e Leçon. Principes d'alignement.

4.e Leçon. Principes des converfions & changemens de direction.

Chaque leçon fera fuivie d'obfervations qui auront pour objet de démontrer l'utilité des principes qu'on y aura prefcrits. Les Inftructeurs ne fauroient trop s'attacher à les étudier, & à en faire l'application, lorfqu'ils inftruiront des recrues.

Le ton de commandement fera toujours animé, & d'une étendue de voix proportionnée au nombre de recrues qu'on exercera.

Il y aura deux fortes de commandemens; les commandemens *d'avertiffement* & ceux *d'exécution.*

Les commandemens *d'avertiffement* qui feront diftingués dans l'Ordonnance par des lettres italiques, feront prononcés diftinctement, & dans le haut de la voix, en alongeant un peu la dernière fyllabe.

Les commandemens *d'exécution* feront diftingués dans l'Ordonnance par des majufcules, & feront prononcés d'un ton ferme & bref.

Les commandemens dont l'énonciation fera feparée dans l'Ordonnance par des tirets, feront coupés de même en les prononçant.

Les Inftructeurs expliqueront toujours ce qu'ils enfeigneront, en peu de paroles, claires & précifes; ils exécuteront toujours eux-mêmes ce qu'ils commanderont, afin de donner ainfi l'exemple en même temps qu'ils expliqueront le principe. Ils s'attacheront à accoutumer l'homme de recrue à prendre de lui-même la pofition qu'il devra avoir, & ne le placeront eux-mêmes que lorfque fon défaut d'intelligence les y obligera.

PREMIERE PARTIE.

I.   La première partie de l'école du Soldat fera toujours enfeignée, autant que poffible, homme par homme, & au plus, à deux ou trois hommes réunis, lorfque le nombre des recrues à dreffer, & celui des Inftructeurs qu'on y pourra employer y obligeront; on les placera alors fur un rang, à un pas de diftance l'un de l'autre: le Soldat fera fans armes.

PREMIÈRE LEÇON.

Pofition du Soldat.

2.   Les talons fur la même ligne, & rapprochés autant que Pl. III. la conformation de l'homme le permettra; les pieds un peu *Fig. 1 & 2.* moins ouverts que l'équerre, & également tournés en dehors; les genoux tendus fans les roidir, le corps d'aplomb fur les hanches, & penché en avant; les épaules effacées & également tombantes, les bras pendans naturellement, les coudes près du corps, la paume de la main un peu tournée en dehors, le petit doigt en arrière & contre la couture de la culotte; la tête droite fans être gênée, le menton rapproché du cou fans le couvrir; les yeux fixés à terre, à environ quinze pas devant foi.

3.   *Obfervations relatives à la pofition du Soldat.*

   Les talons fur la même ligne;

Parce que s'il y en avoit un qui fût plus en arrière que l'autre, l'épaule du même côté s'effaceroit, ou bien la pofition du Soldat feroit gênée.

   Les talons plus ou moins rapprochés;

Parce que les hommes cagneux & ceux qui ont la jambe forte, ne peuvent pas les joindre.

   Les pieds également tournés en dehors, & point trop ouverts;

Parce que fi un pied étoit plus tourné en dehors que l'autre, il entraîneroit l'épaule, & que fi les pieds étoient trop tournés, il ne feroit pas poffible de faire porter le haut du corps en avant, fans que la pofition ne devînt chancelante.

   Les genoux tendus, mais fans roideur;

Parce que fi l'homme les roidiffoit, il en réfulteroit pour lui de la gêne & de la fatigue.

   Le corps d'aplomb fur les hanches;

Parce que c'eft le feul moyen de donner à l'homme un

parfait équilibre. L'Inftructeur obfervera que la plupart des recrues ont la mauvaife habitude de pencher une épaule, de creufer un côté ou d'avancer une hanche, fur-tout la hanche gauche, lorfqu'on leur fait porter l'arme, & il s'attachera à corriger ces défauts.

Le haut du corps penché en avant;

Parce que les hommes de recrue font ordinairement difpofés à faire le contraire, à avancer le ventre, à creufer les reins, & à reverfer les épaules quand ils veulent fe tenir droits, ce qui a de grands inconvéniens dans la marche, ainfi qu'il fera expliqué dans les obfervations fur les principes du pas. L'habitude de pencher le haut du corps en avant eft fi importante à faire contracter, que l'Inftructeur doit, dans les commencemens, rendre cette pofition même forcée, fur-tout pour les hommes dont la pofition naturelle préfenteroit la difpofition contraire.

Les épaules effacées;

Parce que fi l'homme avoit les épaules en avant & le dos voûté, ce qui eft le défaut ordinaire des hommes de la campagne, il ne pourroit ni s'aligner ni manier fon arme avec adreffe; il eft donc très important de corriger ce défaut; en conféquence, l'Inftructeur aura attention que l'habit & la vefte des recrues ayent l'ampleur néceffaire pour ne pas gêner la pofition qu'on voudra leur donner, & à ne pas rejeter les épaules trop en arrière en les faifant effacer, pour ne pas faire creufer les reins, ce qu'il faut éviter avec foin.

Les bras pendans naturellement, les coudes près du corps, la paume de la main un peu tournée en dehors, le petit doigt en arrière & contre la couture de la culotte;

Parce qu'il eft important, foit pour la perfection du port d'armes, foit pour n'occuper dans le rang que l'efpace néceffaire à pouvoir manier fes armes avec facilité, que le Soldat ait les coudes bien placés. Cette pofition des bras, des coudes & des mains remplit ces divers objets, & a de plus l'avantage de faire effacer les épaules.

La

La tête droite fans être gênée ;

Parce que s'il y avoit de la roideur dans la tête, elle fe communiqueroit à toute la partie fupérieure du corps dont elle gêneroit les mouvemens, ce qui rendroit cette attitude pénible & fatigante.

Les yeux fixés droit devant foi ;

Parce que la pofition de la tête directe eft le plus fûr moyen d'accoutumer les Soldats à maintenir leurs épaules carrément, principe effentiel auquel il faut les habituer avec le plus grand foin.

4. L'Inftructeur ayant donné à l'homme de recrue la pofition, il lui apprendra à tourner la tête à droite & à gauche ; à cet effet il commandera :

I

Tête = *À-DROITE.*

2

FIXE.

5. A la fin de la feconde partie du premier commandement, le Soldat tournera la tête à droite fans brufquer le mouvement, de manière que le coin de l'œil gauche du côté du nez, réponde à la ligne des boutons de la vefte, les yeux fixés fur la ligne des yeux des hommes du même rang,

6. Au deuxième, il replacera de même la tête dans la pofition directe, qui doit être la pofition habituelle du Soldat.

7. Le mouvement de *tête À-GAUCHE* s'exécutera par les moyens inverfes.

8. L'Inftructeur veillera à ce que le mouvement de la tête n'entraîne pas les épaules, ce qui pourroit arriver fi on le brufquoit.

9. Lorfque l'Inftructeur voudra enfuite faire paffer de l'état d'attention à celui de repos, il commandera ;

REPOS.

10. A ce commandement, le Soldat ne fera plus tenu à garder l'immobilité ni la pofition.

D

11. L'Inſtructeur voulant lui faire reprendre l'une & l'autre, fera les commandemens ſuivans ;

1.

Garde à vous.

2.

PELOTON.

12. Au premier commandement le Soldat fixera ſon attention,

Au deuxième il reprendra la poſition preſcrite, ainſi que l'immobilité.

DEUXIÈME LEÇON.

A droite, à gauche, demi-tour à droite.

13. Les à-droite & les à-gauche s'exécuteront en un temps ; l'Inſtructeur commandera :

1.

Peloton par le flanc droit (ou gauche).

2.

À DROITE *(ou* À GAUCHE*).*

14. Au deuxième commandement le Soldat tournera ſur le talon gauche, élevant un peu la pointe du pied gauche, & rapportera en même temps le talon droit à côté du gauche, & ſur la même ligne.

15. Le demi-tour à droite s'exécutera en deux temps ; l'Inſtructeur commandera :

1.

Peloton.

2.

Demi-tour = À DROITE.

Premier temps.

16. Au commandement de *demi-tour*, faire un demi à droite, porter le pied droit en arrière, la boucle vis-à-vis & à trois pouces du talon gauche, ſaiſir en même temps la giberne par le coin avec la main droite.

Second temps.

17. Au commandement de *à-droite*, tourner ſur les deux talons, en élevant un peu les pointes des pieds, les jarrets tendus, faire face en arrière, rapporter en même temps le talon droit à côté du gauche, & lâcher la giberne.

18. Lorsque le soldat portera l'arme, il la tournera de la main gauche au premier temps du demi-tour à droite, comme il sera expliqué au premier mouvement de la charge, & la replacera dans la position du port d'armes, à l'instant où il rapportera le talon droit à côté du gauche.

19. L'Instructeur observera que ces mouvemens ne dérangent pas la position du corps, qui doit demeurer incliné en avant.

TROISIÈME LEÇON.

Principes du pas ordinaire direct.

20. La longueur du pas ordinaire sera de deux pieds, à compter d'un talon à l'autre, & sa vitesse de 76 par minute.

21. L'Instructeur voyant l'homme de recrue affermi dans la position, lui expliquera les principes & le mécanisme du pas, en se plaçant à trois ou quatre pas devant & face au soldat, & exécutant lui-même lentement le pas, afin de joindre ainsi l'exemple en même temps qu'il expliquera le principe; il commandera ensuite :

1.

En avant.

2.

MARCHE.

22. Au premier commandement, le Soldat portera le poids du corps sur la jambe droite.   PL. III. *Fig.* 3.

23. Au deuxième commandement, il portera vivement, mais sans secousse, le pied gauche en avant, à deux pieds du droit, le jarret tendu, la pointe du pied un peu baissée & légèrement tournée en dehors ainsi que le genou; portera en même temps le poids du corps en avant, & posera, sans frapper, le pied gauche à plat, précisément à la distance où il se trouve du pied droit, tout le poids du corps se portant sur le pied qui pose à terre; le Soldat passera vivement, mais sans secousse, la jambe droite en avant, le pied passant près de terre, le posera à la même distance & de la même manière qu'il vient d'être expliqué pour le pied gauche, &

continuera de marcher ainfi , fans que les jambes fe croifent , fans que les épaules tournent , & la tête reftant toujours dans la pofition directe.

24.   Lorfque l'Inftructeur voudra arrêter la marche, il commandera :

1.

Peloton.

2.

HALTE.

25.   Au deuxième commandement qui fera fait à l'inftant où l'un ou l'autre pied indifféremment va pofer à terre , le Soldat rapportera le pied qui eft derrière , à côté de l'autre , fans frapper.

26.   *Obfervations relatives aux principes du pas.*

Porter le poids du corps fur la jambe droite au commandement en avant ;

Pour difpofer l'homme à pouvoir former plus vivement fon premier pas , ce qui eft fort effentiel en troupe.

La pointe du pied baiffée , mais fans affectation.

Parce que la pointe du pied baiffée fait tendre le jarret , & difpofe le pied à pofer à plat.

La pointe du pied peu tournée en dehors ;

Parce que fi on tournoit les pieds trop en dehors , le corps feroit fujet à chanceler.

Le haut du corps en avant ;

Afin que le poids du corps porte fur le pied qui pofe à terre , que le pied qui eft derrière puiffe fe lever aifément , & que le pas ne foit pas raccourci.

Marcher le jarret tendu ;

Parce qu'une troupe ne pouvant , fans fe gêner & fe découdre , marcher comme fi chaque homme étoit ifolé , puifqu'il n'en exifte pas deux qui marchent abfolument de la même manière , il eft néceffaire que les recrues apprennent à marcher un pas uniforme qui foit marqué & cadencé , fans quoi il n'y auroit point d'enfemble.

Paffer

Paſſer le pied près de terre;

Parce que ſi les Soldats levoient la jambe plus que cela n'eſt néceſſaire, ils perdroient du temps & ſe fatigueroient inutilement. D'ailleurs, ſi n'ayant pas un principe déterminé, ils levoient la jambe ou ployoient les genoux, les uns plus, les autres moins, les pieds ne poſeroient pas en même temps à terre, & il n'y auroit ni cadence ni enſemble.

Poſer le pied à plat ſans frapper;

Afin d'éviter le balancement du corps & le raccourciſſement du pas, qui auroient lieu néceſſairement ſi le talon poſoit à terre le premier, ou ſi l'on frappoit en poſant le pied; ce dernier mouvement auroit encore l'inconvénient de fatiguer inutilement les Soldats & de rompre la cadence, parce que les uns leveroient le pied plus, les autres moins.

La tête directe;

Parce que la poſition de la tête directe empêche que les épaules ne tournent, & fait que le Soldat marche carrément.

27. L'Inſtructeur indiquera de temps en temps à l'homme de recrue la cadence du pas en faiſant le commandement *un* à l'inſtant où il lève le pied, & celui *deux* à l'inſtant où il devra le poſer, & en obſervant la cadence de 76 à la minute. Cette méthode contribuera infiniment à bien imprimer au Soldat les deux temps dont le pas eſt naturellement compoſé.

QUATRIÈME LEÇON.

Principes du pas oblique.

28. La vîteſſe du pas oblique ſera comme celle du pas ordinaire direct de 76 par minute; la longueur de ce pas va être indiquée ci-après.

29. Lorſque les Soldats de recrue auront acquis l'habitude de bien former le pas direct, de les faire égaux en longueur & en vîteſſe, l'Inſtructeur leur apprendra à marcher le pas oblique, & on le décompoſera pour en faire mieux comprendre le mécaniſme ainſi qu'il ſuit.

E

Pl. II. **30.** L'homme de recrue étant de pied ferme, l'Inftructeur lui fera porter le pied droit obliquement à droite en avant, à environ 24 pouces du gauche, obfervant de faire tourner un peu la pointe du pied droit en dedans, pour empêcher l'épaule gauche d'avancer ; le Soldat reftera dans cette pofition.

31. Au commandement *deux* de l'Inftructeur, l'homme de recrue portera le pied gauche, par la ligne la plus courte, à environ 17 pouces en avant du talon droit, & reftera dans cette pofition.

32. Il continuera à marcher de cette manière aux commandemens *un, deux*, en arrêtant à chaque pas, ayant la plus grande attention à maintenir les épaules carrément & la tête directe.

33. Le pas oblique à gauche s'exécutera d'après les mêmes principes ; le Soldat partira d'abord du pied gauche.

34. Après quelques leçons de cette efpèce, on fera marcher à l'homme de recrue le pas oblique à droite & à gauche fans le décompofer, ce qui s'exécutera ainfi qu'il fuit.

35. Le Soldat étant en marche directe au pas ordinaire, l'Inftructeur commandera :

1.

Oblique à droite.

2.

M A R C H E.

36. Au deuxième commandement qui fera fait à l'inftant où le pied gauche pofe à terre, l'homme de recrue commencera le pas oblique à droite, en obfervant de fe conformer à ce qui a été prefcrit ci-deffus, relativement à la formation, à la longueur des pas & à la carrure des épaules, mais fans s'arrêter fur chaque pas, & en obfervant d'en faire 76 par minute.

37. Le pas oblique à gauche s'exécutera d'après les mêmes principes ; l'Inftructeur fera le commandement *marche*, à l'inftant où le pied droit pofe à terre.

3 8. Pour reprendre la marche directe, l'Inſtructeur commandera :

1.

En avant.

2.

M A R C H E.

3 9. Au ſecond commandement qui ſera fait à l'inſtant où l'un ou l'autre pied indifféremment poſe à terre , le Soldat reprendra la marche directe & le pas de deux pieds.

Obſervations relatives au bas oblique.

40. L'Inſtituteur veillera , comme dans la leçon précédente, à ce que le Soldat marche le jarret tendu, que le poids du corps ſe porte ſur le pied qui poſe à terre , que les pieds ſe portent toujours par la ligne la plus courte, à la place où ils doivent poſer, que la tête reſte toujours directe, & que les épaules ne tournent pas.

41. On exercera beaucoup les hommes de recrue à marcher ce pas , qui eſt difficile dans les commencemens , mais très-utile dans les mouvemens de ligne ; c'eſt d'ailleurs un moyen excellent de leur donner de l'aplomb , & de les habituer à maintenir la direction des épaules ; ainſi on les fera marcher obliquement cinquante ou ſoixante pas de ſuite , avant de leur faire reprendre la marche directe.

4 2. Lorſque l'homme de recrue ſaura bien former le pas oblique, l'Inſtructeur ne s'attachera pas avec une préciſion rigoureuſe à faire obſerver les meſures qui ont été preſcrites pour ce pas ; il donnera pour principe eſſentiel au Soldat , de gagner le plus de terrain poſſible de côté, & en avant dans la même proportion , ſans déranger la ligne des épaules , qui doit toujours être la même que dans la marche directe.

Obſervations générales relatives au pas direct & oblique.

43. Pour juger ſi la poſition du corps eſt conforme aux principes qui ont été preſcrits, ſi le pas ſe forme régulièrement, & ſi le poids du corps ſe porte ſur le pied qui poſe à terre, l'Inſtructeur fe placera fouvent à dix ou douze pas en avant, & face à l'homme de recrue ; fi alors il n'aperçoit pas la femelle des fouliers lorfqu'il lève & pofe les pieds, s'il ne remarque aucun mouvement dans les épaules, ni balancement dans le haut du corps, il pourra être affuré que les principes font bien obfervés.

44. Lorfqu'on montrera les principes du pas à deux ou trois hommes à la fois, on n'exigera point qu'ils s'occupent de l'alignement, pour ne pas trop partager leur attention ; d'ailleurs lorfqu'ils auront contracté l'habitude de faire des pas égaux en longueur & vîteffe, ils auront acquis le vrai moyen de conferver l'alignement.

45. L'Inftructeur doit auffi obferver dans le même cas de la réunion de deux ou trois hommes, de les placer à un pas de diftance l'un de l'autre, pour empêcher qu'ils ne prennent la mauvaife habitude d'écarter les coudes, ou de s'appuyer fur l'homme qui eft à côté d'eux.

SECONDE PARTIE.

Port d'armes.

46. L'Inftructeur ne fera paffer l'homme de recrue à cette feconde partie de l'école du Soldat, que lorfqu'il fera bien affermi dans la pofition du corps, & la formation du pas direct & oblique.

47. L'Inftructeur réunira alors trois hommes, qu'il placera fur un rang coude à coude ; il leur montrera le port d'armes, ainfi qu'il fuit.

PREMIÈRE LEÇON.

Principes du port d'armes.

48. L'homme de recrue étant placé, comme il a été prefcrit dans la première leçon de la première partie, l'Inftructeur lui fera relever la main gauche, fans plier le poignet, & ne faifant agir que l'avant-bras gauche ; l'Inftructeur élevera alors le fufil perpendiculairement, & le placera de la manière fuivante.

L'arme

L'arme dans la main gauche , le bras très-peu ployé, le PL. III.
coude en arrière & joint au corps fans le ferrer, la paume de *Fig. 1 & 2.*
la main ferrée contre le plat extérieur de la croffe, fon tranchant
extérieur dans la première articulation des doigts, le talon de
la croffe entre le premier & le fecond doigt, le pouce par
deffus, les deux derniers doigts fous la croffe, qui fera appuyée
plus ou moins en arrière , fuivant la conformation de l'homme,
de manière que l'arme vue de face , refte toujours perpendiculaire, & que le mouvement de la cuiffe en marchant ne puiffe
pas la faire lever ni vaciller; la baguette au défaut de l'épaule,
le bras droit pendant naturellement, comme il a été prefcrit
dans la première leçon de la première partie.

Obfervations relatives au port d'armes.

49.   Il n'eft pas rare de rencontrer des hommes de recrue qui
ayent des défauts naturels dans la conformation des épaules,
de la poitrine & des hanches; l'Inftructeur doit s'efforcer de
corriger , autant que poffible, ces défauts, avant que de faire
porter l'arme au Soldat, & doit avoir enfuite une attention fuivie
à régler le port d'armes felon ces défauts de conformation, de
manière que le coup-d'œil général en foit uniforme , fans que
les hommes foient gênés dans leur pofition.

50.   Il obfervera que les hommes de recrue font fujets à déranger
la pofition du corps, lorfqu'ils commencent à porter l'arme,
& fur-tout à renverfer les épaules , ce qui fait que l'arme man-
quant de point d'appui , ils defcendent la main gauche pour
empêcher que l'arme ne tombe, baiffent l'épaule gauche, creufent
le flanc , ouvrent les coudes afin de reprendre l'équilibre, &c.

51.   L'Inftructeur aura attention de corriger tous ces défauts &
de rectifier continuellement leur pofition; il leur ôtera quelquefois
l'arme pour la replacer enfuite , évitera de les fatiguer dans les
commencemens, & s'attachera à leur rendre peu-à-peu cette
pofition fi naturelle & fi facile , qu'ils puiffent la conferver
long-temps fans fatigue.

52.   Enfin, l'Inftructeur doit apporter beaucoup d'attention à ce
que le port d'armes ne foit ni trop haut ni trop bas; s'il étoit

F

trop haut, il feroit ouvrir le coude gauche, le foldat occuperoit par-là trop d'efpace dans le rang, & l'arme feroit chancelante ; s'il étoit trop bas, le Soldat n'auroit pas l'efpace néceffaire pour manier fon arme avec liberté, 'parce que les files fe trouveroient trop ferrées, le bras gauche fatigueroit trop, entraîneroit l'épaule, &c.

53. L'Inftructeur fera répéter les mouvemens de *tête à droite* & *à gauche*, ainfi que les *à droite* & les *à gauche*, & les *demi-tour à droite*, l'arme portée, avant de paffer à la deuxième leçon.

S E C O N D E   L E Ç O N.

Maniement des armes.

54. Le maniement des armes fera montré aux trois hommes placés d'abord fur un rang & coude à coude, & enfuite fur une file.

55. L'exécution de chaque commandement ne formera qu'un temps, mais ce temps fera divifé en mouvemens, afin d'en mieux faire connoître le mécanifme au Soldat.

56. La dernière fyllabe du commandement décidera l'exécution brufque & vive du premier mouvement; les commandemens *deux* & *trois* décideront celle des autres mouvemens. Dès que le Soldat connoîtra bien la pofition des divers mouvemens d'un temps, on lui montrera à l'exécuter fans s'arrêter fur ces différens mouvemens, mais il en obfervera le mécanifme, afin d'affurer l'arme, & pour éviter les inconvéniens qui réfultent de ce qu'on appelle *efcamoter l'arme.*

57. Le maniement des armes fera montré dans la progreffion fuivante ; l'Inruftcteur commandera.

C H A R G E   E N   D O U Z E   T E M P S.

I.

Chargez = *V O S   A R M E S.*

Un temps & deux mouvemens.

Premier mouvement.

58. Faire demi à droite fur le talon gauche, placer en même

temps le pied droit en équerre derrière le talon gauche, la boucle appuyant contre le talon ; tourner l'arme avec la main gauche la platine en deffus, & faifir en même temps la poignée du fufil avec la main droite, l'arme d'aplomb & détachée de l'épaule, laiffer la main gauche fous la croffe.

Deuxième mouvement.

59. Abattre l'arme avec la main droite dans la main gauche qui viendra en même temps la faifir à la première capucine, le pouce alongé le long du bois, la croffe fous l'avant-bras droit, la poignée du fufil contre le corps, à environ deux pouces au-deffous du teton droit, le bout du canon à hauteur de l'œil, la fougarde un peu en dehors, le coude gauche appuyé fur le côté ; en même temps que l'arme tombe dans la main gauche, le pouce de la main droite fe placera contre la batterie au-deffus de la pierre, les quatre autres doigts fermés, l'avant-bras droit le long de la croffe..

2.

Ouvrez = *LE BASSINET.*

Un temps & un mouvement.

60. Découvrir le baffinet, en pouffant fortement la batterie avec le pouce de la main droite, la main gauche réfiftant, & contenant l'arme ; retirer auffitôt le coude droit en arrière ; porter la main à la giberne, en la paffant entre la croffe & le corps, & ouvrir la giberne.

3.

Prenez = *LA CARTOUCHE.*

Un temps & un mouvement.

61. Prendre la cartouche entre le pouce & les deux premiers doigts, & la porter tout de fuite entre les dents, la main droite paffant entre la croffe & le corps.

4.

Déchirez = *LA CARTOUCHE.*

Un temps & un mouvement.

62. Déchirer la cartouche jufqu'à la poudre, la tenant près de l'ouverture entre le pouce & les deux premiers doigts ; la defcendre tout de fuite & la placer perpendiculairement contre le baffinet, la paume de la main droite tournée vers le corps, le coude droit appuyé fur la croffe.

5.

AMORCEZ.

Un temps & un mouvement.

63. Baiffer la tête, porter l'œil fur le baffinet, le remplir de poudre, refferrer la cartouche près de l'ouverture avec le pouce & le premier doigt, relever la tête & porter la main droite derrière la batterie, en appuyant les deux derniers doigts contre.

6.

Fermez = LE BASSINET.

Un temps & un mouvement.

64. Réfifter de la main gauche, fermer fortement le baffinet avec les deux derniers doigts, tenant toujours la cartouche entre les deux premiers & le pouce ; faifir tout de fuite la poignée du fufil avec les deux derniers doigts & la paume de la droite, le poignet droit joint au corps, le coude en arrière & un peu détaché du corps.

7.

L'arme = à GAUCHE.

Un temps & deux mouvemens.

Premier mouvement.

65. Redreffer l'arme le long de la cuiffe gauche, en appuyant fortement fur la croffe & étendant vivement le bras droit, fans baiffer l'épaule droite ; tourner en même temps la baguette vers le corps, ouvrir la main gauche & laiffer couler l'arme dans cette main jufqu'à la feconde capucine, le chien portant fur le pouce de la main droite ; faire en même temps *face en tête* en tournant fur le talon gauche, & porter le pied droit en avant, le talon contre la boucle du pied gauche.

Deuxième mouvement.

66. Lâcher alors le fufil de la main droite, defcendre l'arme

avec

avec la main gauche le long & près du corps, remonter en même temps la main droite à hauteur & à un pouce de diftance du canon, pofer la croffe à terre fans frapper, la main gauche appuyée au corps au-deffous du dernier bouton de la vefte, l'arme touchant la cuiffe gauche, le bout du canon vis-à-vis le milieu du corps.

8.

Cartouche == D A N S L E C A N O N.

Un temps & un mouvement.

67. Porter l'œil fur le bout du canon, tourner brufquement le deffus de la main droite vers le corps pour renverfer la poudre dans le canon, en élevant le coude à hauteur du poignet ; fecouer la cartouche, l'enfoncer dans le canon, & laiffer la main renverfée, les doigts fermés fans les ferrer. Pl. III. Fig. 5

9.

Tirez == L A B A G U E T T E.

Un temps, & deux mouvemens.

Premier mouvement.

68. Baiffer vivement le coude droit, & faifir la baguette entre le pouce & le premier doigt ployé, les autres fermés, la tirer vivement en alongeant le bras, les ongles en l'air ; la reffaifir par le milieu entre le pouce & le premier doigt, la main renverfée, la paume de la main en avant, & la tourner rapidement entre la baïonnette & le vifage en fermant les doigts, les baguettes des hommes du fecond & troifième rang rafant l'épaule droite de l'homme qui eft immédiatement devant eux dans leur file, la baguette droite & parallèle à la baïonnette, le bras tendu, les yeux en l'air, le gros bout de la baguette vis-à-vis l'embouchure du canon fans y être engagé.

Second mouvement.

69. Mettre le gros bout de la baguette dans le canon, & l'y enfoncer jufqu'à la main.

G

1 O.

BOURREZ.

Un temps & un mouvement.

Pl. III. **70.** Étendre le bras de sa longueur, en remontant la main droite
Fig. 6.   pour saisir la baguette avec le pouce alongé, le premier doigt
ployé & les autres fermés ; la chasser avec force dans le canon
deux fois de suite, & la ressaisir par le petit bout entre le pouce
& le premier doigt ployé, les autres fermés, le coude droit joint
au corps.

I I.

Remettez = LA BAGUETTE.

Un temps & deux mouvemens.

Premier mouvement.

71. Comme au premier mouvement de *tirez la baguette*, porter le
petit bout de la baguette à l'entrée des tenons, sans l'y engager.

Second mouvement.

72. Engager le petit bout dans le tenon & faire glisser la baguette
avec le pouce ; remonter vivement la main, la placer un peu
ployée sur le gros bout.

I 2.

Portez = VOS ARMES.

Un temps & trois mouvemens.

Premier mouvement.

Pl. III. **73.** Elever l'arme avec la main gauche le long du corps, la
Fig. 1.   main gauche à hauteur de l'épaule, le coude gauche ne quittant
pas le corps, le canon en dehors ; descendre en même temps
la main droite, pour saisir l'arme à la poignée.

Second mouvement.

74. Élever l'arme de la main droite, lâcher alors la main gauche ;
la descendre & la porter sous la crosse ; rapporter en même temps
le talon droit à côté du gauche & sur le même alignement ;
appuyer l'arme avec la main droite contre l'épaule, dans la

pofition indiquée pour le port d'arme, la main droite touchant l'arme à la poignée, fans la ferrer.

Troifième mouvement.

75.   Laiffer tomber vivement la main droite le long de la cuiffe dans la pofition prefcrite.

Apprêtez ═ *VOS ARMES.*

Un temps & trois mouvemens.

POSITION DU PREMIER RANG.

PL. VI.
Fig. 1.

Premier mouvement.

76.   Tourner l'arme, la platine en deffus, avec la main gauche, la faifir avec la main droite à la poignée, comme au premier mouvement de la charge, & refter *face en tête*, en tournant feulement la pointe du pied gauche un peu en dedans.

Second mouvement.

77.   Porter vivement le pied droit en arrière, le talon en l'air; les doigts du pied ployés, pofer le genou à terre à dix ou douze pouces en arrière, & à environ fix pouces fur la droite du talon gauche, obfervant de ne pas tomber brufquement; defcendre en même temps l'arme avec la main droite, la faifir avec la main gauche à la première capucine, pofer la croffe à terre fans frapper, la placer devant la cuiffe droite, de manière que le bec de la croffe foit vis-à-vis le talon gauche, faifir en même temps le chien avec le pouce & le premier doigt de la main droite.

Troifième mouvement.

78.   Armer.

POSITION DU SECOND RANG.

PL. IV.
Fig. 2.

Premier mouvement.

Comme le premier mouvement de la charge.

Second mouvement.

79.   Apporter l'arme avec la main droite au milieu du corps;

placer la main gauche, le petit doigt joignant le reffort de la batterie, le pouce alongé le long du bois à hauteur du menton, la contre-platine tournée prefque vers le corps, la baguette vers le front du bataillon; porter en même temps le pouce de la main droite fur la tête du chien, le premier doigt au deffous & contre la fou garde, les trois autres doigts joints au premier.

Troifième mouvement.

8o. Fermer vivement le coude droit en armant, & faifir l'arme à la poignée.

POSITION DU TROISIÈME RANG.

Pl. IV.
Fig. 3.

Premier, fecond & troifième mouvement.

Comme ceux du fecond rang.

J O U E.
Un temps & un mouvement.

Pl. IV. 8 1 Abaiffer brufquement le bout du canon; gliffer vivement
Fig. 4 & 5. la main gauche jufqu'à la première capucine, appuyer la croffe contre l'épaule droite, le bout du canon un peu baiffé, les coudes abattus fans être ferrés au corps; fermer l'œil gauche, diriger l'œil droit le long du canon, abaiffer la tête fur la croffe pour ajufter, placer le premier doigt fur la détente.

Pl. 4. 8 2. Les hommes du troifième rang feulement, porteront en
Fig. 6. même temps le pied droit à huit pouces fur la droite, vers le talon gauche de l'homme qui eft à côté d'eux.

Redreffez═VOS ARMES.
Un temps & un mouvement.

8 3. Redreffer fortement l'arme, & reprendre la pofition du troifième mouvement, d'*apprêtez vos armes.*

F E U.
Un temps & un mouvement.

8 4. Appuyer avec force le premier doigt fur la détente, fans
baiffer

baiſſer davantage la tête, ni la détourner, & reſter dans cette poſition.

C H A R G E Z.

Un temps & un mouvement.

85. Retirer bruſquement l'arme, & prendre la poſition du deuxième mouvement du premier temps de la charge, excepté que le pouce de la main droite, au lieu de ſe placer contre la batterie, ſaiſira la tête du chien avec le premier doigt ployé & les autres doigts fermés. Le premier rang ſe relèvera vivement ſans pencher le corps en avant, mais en effaçant l'épaule droite, afin de ne point rencontrer l'arme du deuxième rang, & le troiſième rang rapportera le pied droit derrière le gauche, la boucle contre le talon.

86. Lorſqu'étant dans cette poſition, l'Inſtructeur voudra faire charger les armes, il commandera :

Le chien ═ *AU REPOS.*

Un temps & un mouvement.

87. Relever le chien juſqu'au cran du repos, prendre garde de ne pas l'armer ; porter auſſitôt la main à la giberne, en la paſſant entre la croſſe & le corps, & ouvrir la giberne.

88. Lorſqu'au lieu de faire charger les armes, l'Inſtructeur voudra les faire porter, il commandera :

Portez ═ *V O S A R M E S.*

89. Au commandement *portez*, les Soldats mettront le chien en repos, comme il vient d'être expliqué, fermeront le baſſinet, & ſaiſiront le fuſil à la poignée ; à celui, *vos armes*, ils porteront les armes vivement, & feront face en tête.

Préſentez ═ *V O S A R M E S.*

Un temps & deux mouvemens.

Premier mouvement.

PL. V.
Fig. 1.

90. Comme le premier mouvement de la charge, excepté que le Soldat reſtera face en tête.

H

Second mouvement.

91.   Achever de tourner l'arme avec la main droite , pour l'apporter d'aplomb vis-à-vis l'œil gauche , la baguette en avant , le chien à hauteur du dernier bouton de la veste, la main droite empoignant l'arme au-dessous & contre la sougarde ; l'empoigner en même temps brusquement avec la main gauche, le petit doigt contre le ressort de la batterie , le pouce alongé le long du canon, contre la monture, l'avant-bras collé au corps, sans être gêné , rester *face en tête* sans bouger les pieds.

Portez $=$ *V O S   A R M E S.*

Un temps & deux mouvemens.

Premier mouvement.

92.   Tourner l'arme avec la main droite , le canon en dehors, l'élever & le placer contre l'épaule gauche avec la main droite, descendre la main gauche sous la crosse, la main droite restant libre sur la poignée.

Second mouvement.

93.   Laisser tomber vivement la main droite à sa position.

Reposez-vous $=$ *S UR   V O S   A R M E S.*

Un temps & deux mouvemens.

Premier mouvement.

94.   Descendre l'arme en alongeant vivement le bras gauche ; la saisir en même temps avec la main droite au-dessus & près de la première capucine ; lâcher l'arme de la main gauche, & la porter vivement vis-à-vis l'épaule droite , la baguette en avant , le petit doigt derrière le canon , la crosse à trois pouces de terre , la main droite appuyée à la hanche , l'arme d'aplomb , la main gauche pendante sur le côté.

Second mouvement.

95.   Laisser glisser l'arme dans la main , la laisser tomber sans frapper , & prendre la position qui va être indiquée.

96. La main baffe , le canon entre le pouce & le premier PL. V.
doigt alongé le long de la monture , les trois autres doigts *Fig. 2.*
alongés & joints , le bout du canon à environ deux pouces de
l'épaule droite , la baguette en avant , le talon de la croffe à
côté & contre la pointe du pied droit , l'arme d'aplomb.

97. Lorfque l'Inftructeur voudra faire repofer dans cette pofition , il commandera :

R E P O S.

98. A ce commandement , le Soldat paffera la main droite
étendue fur la baguette , & appuyera le bout du canon contre
l'épaule droite.

99. Lorfque l'Inftructeur voudra enfuite faire paffer le Soldat
de l'état de repos à celui de l'immobilité , il commandera :

1.

Garde à vous.

100.

2.

P E L O T O N.

101. Au fecond commandement , le Soldat reprendra la pofition
de *repofé fur les armes* , n.º 96.

Infpection des armes.

102. Le Soldat étant dans la pofition de *repofé fur les armes* ,
l'Inftructeur commandera :

Infpection = DES ARMES.

Un temps & un mouvement.

103. Faire un à droite & demi fur le talon gauche , en portant
le pied droit à fix pouces du gauche perpendiculairement en
arrière de l'alignement , les pieds en équerre ; faifir l'arme
brufquement de la main gauche à la hauteur du dernier bouton
de la vefte , incliner le bout du canon en arrière fans que la
croffe bouge , la baguette tournée vers le corps , porter en
même temps la main droite à la baïonnette , la faifir par la douille
& la branche , de manière que l'extrémité de la douille dépaffe

le talon de la main d'un pouce, & qu'en la tirant le pouce s'alonge fur la lame ; l'arracher du fourreau, la porter & la fixer au bout du canon, faifir auffitôt la baguette, & la tirer comme il eft expliqué *à la charge en douze temps ;* la laiffer gliffer dans le canon, & fe remettre auffitôt face en tête dans la pofition de *repofez fur les armes*, n.° 96.

104.   Alors l'Inftructeur infpectera fucceffivement l'arme de chaque Soldat, en paffant devant le rang. Chaque Soldat, à mefure que l'Inftructeur paffera devant lui, élèvera vivement fon arme de la main droite, la faifira avec la main gauche entre la première capucine & le reffort de la batterie, la platine en dehors, la main gauche à hauteur du menton, l'arme vis-à-vis l'œil gauche ; l'Inftructeur la prendra, & la lui rendra après l'avoir examinée; le Soldat la reprendra de la main droite, & la replacera à la pofition de *repofez fur les armes*.

105.   Lorfque l'Inftructeur l'aura dépaffé, il remettra de lui-même la baguette, en reprenant la pofition prefcrite au commandement d'*infpection des armes*, après quoi il fe remettra face en tête.

106.   Si, au lieu de faire l'infpection des armes, l'Inftructeur veut feulement faire mettre la baïonnette au bout du canon, il commandera :

Baïonnette == *AU CANON.*

Un temps & un mouvement.

107.   Prendre la pofition indiquée ci-deffus, mettre la baïonnette au bout du canon, comme il a été expliqué, & fe remettre auffitôt face en tête.

108.   Si, la baïonnette étant au bout du canon, l'Inftructeur veut faire mettre la baguette dans le canon pour faire l'infpection des armes, après avoir tiré, il commandera :

Baguette == *DANS LE CANON.*

Un temps & un mouvement.

109.   Mettre la baguette dans le canon, comme il a été expliqué ci-deffus, & faire auffitôt face en tête ; la remettre enfuite

fucceffivement,

succeſſivement, à meſure que l'arme de chaque Soldat aura été inſpectée.

110.　　Le Soldat n'élèvera pas l'arme pour la préſenter à l'Inſtructeur lorſqu'il paſſera devant lui, l'Inſtructeur devant ſeulement examiner ſi l'arme n'eſt point chargée; il pourra, pour s'en aſſurer, prendre la baguette par le petit bout & la faire ſauter dans le canon.

Vos armes = À *TERRE.*

Un temps & deux mouvemens.

Premier mouvement.

111.　　Tourner l'arme de la main droite, la contre-platine en avant; ſaiſir en même temps le coin de la giberne avec la main gauche, courber le corps bruſquement, avancer le pied gauche, le talon vis-à-vis la première capucine, poſer l'arme à terre droit devant ſoi avec la main droite, le talon de la croſſe reſtant toujours à hauteur de la pointe du pied droit, le jarret droit un peu ployé, le talon droit élevé.

Second mouvement.

112.　　Se relever, rapporter le pied gauche à côté du droit; lâcher la bretelle de la giberne, & laiſſer tomber les deux mains à leur poſition.

Relevez = *VOS ARMES.*

Un temps & deux mouvemens.

Premier mouvement.

113.　　Comme le premier mouvement de *vos armes à terre.*

Second mouvement.

114.　　Relever l'arme, rapporter le pied gauche à côté du droit, & tourner auſſitôt l'arme avec la main droite, la baguette en avant; lâcher en même temps la giberne, & laiſſer tomber la main gauche à ſa poſition.

Portez = *VOS ARMES.*

Un temps & deux mouvemens.

Premier mouvement.

115.　　Elever vivement l'arme de la main droite, la portér contre l'épaule gauche en la faisant tourner, pour que le canon se trouve en dehors; placer en même temps la main gauche sous la crosse, & descendre la main droite contre la batterie.

Second mouvement.

116. Laisser tomber la main droite vivement à sa position.

Pl. V.   *L'arme* = *AU BRAS.*

Fig. 3.   Un temps & trois mouvemens.

Premier mouvement.

117. Empoigner brusquement l'arme à quatre pouces au-dessous de la platine, sans tourner l'arme & en l'élevant un peu.

Second mouvement.

118. Quitter la crosse de la main gauche, placer l'avant-bras gauche étendu sur la poitrine contre le chien, la main sur le teton droit.

Troisième mouvement.

119. Laisser tomber la main droite vivement à sa position.

L'arme = *À VOLONTÉ.*

120. Porter l'arme indifféremment sur l'une ou sur l'autre épaule; d'une ou des deux mains, l'extrémité du canon en l'air.

L'arme = *AU BRAS.*

121. Reprendre vivement la position du troisième mouvement de ce temps, N.° 119.

Portez = *VOS ARMES.*

Un temps & trois mouvemens.

Premier mouvement.

122. Porter brusquement la main droite à la poignée de l'arme.

Second mouvement.

123. Placer brusquement la main gauche sous la crosse.

Troisième mouvement.

124. Laisser tomber la main droite vivement à sa position; descendre en même temps l'arme avec la main gauche à la position du port d'armes.

Remettez == *LA BAÏONNETTE.*

Un temps & trois mouvemens.

Premier mouvement.

125.　Descendre l'arme en alongeant le bras gauche ; la saisir en même temps avec la main droite, au dessus & près de la première capucine, comme au premier mouvement de *reposez sur les armes.*

Second mouvement.

126.　Descendre l'arme de la main droite le long de la cuisse gauche ; la saisir de la main gauche au-dessus de la droite pour prendre la position du second mouvement de *l'arme à gauche,* mais sans placer le talon droit devant la boucle du pied gauche ; ôter la baïonnette avec la main droite, la remettre dans le fourreau, & laisser la main droite près de la douille.

Troisième mouvement.

127.　Élever l'arme de la main gauche, la saisir à la poignée avec la main droite & porter l'arme.

L'arme sous le bras == *GAUCHE.*

Un temps & deux mouvemens.

Premier mouvement.

128.　Empoigner brusquement l'arme avec la main droite, le pouce sur la contre-platine & le premier doigt contre le chien ; détacher en même temps l'arme de l'épaule, le canon en dehors, sans que le bec de la crosse change de place ; la saisir avec la main gauche à la première capucine, le pouce alongé sur la baguette, l'arme d'aplomb vis-à-vis l'épaule, le coude gauche joint à l'arme.

Second mouvement.

129.　Renverser l'arme, la passer sous le bras gauche, la main gauche restant à la première capucine, le pouce appuyé sur la baguette pour l'empêcher de glisser, le petit doigt appuyé à la hanche, la main droite tombant en même temps à sa position.

Portez = VOS ARMES.

Un temps & deux mouvemens.

Premier mouvement.

1 3 0, Relever l'arme de la main gauche fans trop brufquer ce mouvement, pour éviter que la baguette ne s'échappe des tenons; la faifir de la main droite à la poignée pour l'appuyer contre l'épaule, quitter en même temps l'arme de la main gauche & la placer brufquement fous la croffe.

Second mouvement.

1 3 1; Laiffer tomber la main droite vivement à fa pofition, defcendre en même temps l'arme avec la main gauche à la pofition du port d'armes.

Baïonnette = AU CANON.

Un temps & trois mouvemens.

Premier mouvement.

1 3 2. Comme le premier mouvement de *remettez la baïonnette.*

Second mouvement.

1 3 3. Comme le fecond mouvement de *remettez la baïonnette.* Excepté que la main droite faifira la douille de la baïonnette, comme il a été prefcrit à l'infpection des armes, pour l'arracher du fourreau & la porter brufquement au bout du canon; laiffer ja main droite à la branche de la baïonnette.

Troifième mouvement.

1 3 4. Porter l'arme comme il a été expliqué au troifième mouvement de *remettez la baïonnette.*

Croifez = LA BAÏONNETTE.

Pl. V.
Fig. 4,

Un temps & deux mouvemens.

Premier mouvement.

1 3 5. Comme le premier mouvement du premier temps de la charge, empoigner l'arme à deux pouces au-deffous du chien.

Second mouvement.

1 3 6. Abattre l'arme avec la main droite dans la main gauche, qui ia faifira un peu en avant de la première capucine, le canon en deffus,

deſſus, le coude gauche près du corps, la main droite appuyée
ſur la hanche droite, la pointe de la baïonnette à hauteur de
l'œil. Les hommes du ſecond & du troiſième rang auront
attention que la pointe de leur baïonnette ne touche pas
l'homme qui eſt devant eux.

Portez = VOS ARMES.

Un temps & deux mouvemens.

Premier mouvement.

137. Tourner ſur le talon gauche pour ſe remettre *face en tête;*
rapporter le talon droit à côté du gauche, redreſſer en même
temps l'arme de la main droite, la porter à l'épaule gauche &
placer la main gauche ſous la croſſe.

Second mouvement.

138. Laiſſer tomber la main droite vivement à ſa poſition.

Deſcendez = VOS ARMES.

Un temps & deux mouvemens.

Premier mouvement.

139. Comme le premier mouvement de *repoſez ſur les armes.*

Second mouvement .

140. Incliner un peu le bout du canon en avant, la croſſe en
arrière & à environ trois pouces de terre; la main droite appuyée
à la hanche contiendra l'arme de manière que les baïonnettes
des hommes du ſecond & du troiſième rang ne touchent pas
ceux qui ſont devant eux.

Portez = VOS ARMES.

141. Au commandement *portez,* redreſſer l'arme perpendiculairement
dans la main droite; au commandement *vos armes,* exécuter ce qui
a été preſcrit pour les porter, en partant de la poſition de *repoſez
ſur les armes.*

Obſervations relatives au maniement des armes.

142. Le maniement des armes déforme ſouvent chez les hommes
de recrue la poſition du corps, quand elle n'eſt pas encore
parfaitement aſſurée; il eſt donc néceſſaire que l'Inſtructeur les

K

ramène fouvent à la régularité de la pofition & du port d'armes dans le cours des leçons.

143.   Les hommes de recrue font auffi fort fujets à creufer les reins & à renverfer le corps, fur-tout au premier temps de la charge, lorfqu'on les y tient trop long-temps, ainfi l'Inftructeur doit éviter de trop les arrêter dans cette pofition.

TROISIÈME LEÇON.

Charge précipitée.

144.   L'objet de cette charge eft de faire diftinguer au Soldat les temps qu'il doit précipiter, & ceux dont l'exécution exige plus de régularitè & d'attention, tels que les temps d'*amorcer, mettre la cartouche dans le canon*, & *bourrer;* en conféquence elle fera divifée en quatre temps principaux, ainfi qu'il fuit:

145.   Le premier temps s'exécutera à la fin du commandement, les trois autres aux commandemens *deux, trois & quatre.*

146.   L'Inftructeur commandera, *charge précipitée.*

Chargez = VOS ARMES.

Pl. III.   147.   Exécuter le premier temps de la charge, découvrir le baffinet, Fig. 4.   prendre la cartouche, la déchirer, la defcendre près du baffinet, & amorcer.

DEUX.

Pl. III.   148.   Fermer le baffinet, paffer l'arme à gauche, mettre la cartouche Fig. 5.   dans le canon, la fecouer & l'enfoncer.

TROIS.

Pl. III.   149.   Tirer la baguette, la faire entrer dans le canon jufqu'à la Fig. 6.   main, & bourrer deux coups.

QUATRE.

Pl. III.   150.   Remettre la baguette, & porter l'arme.
Fig. 1.

CHARGE A VOLONTÉ.

151.   L'Inftructeur enfeignera enfuite la charge à volonté, qui s'exécutera comme la charge précipitée, mais de fuite, & fans

s'arrêter fur les quatre temps marqués ; l'Inftructeur commandera :

152.

Charge à volonté.

Chargez $=$ *V O S   A R M E S.*

Obfervations relatives aux charges.

153. L'Inftructeur obfervera que les Soldats qui, fans fe preffer
en apparence, chargent avec calme & fang-froid, font ceux
qui chargent le mieux & le plus promptement, parce qu'ils
tournent la baguette fans accrocher celles des hommes qui font
à côté ou devant eux, qu'ils ne manquet ni l'embouchure du
canon, ni celle du tenon, qu'ils bourrent mieux, qu'ils ne
répandent point la poudre en amorçant, & ne laiffent pas tomber
de cartouches en les prenant dans la giberne, objets effentiels
auxquels l'Inftructeur obligera les Soldats à donner la plus grande
attention.

154. L'Inftructeur exigera de la régularité dans l'exécution des
temps & dans les pofitions, fans quoi les Soldats fe gêneroient
& s'embarrafferoient réciproquement ; il leur donnera, au bout
de quelques leçons, des cartouches de fon ou de fciûre de
bois, & les habituera à amorcer & à bourrer avec foin.

QUATRIÈME LEÇON.

F E U X.

155. Les feux feront ou directs ou obliques, & s'exécuteront ainfi
qu'il va être expliqué.

Feux directs.

156. L'Inftructeur fera les commandemens fuivans :

Feu de peloton.

1.

Peloton.

2.

A R M E S.

3.

J O U E.

4.
F E U.

5.
C H A R G E Z.

Pl. VI.
Fig, 1. **157.** Ces divers commandemens feront exécutés comme il a été prefcrit au maniement des armes.

158. Au deuxième commandement, les trois hommes prendront la pofition qui a été indiquée, fuivant le rang dans lequel ils fe trouvent placés; après le cinquieme, ils chargeront les armes & les porteront.

Feux obliques.

159. Les feux obliques s'exécuteront à droite & à gauche, & par les mêmes commandemens que les feux directs, avec cette feule différence que le commandement JOUE fera précédé chaque fois du commandement d'avertiffement, *oblique à droite* ou *à gauche*, qui fera fait après celui ARMES; à cet avertiffement, les hommes du troifième rang fixeront les yeux fur le créneau où ils devront mettre en joue.

Pofition des trois rangs dans des feux obliques à droite.

Pl. VI.
Fig. 2. **160.** Au commandement ARMES, les trois rangs exécuteront ce qui leur a été prefcrit pour le feu direct.

161. Au commandement JOUE, le premier rang dirigera le bout du canon à droite, en inclinant le genou gauche en dedans fans déranger les pieds.

162. Le deuxième rang dirigera de même le bout du canon à droite, fans bouger les pieds.

163. Le troifième rang avancera le pied gauche d'environ fix pouces, & vers la pointe du pied droit de l'homme du fecond rang de fa file, avancera auffi le corps en pliant un peu le genou gauche, & dirigera le bout du canon à droite.

164. Les trois rangs effaceront l'épaule droite.

Dans cette pofition, les deux derniers rangs feront prêts à tirer dans le même créneau que dans le feu direct, quoique dans une direction oblique.

165. Au commandement *chargez*, les trois rangs reprendront la
pofition

position qui leur a été prescrite dans le feu direct ; le troisième rapportera le pied gauche , le talon contre la boucle du pied droit en retirant l'arme.

Position des trois rangs dans les feux obliques à gauche.

166.   Au commandement *armes*, les trois rangs exécuteront ce qui leur a été prescrit pour le feu direct.

167.   Au commandement *joue*, le premier dirigera le bout du canon à gauche , sans incliner le genou ni bouger les pieds.

168.   Le deuxième rang mettra en joue dans le créneau à gauche de son chef de file, sans bouger les pieds.

169.   Le troisième rang avancera le pied gauche d'environ six pouces & vers le talon droit de l'homme du second rang de sa file ; avancera aussi le haut du corps, en pliant un peu le genou gauche , & mettra en joue dans le créneau à gauche de son chef de file.

170.   Les trois rangs effaceront l'épaule gauche.

171.   Dans cette position , les deux derniers rangs seront prêts à tirer dans le créneau à gauche de leur chef de file, & dans une direction oblique.

172.   Au commandement *chargez*, les trois rangs retireront leurs armes dans la position oblique où elles se trouvent, & amorceront dans cette position ; le troisième rang rapportera le pied gauche , le talon contre la boucle du pied droit ; en passant l'arme à gauche , les trois rangs prendront la même position que dans le feu direct.

Observations relatives aux feux obliques.

173.   Effacer une épaule en mettant en joue.

Afin de pouvoir diriger le bout du canon plus ou moins obliquement , selon la position de l'objet auquel on visera.

L'Instructeur rendra ce principe sensible aux hommes de recrue , en plaçant un homme en avant , plus ou moins vers la droite ou vers la gauche , pour figurer cet objet, lorsqu'ils connoîtront bien l'emboîtement des feux obliques.

Porter le pied gauche à six pouces en avant, & faire avancer le haut du corps au troisième rang ;

Afin d'éviter les accidens , parce que sans cette précaution

L

les armes du troifième rang ne déborderoient pas fuffifamment le premier rang, dans la pofition oblique où elles fe trouvent.

Dans le feu oblique à gauche, retirer les armes & amorcer dans la pofition oblique où elles fe trouvent ;

Parce que fi l'on vouloit reprendre la même pofition que dans les feux directs, en retirant l'arme pour amorcer, il faudroit la faire paffer par deffus la tête de l'homme qui eft devant foi.

Feu de deux rangs.

174. Le feu de deux rangs s'exécutera par les deux premiers rangs ; le troifième ne faifant que charger & paffer l'arme au fecond rang, ne tirera point : au moyen de cette difpofition, le premier rang tirera debout.

175. L'Inftructeur fera les commandemens fuivans :

1.

Feux de deux rangs.

2.

Peloton.

3.

ARMES.

4.

Commencez le feu.

176. Au troifième commandement, tous les trois rangs prendront la pofition prefcrite pour les deuxième & troifième rangs, dans les feux direct & oblique.

177. Au quatrième commandement, l'homme du premier & celui du fecond rang mettront en joue enfemble, & feront feu ; l'homme du troifième rang ne devant pas tirer, ne fera que charger & paffer fon arme à celui du fecond rang.

178. L'homme du premier rang chargera vivement fon arme & tirera de nouveau, puis rechargera fon arme, fera feu de nouveau ; & ainfi de fuite.

179. L'homme du fecond rang, après avoir fait feu, paffera fon arme de la main droite au Soldat du troifième rang de fa file ;

celui-ci la prendra de la main gauche , & paffera la fienne de
la main droite au Soldat du fecond rang , lequel tirera avec
l'arme de celui du troifième rang , la chargera enfuite, & tirera
un fecond coup avec la même arme , qu'il repaffera auffitôt
à l'homme du troifième rang, ainfi de fuite ; en forte que l'homme
du deuxième rang tire toujours deux coups de fuite avec la
même arme , avant de la repaffer à l'homme du troifième rang,
excepté la première fois.

180.   Après le premier feu , l'homme du premier & du fecond
rang de chaque file ne s'aftreindront plus à tirer enfemble.

181.   Les trois rangs feront toujours face en tête en paffant l'arme
à gauche, & après avoir chargé, ils prendront la pofition indiquée
ci-deffus , N.° 79 ; à cet effet, chaque Soldat ayant remis la
baguette, élèvera fon arme de la main gauche, la laiffant gliffer
dans cette main qui fe placera contre le reffort de la batterie à
hauteur du menton, en même temps qu'il fera un demi à-droite
pour revenir à la pofition prefcrite , & que le pouce de la main
droite fe placera fur la tête du chien pour armer, le petit doigt
au-deffous & contre la fougarde. L'homme du troifième rang
paffera toujours fon fufil à celui du fecond rang , fans être armé.

182.   Lorfque l'Inftructeur voudra faire ceffer le feu, il commandera :

Roulement.

183.   A ce commandement, le Soldat ne tirera plus ; chaque
homme mettra fon arme au repos, la chargera ou achèvera de
la charger, fi elle ne l'eft pas, & la portera, les hommes du
fecond & du troifième rang ayant attention de reprendre leur
propre arme.

Obfervations générales relatives aux feux.

184.   Les feux feront exécutés dans les commencemens fans
cartouches , & enfuite avec des cartouches de fon ou de fciûre
de bois, afin d'accoutumer de plus en plus le Soldat à amorcer,
& à mettre la cartouche dans le canon promptement, mais
régulièrement & fans verfer la poudre, ainfi qu'à bien bourrer ;
& on finira cette inftruction par faire exécuter les feux à poudre.

185. Lorfqu'on exécutera les feux à poudre, on recommandera aux Soldats d'être attentifs à obferver, en mettant le chien au repos, fi la fumée fort par la lumière, ce qui eft une indication fûre que le coup eft parti ; fi la fumée ne fortoit pas, le Soldat, au lieu de recharger, pafferoit derrière le rang pour épingler & amorcer de nouveau. Si le Soldat croyant le coup parti, avoit mis une feconde charge, il devroit du moins s'en apercevoir en bourrant, par la hauteur de la charge, & il feroit très-puniffable s'il en mettoit une troifième. L'Inftructeur fera donc toujours l'infpection des armes après les feux à poudre, afin de vérifier fi quelque Soldat a fait la faute de mettre trois charges dans fon fufil.

186. L'Inftructeur doit auffi apporter beaucoup d'attention à ce que le Soldat, en mettant le chien au repos, ne réarme pas fon fufil par trop de précipitation, faute dont il pourroit réfulter des accidens.

Obfervations générales relatives à la feconde partie de l'École du Soldat.

187. Lorfqu'après quelques jours d'exercice de la leçon du maniement des armes, les trois hommes feront affermis dans le port d'armes, l'Inftructeur terminera toujours la leçon par les faire marcher pendant quelque temps fur un rang, à un pas de diftance l'un de l'autre, afin de les affermir de plus en plus dans le mécanifme du pas direct & oblique ; il leur montrera à marquer & à changer le pas, ce qui s'exécutera de la manière fuivante :

Marquer le pas.

188. Les trois hommes étant en marche au pas ordinaire, l'Inftructeur leur commandera :

1.

Marquez le pas.

2.

M A R C H E.

189. Au fecond commandement, qui fera fait à l'inftant où le pied va poser à terre, les Soldats simuleront le pas, en rapportant les talons à côté l'un de l'autre, sans avancer, & en observant la cadence du pas.

190. Lorsque l'Instructeur voudra faire reprendre le pas ordinaire, il commandera :

1.

En avant.

2.

MARCHE.

191. Au second commandement, qui sera fait comme ci-dessus, les Soldats reprendront le pas de deux pieds.

Changer le pas.

192. Les Soldats étant en marche au pas ordinaire, l'Instructeur leur commandera :

1.

Changez le pas.

2.

MARCHE.

193. Au second commandement qui sera fait, à l'instant où le pied va poser à terre, les Soldats rapporteront vivement le pied qui est derrière, à côté de celui qui vient de poser à terre, & repartiront de ce dernier pied.

TROISIEME PARTIE.

PREMIÈRE LEÇON.

194. Lorsque les trois hommes seront bien affermis dans les principes & le mécanisme du pas, la position du corps & le port d'armes, l'Instructeur réunira cinq ou six hommes au moins, & au plus neuf, pour leur apprendre le principe du tact des coudes en marchant de front, ceux de la marche de flanc, le pas accéléré, le pas en arrière, les principes des changemens de direction, des conversions en marchant & de pied ferme, & les principes d'alignement.

M

195. L'Inftructeur les placera fur un rang coude à coude, & fera enfuite les commandemens fuivans :

1.

Peloton en avant.

2.

Guide à gauche (ou à droite).

3.

M A R C H E.

196. Au commandement de *marche*, le rang partira vivement du pied gauche.

197. L'Inftructeur fera marcher un homme bien dreffé à deux pas devant le Soldat, placé à la droite ou à la gauche du rang, felon le côté où le Guide aura été indiqué, & prefcrira à ce Soldat de marcher exactement dans la trace de l'homme qui le précède, en confervant toujours la diftance de deux pas; c'eft le plus fûr moyen de faire contracter aux hommes de recrue l'habitude de faire le pas de la longueur & vîteffe prefcrites.

198. L'Inftructeur fera obferver les règles fuivantes :

Tenir légèrement au coude de fon voifin du côté du Guide ;

Parce qu'en tenant ainfi coude à coude à fon voifin, on eft affuré d'être à peu-près aligné, & qu'il ne fe forme pas d'ouverture entre les files. Si au lieu de tenir légèrement au coude de fon voifin, on s'appuyoit fur lui, on l'obligeroit à appuyer à fon tour du côté du Guide, & on repoufferoit par-là ce dernier hors de la direction.

Ne point ouvrir le coude gauche ni le bras droit ;

Afin que le Soldat ne pouffe pas fon voifin, & n'occupe dans le rang que l'efpace qu'il doit y tenir.

Céder à la preffion qui vient du côté du Guide, & *réfifter à celle qui vient du côté oppofé* ;

Pour éviter de rejeter le Guide en dehors de la direction.

Ne rejoindre qu'infenfiblement le coude de fon voifin du côté du Guide, s'il venoit à s'éloigner, ou fi l'on s'en étoit foi-même écarté ;

Parce qu'il peut arriver que le voifin fe jette mal-à-propos
à droite ou à gauche : fi alors l'homme qui eft à côté de lui,
& fucceffivement ceux qui fuivent, fe conformoient brufquement
à ce faux mouvement, il en réfulteroit que la faute d'un feul
homme fe propageroit à plufieurs ; & lorfqu'enfuite l'homme
où la faute auroit commencé, voudroit la réparer, il feroit obligé
de repouffer fon voifin, celui-ci l'homme fuivant, & ainfi de
fuite jufqu'à l'aile, ce qui occafionneroit un flottement continuel
dans la marche. Si au contraire chaque homme obferve le principe de ne fe conformer que peu à peu aux mouvemens de
fon voifin, ce dernier aura le temps de réparer fa faute, s'il en
a fait une, fon erreur ne fe propagera pas, & le flottement
n'aura pas lieu.

> Conferver toujours la tête directe, & les yeux fixés à terre,
> à douze ou quinze pas en avant de foi, de quelque côté que le
> Guide foit indiqué ;

Parce que fi les Soldats tournoient la tête du côté du Guide,
elle entraîneroit l'épaule oppofée, ce qui donneroit une fauffe
direction au rang, cauferoit une preffion continuelle du côte du
Guide, & par conféquent du flottement. Les yeux fixés à terre
à douze ou quinze pas en avant, empêchent que le Soldat ne
dérive en marchant, ce qui eft un point très-effentiel.

> Si l'on s'aperçoit qu'on eft foi-même trop en avant ou trop
> en arrière, ne fe remettre que peu à peu, en alongeant ou en
> raccourciffant d'une manière prefqu'infenfible fon pas ;

Parce que les mouvemens brufques en marchant, tendent toujours à défunir une Troupe, à y caufer du flottement, & font
perdre la cadence ; car un homme ne fauroit faire un pas de deux
pieds & demi, dans le même efpace de temps que fon voifin
en fait un de deux pieds. fans que le mouvement du premier
ne foit plus vif que celui du fecond ; au lieu qu'on peut
alonger le pas d'un ou deux pouces, fans qu'il en réfulte une
accélération fenfible de mouvement.

199. Enfin, l'Inftructeur s'attachera à faire comprendre aux
hommes de recrue, que l'alignement ne peut fe conferver en

marchant, que par la régularité du pas, par le taĉt des coudes & la carrure des épaules; que fi, par exemple, ils faifoient des pas plus grands les uns que les autres, ou s'ils marchoient les uns plus vîte, les autres plus lentement, ils fe défuniroient néceffairement; que fi devant avoir la tête direĉte, ils n'obfervoient pas le taĉt des coudes, il leur feroit impoffible de juger s'ils marchent à même hauteur que leur voifin, & s'il ne fe forme pas entre eux des ouvertures.

200. L'Inftruĉteur les exercera enfuite à marcher obliquement à droite, avec le Guide à gauche, & à marcher obliquement à gauche avec le Guide à droite.

201. Dans la marche oblique, comme dans la marche direĉte, le taĉt des coudes doit toujours fe prendre du côté du Guide; ainfi chaque homme doit tenir légèrement au coude de fon voifin de ce côté.

202. La marche oblique du côté oppofé au Guide étant beaucoup plus difficile que celle qui a lieu du côté du Guide, l'Inftruĉteur recommandera de redoubler d'attention toutes les fois qu'on obliquera ainfi.

203. Lorfque ces divers principes feront devenus familiers aux hommes de recrue, & qu'ils feront bien affermis dans la pofition du corps, le port d'arme, le mécanifme, la longueur & la vîteffe du pas ordinaire, l'Inftruĉteur les fera paffer du pas ordinaire au pas accéléré, & l'inverfe, de la manière fuivante:

204. Le rang étant en marche au pas ordinaire, l'Inftruĉteur commandera:

I.

Pas accéléré.

2.

MARCHE.

205. Au commandement de *marche*, qui fera fait fur l'un ou l'autre pied indiftinĉtement, le rang prendra le pas accéléré.

206. La longueur de ce pas fera la même que celle du pas ordinaire, mais fa vîteffe fera de cent par minute.

Obfervations

Observations relatives au pas accéléré.

207. Le pas oblique ne fera jamais accéléré.

208. La marche au pas accéléré s'exécutera d'après les mêmes principes qu'au pas ordinaire; mais l'impulfion du pas accéléré difpofant le Soldat à s'abandonner, l'Inftructeur s'attachera à bien régler la cadence de ce pas, & à habituer le Soldat à conferver toujours l'aplomb du corps, ainfi que la régularité du pas.

209. L'Inftructeur fera quelquefois marquer le pas, & changer le pas, en marchant au pas accéléré.

210. Lorfque l'Inftructeur voudra faire reprendre le pas ordinaire, il commandera:

1.

Pas ordinaire.

2.

MARCHE.

211. Au commandement de *marche*, qui fera fait indiftinctement fur l'un ou l'autre pied, le rang reprendra le pas ordinaire.

212. Le rang étant en marche, l'Inftructeur l'arrêtera par les commandemens & moyens prefcrits ci-deffus, N.° 24.

213. Si le rang marche au pas accéléré le commandement de *halte* fe fera un inftant avant que le pied ne foit prêt à pofer à terre.

214. Le rang étant de pied ferme, l'Inftructeur lui fera marcher le pas en arrière; à cet effet il commandera:

1.

En arrière.

2.

MARCHE.

215. Au commandement de *marche*, les Soldats retireront vivement le pied gauche en arrière, & le poferont à la diftance d'un pied, à compter d'un talon à l'autre, & ainfi de fuite jufqu'au commandement de *halte*, qui fera toujours précédé de celui de *peloton;* les Soldats arrêteront à ce commandement, en rapportant le pied qui eft en avant à côté de l'autre.

N

2 1 6. L'Inftruéteur veillera à ce que les hommes ne s'appuyent pas fur leur voifin, à ce qu'ils fe portent droit en arrière, & que l'aplomb & la pofition du corps, ainfi que de l'arme, foient toujours confervés.

SECONDE LEÇON.

Marche de flanc.

2 1 7. Les Soldats étant placés fur un rang, coude à coude, l'Inftruéteur leur fera les commandemens fuivans:

I.

Peloton par le flanc droit (ou gauche.)

2.

A DROITE (OU À GAUCHE.)

3.

MARCHE.

2 1 8. Au fecond commandement, ils feront à droite ou à gauche

2 1 9. Au commandement de *marche*, ils partiront vivement du pied gauche, au pas ordinaire.

Obfervations relatives à la marche de flanc.

2 2 0. L'Inftruéteur placera un homme bien dreffé à côté du premier Soldat du flanc vers lequel le rang fait face, pour régler fon pas & le conduire, & il fera recommandé au Soldat qui eft au flanc, de marcher toujours coude à coude de l'homme qui doit le diriger.

2 2 1. L'Inftruéteur fera obferver dans la marche de flanc, les règles fuivantes:

Que le pas s'exécute d'après les principes prefcrits;

Parce que ces principes, fans lefquels des hommes placés à côté les uns des autres fur un même rang ne fauroient conferver de l'enfemble en marchant, font encore plus indifpenfables à obferver lorfqu'on marche en file.

Qu'à chaque pas le pied de l'homme qui précède foit remplacé par celui de l'homme qui le fuit;

Afin que les files ne puiffent pas s'ouvrir;

Que le Soldat ne plie pas les genoux, pour éviter de marcher fur les talons de l'homme qui le précède ;

Parce que s'il plioit les genoux, la diftance entre les files, ainfi que la cadence fe perdroient.

Que la tête de l'homme qui précède immédiatement chaque Soldat, lui cache celles de tous les autres qui font devant lui :

Parce que c'eft la règle la plus sûre qu'on puiffe donner pour fe maintenir exactement fur le chef de file.

222. L'Inftructeur fe placera dans la marche de flanc, le plus fouvent à cinq ou fix pas fur le flanc des hommes qu'il inftruit, pour veiller à l'obfervation des principes ci-deffus.

223. Il fe placera auffi quelquefois derrière la file, s'arrêtera & lui laiffera parcourir quinze ou vingt pas, afin d'obferver fi les hommes confervent exactement le chef de file.

224. L'Inftructeur fera converfer par file à droite & à gauche ; à cet effet il commandera :

1.

Par file à droite (ou à gauche.)

2.

MARCHE.

225. Au fecond commandement, le premier homme de la file tournera à droite ou à gauche, & marchera enfuite droit devant lui, chaque homme viendra fucceffivement tourner à la même place que le premier.

226. L'Inftructeur fera auffi exécuter les *à droite* & les *à gauche* en marchant ; à cet effet il commandera :

1.

Par le flanc gauche (ou droit.)

2.

MARCHE.

227. Au fecond commandement, qui fera fait fur l'un ou fur l'autre pied indifféremment, & un peu avant que le pied ne foit prêt à pofer à terre, les Soldats tourneront le corps, poferont le pied qui eft levé dans la nouvelle direction, & partiront de l'autre pied, fans altérer la cadence du pas.

228. Lorfque l'Inftructeur voudra arrêter le rang marchant par le flanc, & le remettre face en tête, il fera les commandemens fuivans :

I.

Peloton.

2.

HALTE.

3.

FRONT.

229. Au fecond commandement la file s'arrêtera, & aucun homme ne bougera plus, quand même il auroit perdu fa diftance ; cette attention eft néceffaire pour habituer le Soldat à l'obfervation continuelle de fa diftance.

230. Au troifième commandement, chaque homme fe remettra face en tête par un *à gauche*, fi l'on marche par le flanc droit, & par un *à droite*, fi l'on marche par le flanc gauche.

Obfervations relatives à la marche de flanc.

231. Lorfque les hommes auront acquis de l'aifance & de la facilité dans la marche de flanc, l'Inftructeur les exercera à la marche de flanc au pas accéléré ; cette leçon leur rendra plus fenfible la néceffité qu'il y a de bien emboîter le pas en marchant par le flanc, & de conferver la cadence ainfi que l'aplomb du corps.

TROISIÈME LEÇON.

Alignemens.

232. L'Inftructeur exercera d'abord les Soldats de recrue à s'aligner homme par homme, afin de leur faire mieux comprendre les principes de l'alignement ; à cet effet il commandera aux deux premiers hommes de l'aile droite de marcher deux pas en avant, & les ayant alignés, il avertira fucceffivement chaque homme de fe porter fur l'alignement des deux premiers.

233. Chaque Soldat, à l'avertiffement qui lui fera fait par l'Inftructeur de fe porter fur l'alignement, tournera la tête & les yeux à droite, dans la pofition prefcrite dans la première

leçon

leçon de la première partie; marchera dans la cadence du pas ordinaire, deux pas en avant, en raccourciffant le dernier, de manière à fe trouver à environ fix pouces en arrière du nouvel alignement qu'il ne doit jamais dépaffer; il fe portera enfuite par de petits pas, les jarrets tendus, tranquillement & fans faccade, à côté de l'homme auquel il doit appuyer, de manière que fans déranger la pofition de fa tête, la ligne de fes yeux, ainfi que celle de fes épaules, fe trouve dans la direction de celle de fon voifin, & de manière à fentir légèrement fon coude fans ouvrir le fien.

234.   L'alignement à gauche fe prendra d'après le mêmes principes.

235.   Lorfque les hommes de recrue auront ainfi appris, homme par homme, à s'aligner correctement & fans tâtonner, l'Inftructeur fera aligner le rang entier à la fois, par le commandement fuivant:

A droite (ou à gauche) = *ALIGNEMENT.*

236.   A ce commandement, le rang tout entier, à l'exception des deux hommes placés d'avance pour fervir de bafe d'alignement, fe portera au pas ordinaire fur la nouvelle ligne, & s'y placera tranquillement, d'après les principes prefcrits ci-deffus, N.° 233.

237.   L'Inftructeur, placé à cinq ou fix pas en avant, & faifant face au rang, veillera à l'obfervation des principes, & fe portera enfuite à l'aile qui a fervi de bafe d'alignement, pour le vérifier.

238.   L'Inftructeur voyant le plus grand nombre des Soldats alignés, fera le commandement fuivant:

FIXE.

239.   A ce commandement, les Soldats replaceront la tête & les yeux dans la pofition directe, & reprendront l'immobilité.

240.   L'Inftructeur commandera enfuite aux hommes qui ne feroient pas alignés, *(telle file, (ou telles files) rentrez,* ou *fortez,* en les défignant par leurs numéros; la file ou les files défignées feulement, porteront auffitôt l'œil fur le rang du côté de l'alignement, pour juger de combien elles doivent avancer ou reculer, fe placeront tranquillement fur la ligne, & replaceront enfuite la tête dans la pofition directe.

O

241.   L'Inſtructeur aura ſoin de numéroter les files d'avance.

242.   Les alignemens en arrière ſe prendront d'après les mêmes principes, les Soldats ſe porteront un peu en arrière de la ligne, & s'y replaceront enſuite par de petits mouvemens en avant, conformément à ce qui a été preſcrit ci-deſſus, N.º 233.

L'Inſtructeur commandera:

En arrière à droite (ou à gauche) ALIGNEMENT.

Obſervations relatives aux principes d'alignement.

243.   L'Inſtructeur s'attachera à faire obſerver les principes ſuivans:

Que le Soldat arrive tranquillement ſur la ligne;

Parce que la précipitation eſt contraire au bon ordre & même à la promptitude dans l'exécution, qu'on n'obtient qu'en habituant le Soldat à faire tous les mouvemens avec calme, ſang froid & préciſion.

Qu'il ne penche pas le corps en arrière ni la tête en avant;

Parce que ce n'eſt que par la régularité de la poſition, qu'on apprend à s'aligner.

Qu'il ne tourne la tête que le moins poſſible, & ſeulement de manière à voir la ligne des yeux;

Afin d'éviter que la tête n'entraîne l'épaule hors du rang, & que la fauſſe poſition d'un ſeul homme n'induiſe en erreur tous ceux qui ſont au-delà.

Qu'il ne dépaſſe jamais l'alignement;

Parce que ſi un Soldat dépaſſoit l'alignement, il ſeroit enſuite obligé de reculer pour ſe placer ſur la véritable ligne; ſa faute ſe propageroit aux hommes qui ſont au-delà, leſquels ſeroient obligés de reculer à leur tour, ce qu'il faut éviter avec d'autant plus de ſoin, qu'outre la perte de temps qui en réſulteroit, il eſt plus difficile de s'aligner en arrière qu'en avant.

Qu'au commandement *FIXE*, le Soldat ceſſe tout mouvement quand même il ne ſeroit pas aligné;

Afin de lui faire contraĉter l'habitude de juger fon alignement promptement, & de s'y placer fans tâtonner.

> Qu'au commandement *telle file* ou *telles files EN-AVANT* ou *EN ARRIÈRE,* celles qui n'auront pas été défignées ne bougent ;

Afin de ne pas déranger les files qui font alignées.

> Que dans les alignemens en arrière, le Soldat dépaffe un peu la ligne en reculant ;

Afin de fe placer fur la ligne par un petit mouvement en avant; parce que de cette manière, il eft plus facile de juger de l'alignement.

QUATRIÈME LEÇON.

Converfions.

'244. Les converfions font de deux efpèces, les converfions de pied ferme, & les converfions en marchant.

'245. Les converfions de pied ferme ont lieu, pour faire paffer une troupe de l'ordre en bataille à l'ordre en colonne, ou de l'ordre en colonne à l'ordre en bataille.

246. Les converfions en marchant ont lieu dans les changemens de direĉtion en colonne, toutes les fois que ce mouvement s'exécute fur le côté oppofé au Guide.

247. Dans les converfions de pied ferme, l'homme qui eft au pivot de la converfion, ne fait que tourner fur la place, fans avancer ni reculer.

248. Dans les converfions en marchant, l'homme qui eft au pivot fait le pas de fix pouces, afin de dédager le point de la converfion; ce qui eft néceffaire pour que les fubdivifions d'une colonne puiffent changer de direĉtion fans perdre leur diftance, ainfi qu'il fera expliqué dans l'école de peloton.

249. Dans les deux cas ci-deffus, l'homme qui eft à l'aile marchante, doit toujours faire le pas de deux pieds.

250. Le mouvement de *tournez à droite (*ou *à gauche)*, n'a lieu que dans les changemens de direĉtion en colonne fur le côté

du Guide ; & il faut bien fe garder de confondre ce mouvement avec les converfions en marchant.

Converfions de pied ferme.

251. L'Inftructeur placera un homme bien dreffé à l'aile qui devra marcher pour la conduire, & commandera :

1.

Par peloton à droite.

2.

MARCHE.

252. Au fecond commandement, les Soldats partiront du pied gauche, & tourneront en même temps la tête un peu à gauche, les yeux fixés fur la ligne des yeux des hommes qui font à leur gauche ; l'homme qui eft au pivot ne fera que marquer le pas, en fe conformant au mouvement de l'aile marchante ; l'homme qui conduit cette aile marchera le pas de deux pieds, avancera dès le premier pas un peu l'épaule gauche, jettera les yeux fur le terrain qu'il doit parcourir, & de temps en temps fur le rang, & fentira toujours le coude de l'homme qui eft à côté de lui, mais légèrement & fans jamais le pouffer.

253. Les autres Soldats doivent fentir légèrement le coude de leur voifin du côté du pivot, réfifter à la preffion qui viendroit du côté oppofé, & fe conformer au mouvement de l'aile marchante, en faifant le pas d'autant plus petit qu'ils feront plus près du pivot.

254. L'Inftructeur fera parcourir une ou deux fois le tour du cercle avant d'arrêter le rang, afin de faire mieux fentir les principes ; il veillera avec foin à ce que le centre ne crève pas.

255. Il fera converfer à gauche, d'après les mêmes principes ; lorfque l'Inftructeur voudra arrêter la converfion, il fera les commandemens fuivans :

1.

Peloton.

2.

HALTE.

256. Au fecond commandement, le rang s'arrêtera, & aucun homme ne bougera plus jufqu'au commandement qui va fuivre.

L'Inftructeur

257. L'Inſtructeur ſe portant à l'aile oppoſée au pivot, placera les deux premiers hommes de cette aile dans la direction qu'il voudra donner au rang, laiſſant entre eux & le pivot, l'eſpace néceſſaire pour que les autres puiſſent s'y placer ; il commandera enſuite :

A gauche (ou à droite) ═ *ALIGNEMENT.*

258. A ce commandement, le rang ſe placera ſur l'alignement des deux hommes qui doivent ſervir de baſe, en ſe conformant aux principes preſcrits.

259. L'Inſtructeur commandera enſuite FIXE, ce qui ſera exécuté comme il a été preſcrit N.° 239.

260. *Obſervations relatives aux principes des converſions.*

Tourner la tête un peu du côté de l'aile marchante, & fixer les yeux ſur la ligne des yeux des hommes qui ſont de ce côté ;

Parce que ſans cette attention, il ſeroit impoſſible au Soldat de régler la longueur de ſon pas, de manière à ſe conformer au mouvement de l'aile marchante.

Tenir légèrement au coude de ſon voiſin du côté du pivot ;

Afin que les files ne s'ouvrent pas en converſant.

Réſiſter à la preſſion qui vient du côté de l'aile marchante ;

Parce que ſi l'on négligeoit ce principe, le pivot qui doit être un point fixe dans les converſions de pied ferme, pourroit être rejeté hors de ſa place par la preſſion.

Converſions en marchant.

261. Lorſque les hommes de recrue exécuteront bien les converſions de pied ferme, on les exercera à converſer en marchant.

262. A cet effet, le rang étant en marche, l'Inſtructeur voulant lui faire changer de direction ſur le côté oppoſé au Guide, fera les commandemens ſuivans :

1.

A droite (ou à gauche) converſion.

2.

MARCHE.

Le premier commandement ſera fait deux pas avant d'arriver au point de la converſion.

P

264. Au fecond commandement, le converfion s'exécutera de la même manière que de pied ferme, excepté que le tact des coudes reftera du côté du Guide, au lieu de fe prendre du côté du pivot ; que l'homme qui eft au pivot, au lieu de tourner fur la place, fe conformera au mouvement de l'aile marchante, en fentant légèrement le coude de fon voifin, en faifant le pas de fix pouces, & gagnera ainfi du terrain en avant en décrivant un petit cercle, de manière à dégager le point de la converfion, & que le milieu du rang ceintre un peu en arrière.

265. La converfion étant achevée, l'Inftructeur commandera :

1.

En avant.

2.

MARCHE.

266. Le premier commandement fera prononcé deux pas avant que la converfion ne foit achevée.

267. Au fecond, qui fera fait à l'inftant où la converfion fera achevée, l'homme qui conduit l'aile marchante fe dirigera droit en avant ; l'homme du pivot, ainfi que tout le refte du rang, reprendront le pas de deux pieds, & replaceront la tête directe.

Changer de direction fur le côté du Guide.

268. Les changemens de direction fur le côté du Guide s'exécuteront ainfi qu'il fuit : l'Inftructeur commandera :

1.

Tournez à gauche (ou à droite.)

2.

MARCHE.

269. Le premier commandement fera fait deux pas d'avance, comme ci-deffus.

270. Au fecond, qui fera prononcé à l'inftant où le rang devra tourner, le Guide fera à gauche ou à droite en marchant, & fe prolongera dans la nouvelle direction, fans ralentir ni accélérer la cadence, fans alonger ni raccourcir la mefure du pas ; tout le refte du rang fe conformera promptement, mais fans courir, à

la nouvelle direction du Guide, & pour cet effet, chaque homme avancera l'épaule opposée au Guide, prendra le pas accéléré pour se porter dans la nouvelle direction, tournera la tête & les yeux du côté du Guide, joindra le coude de son voisin du même côté, en se plaçant sur l'alignement du Guide dont il prendra le pas, & replacera ensuite la tête & les yeux dans la position directe ; chaque homme arrivera ainsi successivement sur l'alignement du Guide.

TITRE III.

École de Peloton.

L'INSTRUCTION par peloton devant toujours précéder l'instruction par bataillon, & ayant pour objet d'y préparer les Sodats, on se conformera dans les exercices de détail des compagnies, à la progression & aux principes qui vont être prescrits ci-après :

Le peloton de l'école des recrues se conformera de même à ce qui va être prescrit : il sera formé sur trois rangs ; on y attachera un chef de peloton, un Sous-officier de remplacement & des serre-files, & ils seront placés comme il a été prescrit dans la formation en ordre de bataille.

Il y aura en outre un Officier ou Sous-officier chargé d'exercer ce peloton ; il sera désigné sous le nom d'*Instructeur.*

L'École du peloton sera divisée en six leçons, & chaque leçon comprendra cinq articles, ainsi qu'il suit :

PREMIÈRE LEÇON.

1 . . . . . . Ouvrir les rangs.
2 . . . . . . Alignemens à rangs ouverts.
3 . . . . . . Maniement des armes.
4 . . . . . . Serrez les rangs.
5 . . . . . . Alignemens à rangs ferrés.

SECONDE LEÇON.

1 . . . . . . Charge précipitée.
2 . . . . . . Charge à volonté.
3 . . . . . . Feu de peloton direct & oblique.
4 . . . . . . Feu de deux rangs.
5 . . . . . . Feux en arrière.

TROISIÈME LEÇON.

1 . . . . . . Marche en bataille par le premier rang.
2 . . . . . . Arrêter le peloton marchant en bataille.
3 . . . . . . Marche oblique en bataille.
4 . . . . . . Marquer le pas, marcher le pas accéléré & le pas en arrière.
5 . . . . . . Marche en bataille par le troifième rang.

QUATRIÈME LEÇON.

1 . . . . . . Marche de flanc.
2 . . . . . . Changer de direction par file.
3 . . . . . . Arrêter le peloton marchant par le flanc, & le remettre de front.
4 . . . . . . Se former fur la droite ou fur la gauche par file en bataille.
5 . . . . . . Etat en marche par le flanc, former le peloton & les fections.

CINQUIÈME LEÇON.

1 . . . . . . Rompre par fection.
2 . . . . . . Marcher en colonne.
3 . . . . . . Changer de direction.
4 . . . . . . Arrêter la colonne.
5 . . . . . . Se former en bataille.

SIXIÈME LEÇON.

1 . . . . . . Étant en colonne, mettre des files en arrière & les faire rentrer en ligne.
2 . . . . . . Marcher au pas de route, exécuter ainfi des changemens de direction, mettre des files en arrière, & les faire rentrer en ligne.

3 .... Rompre

3......Rompre & former le peloton.
4......La contre-marche
5......Étant en colonne par section, se former sur la droite
ou sur la gauche en bataille.

De quelque nombre de files que le peloton soit composé, il sera toujours formé sur trois rangs lorsqu'il devra exécuter la première & la deuxième leçon.

Lorsque le nombre des files sera au-dessous de douze, le peloton sera formé sur deux rangs quand il devra exécuter les troisième, quatrième, cinquième & sixième leçons.

Dans l'un & l'autre cas, l'Instructeur numérotera les files de la droite à la gauche, de manière que chaque homme connoisse son numéro dans son rang.

L'Instructeur sera le plus clair & le plus concis qu'il sera possible dans ses explications; il fera rectifier les fautes de détail qui concernent les Soldats, par le Chef de peloton, à qui il les indiquera, s'il ne les avoit pas remarquées, & ne les rectifiera lui-même que lorsque le Chef de peloton n'aura pas bien compris, ou qu'il aura mal rempli ses intentions.

Le calme & le sang froid de celui qui commande, & de ceux qui exécutent, étant le premier moyen d'ordre dans une troupe, l'Instructeur s'attachera à y habituer celle qu'il exerce, & en donnera lui-même l'exemple.

PREMIÈRE LEÇON.

ARTICLE PREMIER.

Ouvrir les rangs.

1. Le peloton étant reposé sur les armes & aligné, ainsi que les serre-files, l'Instructeur voulant faire ouvrir les rangs, fera placer les deux serre-files les plus près de la gauche, à la gauche du premier & du troisième rang.

* Q

2. L'Inſtructeur fera enſuite les commandemens ſuivans:

1.

Garde à vous.

2.

P E L O T O N.

3.

Portez = *V O S   A R M E S.*

4.

En arrière, ouvrez vos rangs.

3. Au quatrième commandement, le Chef de peloton, le Sous-officier de remplacement, & les deux ferre-files placés à la gauche du premier & du troiſième rang, ſe porteront légèrement en arrière, pour aller tracer l'alignement où devront ſe placer les deux derniers rangs.

4. Le Chef de peloton & le ferre-file placé à la gauche du premier rang, ſe porteront ſur la ligne des ferre-files, & s'aligneront ſur eux.

5. Le Sous-officier de remplacement & le ferre-file placé à la gauche du troiſième rang, ſe porteront à quatre pas en arrière du rang des ferre-files, & jugeront cette diſtance à l'œil ſans compter les pas.

6. L'Inſtructeur ſe portant en même temps ſur le flanc droit, vérifiera ſucceſſivement la poſition des uns & des autres, pour s'aſſurer qu'ils ſoient placés parallèlement au premier rang ; il la rectifiera promptement s'il eſt néceſſaire, & commandera enſuite:

5.

M A R C H E.

7. A ce commandement, le peloton du premier rang ne bougera.

8. Les deux derniers rangs marcheront en arrière au pas ordinaire, ſans compter les pas, & ſe placeront ſur l'alignement déterminé pour chaque rang, en ſe conformant à ce qui a été preſcrit dans l'École du Soldat, N.ᵒ 242.

9. Le Chef de peloton alignera le ſecond rang, & le Sous-

officier de remplacement le troifième, fur le ferre-file de gauche de leur rang.

1 0.   Les ferre-files placés derrière le troifième rang, marcheront en arrière en même temps que ce rang, & fe placeront à leur diftance lorfqu'il fera entré dans l'alignement.

1 1.   Le Chef de peloton & le Sous-officier de remplacement ayant aligné leurs rangs refpectifs, l'Inftructeur commandera :

F I X E.

1 2.   A ce commandement, le Chef de peloton & le ferre-file placé à la gauche du fecond rang, reprendront leurs places au premier rang.

1 3.   L'Inftructeur voyant les rangs alignés, examinera la pofition & le port d'arme des hommes du premier rang, & chargera le Chef de peloton & le Sous-officier de remplacement, fi c'eft un peloton d'école, d'examiner de même le fecond & le troifième rang.

A R T I C L E 2.

Alignemens à rangs ouverts.

1 4.   Les rangs étant ouverts, l'Inftructeur fera, dans les premiers exercices, prendre quelques alignemens, homme par homme, pour faire mieux obferver les principes.

1 5.   Il fera marcher les trois hommes de la droite ou de la gauche de chaque rang deux ou trois pas en avant, & les ayant alignés, il commandera :

*Par file à droite (*ou *à gauche)* = ALIGNEMENT.

1 6.   A ce commandement, les Soldats de chaque rang fe porteront fucceffivement fur l'alignement, chacun d'eux fe laiffant précéder de deux pas par fon voifin du côté de l'alignement.

1 7.   Les alignemens fucceffifs ayant habitué les Soldats à s'aligner correctement, l'Inftructeur fera aligner les rangs entiers à la fois, en avant & en arrière, dans des directions parallèles & obliques, en donnant toujours trois hommes pour bafe d'alignement à chaque rang ; à cet effet il commandera :

A droite (ou à gauche) = ALIGNEMENT.

Ou bien

En arrière à droite (ou en arrière à gauche) = ALIGNEMENT.

18. Dans les alignemens obliques à rangs ouverts, le fecond & le troifième rang ne chercheront pas à fe mettre au chef de file, puifqu'il ne s'agit dans cette inftruction que d'exercer les Soldats à s'aligner correctement dans leurs rangs refpectifs, dans toute efpèce de direction.

19. Dans ces divers alignemens, l'Inftructeur furveillera l'exécution au premier rang, le Chef de peloton au fecond rang, & le Sous-officier de remplacement au troifième, en fe plaçant fur le flanc du côté de l'alignement.

20. Dans les alignemens obliques, les Soldats conformeront la ligne de leurs épaules à la nouvelle direction de leur rang, & fe placeront fur l'alignement, en fe conformant à ce qui eft prefcrit dans l'École du Soldat, N.ºs 233 & 242, felon que la nouvelle direction fera en avant ou en arrière de la pofition primitive de leur rang.

21. Après chaque alignement, l'Inftructeur, le Chef de peloton & le Sous-officier de remplacement examineront, en paffant devant le rang, la pofition & le port d'arme pour habituer les Soldats à ne pas fe négliger fur ces objets.

ARTICLE 3.
Maniement des armes.

22. Les rangs étant ouverts, l'Inftructeur fe placera en avant du flanc droit, de manière à voir les trois rangs, & commandera le maniement des armes dans l'ordre qui fuit :

> Préfenter les armes.
> Porter les armes.
> Repofer fur les armes.
> Pofer les armes à terre.
> Relever les armes.
> Porter les armes.
> Porter l'arme au bras.
> Porter les armes.

Remettre

Remettre la baïonnette.
Porter les armes.
Paſſer l'arme ſous le bras gauche.
Portez les armes.
Baïonnette au canon.
Portez les armes.
Charge en douze temps.

23. L'Inſtructeur veillera à ce que la poſition du corps, des pieds & de l'arme, ſoit toujours exacte, que les temps s'exécutent vivement & près du corps, & qu'on n'eſcamote point l'arme.

Obſervations relatives au mouvement de croiſez = LA BAÏON-NETTE, & à celui de deſcendez = VOS ARMES.

24. Il eſt des circonſtances où le Soldat eſt dans le cas de faire uſage de la baïonnette au bout du fuſil, ſoit pour attaquer, ſoit pour ſe defendre.

25. Il en eſt d'autres où le Soldat ne ſauroit porter l'arme à l'épaule, comme lorſqu'il traverſe les bois touffus, & où il eſt même obligé de s'appuyer ſur ſon arme pour s'en aider, comme lorſqu'il doit gravir des côtes eſcarpées ou franchir des foſſés; il eſt donc néceſſaire que l'Inſtructeur faſſe quelquefois exécuter le temps de *croiſez=LA BAÏONNETTE*, & celui de *deſcendez=VOS ARMES*, pour apprendre aux Soldats à faire l'uſage le plus avantageux de leur arme dans ces différentes circonſtances.

A R T I C L E **4.**
Serrer les rangs.

26. Le maniement d'armes étant achevé, l'Inſtructeur fera ſerrer les rangs; à cet effet il commandera:

1.
Serrez vos rangs.
2.
MARCHE.

27. Au commandement de *marche*, les deux derniers rangs ſerreront au pas ordinaire, chaque homme ſe dirigeant ſur ſon Chef de file; le Chef de poloton & le Sous-officier de remplacement reprendront alors leurs places de bataille.

R

ARTICLE 5.

Alignemens à rangs ferrés.

28.   Les rangs étant ferrés, l'Inftructeur fera prendre des alignemens parallèles & obliques à droite & à gauche, en avant & en arrière, en obfervant de placer toujours d'avance trois files pour fervir de bafe d'alignement; l'Inftructeur fera les commandemens prefcrits ci-deffus, N.° 17.

29.   Dans les alignemens à rangs ferrés, le Chef de peloton furveillera l'alignement du premier rang, & le Sous-officier de remplacement celui des deux derniers rangs; ils s'habitueront à le juger par la ligne des yeux & des épaules, en jetant un coup-d'œil par devant & par derrière le rang.

30.   Dès que le Chef de peloton verra le plus grand nombre des hommes du premier rang aligné, il commandera FIXE, & rectifiera enfuite, s'il y a lieu, l'alignement des autres par les moyens prefcrits dans l'École du Soldat, N.° 240. Les deux derniers rangs fe conformeront à l'alignement du premier, & le Sous-officier de remplacement y veillera.

31.   Les rangs étant immobiles, l'Inftructeur fe portera fur le flanc pour vérifier l'alignement des trois rangs; il obfervera fi les hommes des deux derniers rangs fe font placés correctement à leurs Chefs de file.

32.   Dans les alignemens obliques, l'Inftructeur fera obferver ce qui a été prefcrit ci-deffus, N.° 20.

33.   Les ferre-files fe placeront toujours à deux pas en arrière du troifième rang.

34.   L'Inftructeur voulant faire repofer, commandera :

1.

L'arme $=$ AU BRAS.

ou

Repofez-vous $=$ SUR VOS ARMES.

2.

REPOS.

Ce qui fera obfervé à la fin de chaque leçon.

35.   Au commandement REPOS, le Soldat ne fera plus tenu à garder l'immobilité ni la pofition.

36.   Lorfqu'on ne voudra que foulager le Soldat fans déranger l'alignement, on commandera, après avoir fait porter l'arme au bras :

En place = R E P O S.

37.   A ce commandement, les Soldats ne feront plus aftreints à conferver l'immobilité, mais ils conferveront toujours l'un ou l'autre talon en place.

DEUXIÈME LEÇON.

38.   L'Inftructeur voulant paffer à la deuxième leçon, commandera :

1.

Garde à vous.

2.

P E L O T O N.

3.

Portez = *V O S   A R M E S.*

Et fera enfuite exécuter les charges & les feux dans l'ordre fuivant :

ARTICLE PREMIER.
Charge précipitée.

39.   La charge précipitée fera commandée & exécutée comme il a été prefcrit dans l'École du Soldat, N.° 146 & fuivans. L'Inftructeur la fera exécuter plufieurs fois de fuite, avant de paffer à la charge à volonté.

ARTICLE 2.
Charge à volonté.

40.   La charge à volonté fera commandée & exécutée comme il a été prefcrit dans l'École du Soldat, N.° 152.

41.   Au premier temps de la charge précipitée ou à volonté, le Chef de poloton & le Sous-officier de remplacement feront un demi à droite comme les Soldats, & fe remettront face en tête lorfque le Soldat qui eft à côté d'eux paffera l'arme à gauche.

42.　L'Inſtructeur s'attachera avec le plus grand ſoin, à ce que dans l'exécution des charges, les Soldats ſe conforment aux principes preſcrits N.ºs 153 & 154 de l'École du Soldat, dans les obſervations relatives aux charges.

43.　La charge à volonté étant la charge de combat, & par conſéquent celle qu'il importe le plus de rendre familière aux Soldats, on s'y attachera de préférence, dès qu'ils ſeront bien affermis dans les principes, & on les amènera par degré à charger trois coups au moins, & même quatre par minute, avec régularité & aiſance.

A R T I C L E　3.

Feu de peloton.

44.　L'Inſtructeur voulant faire exécuter le feu de peloton, commandera :

1.

Feu de peloton.

2.

Commencez le feu.

45.　Au premier commandement, le Chef de peloton ſe portera vivement derrière le centre de ſon peloton, à deux pas en arrière des ferre-files.

46.　Le Sous-officier de remplacement reculera ſur l'alignement des ferre-files vis-à-vis de ſon créneau ; ce principe ſera général pour ce Sous-officier dans les feux.

47.　Au deuxième commandement, le Chef de peloton commandera :

1.

Peloton.

2.

A R M E S.

3.

J O U E.

4.

F E U.

5.

C H A R G E Z.

48.　Au commandement de *CHARGEZ*, les Soldats retireront leurs

armes,

armes, les chargeront & les porteront, le Chef de peloton fera aussitôt recommencer le feu par les mêmes commandemens, ce qui continuera ainsi jusqu'au roulement.

49. Le Chef de peloton fera quelquefois tirer obliquement à droite & à gauche, en observant seulement de prononcer chaque fois l'avertissement, *oblique à droite*, ou *oblique à gauche*, après le commandement ARMES, & avant celui JOUE, & de faire tirer tantôt à droite & tantôt à gauche, sans autre avertissement; il fera aussi quelquefois le commandement de *redressez* $=$ *VOS ARMES* après celui de *JOUE*, afin d'habituer les Soldats au calme, au sang froid & à l'attention au commandement.

A R T I C L E 4.
Feu de deux rangs.

50. L'Instructeur voulant faire exécuter le feu de deux rangs, commandera :

I.
Feu de deux rangs.

2.
Peloton.

3.
A R M E S.
Commencez le feu.

51. Au premier commandement, le Chef de peloton se portera à un pas en arrière du troisième rang vis-à-vis son créneau.

52. Les troisième & quatrième commandemens seront exécutés comme il a été prescrit dans l'Ecole du Soldat, N° 176 & suivans.

53. Le feu commencera par la file de droite du peloton; la file suivante ne mettra en joue qu'au moment où celle qui vient de tirer amorcera, & ainsi de suite jusqu'à la gauche; mais cette progression n'aura lieu que pour le premier feu seulement, chaque homme devant ensuite charger & tirer sans se régler sur les autres, & en se conformant à ce qui a été prescrit dans l'École du Soldat, N.ᵒˢ 180 & 181.

54. L'Instructeur fera cesser le feu, soit de peloton, soit de deux rangs, par un roulement, & à l'instant où le roulement

S

commencera, les Soldats cefferont de tirer : s'ils avoient fait feu, ils chargeroient les armes & les porteroient ; s'ils fe trouvoient dans la pofition d'*apprêtez vos armes*, ils feroient front, remettroient en même temps le chien au repos, & porteroient les armes ; s'ils fe trouvoient dans la pofition de *joue*, ils exécuteroient d'eux-mêmes le mouvement de *redreffez vos armes*, feroient front en remettant le chien au repos, & porteroient les armes. Dans le feu de peloton, le premier rang fe relevera pour remettre le chien au repos ; dans celui de deux rangs, les hommes du fecond & du troifième rang fe rendront réciproquement leur arme, s'ils ne l'avoient pas, après avoir mis le chien au repos, & avant de porter l'arme.

5 5.   Le roulement fera toujours fuivi d'un coup de baguette, & à ce fignal le Chef de peloton, ainfi que le Sous-officier de rem-placement, reprendront vivement leurs places de bataille, & rectifieront, s'il y a lieu, l'alignement des rangs.

5 6.   Dans cette école le roulement fera indiqué par le commande-ment de *roulement*, que prononcera l'Inftructeur lorfqu'il voudra faire ceffer le feu.

Le coup de baguette pour faire rentrer le Chef de peloton & le Sous-officier de remplacement à leurs places de bataille, fera également indiqué par le commandement de *coup de baguette* que prononcera l'Inftructeur lorfqu'il verra les armes portées.

A R T I C L E   5.

Feux en arrière.

5 7.   L'Inftructeur fera exécuter les feux en arrière, & à cet effet il commandera,

I.

Feux en arrière.

2.

Peloton.

3.

demi-tour = À DROITE.

5 8.   Au commandement de *demi-tour*, le Chef de peloton fe placera

face & contre l'homme de droite du premier rang de fon peloton,
le Sous-officier de remplacemeut & les ferre-files traverferont
légèrement par le créneau du Chef de peloton, & fe placeront face
en arrière, à deux pas du premier rang, vis-à-vis leurs places
de bataille.

59.   Au commandement d'*à droite*, le Chef de peloton fe reportera
dans fon créneau, mais au troifième rang devenu premier, & le
Sous-officier de remplacement fe placera derrière le Chef de
peloton, au premier rang devenu troifième.

60.   Le peloton faifant ainfi face en arrière, l'Inftruôteur fera
exécuter le feu de peloton direôt & oblique, & celui de deux
rangs, par les commandemens preferits dans l'article précédent;
le Chef de peloton, le Sous-officier de remplacement & les
Soldats fe conformeront de même à ce qui y eft expliqué.

61.   Dans le feu de peloton en arrière, le troifième rang devenu
premier, mettra genou en terre.

62.   Le feu de deux rangs en arrière commencera par la gauche
du peloton devenue droite.

63.   Pour remettre le peloton face en tête, l'Inftruôteur commandera:

1.

Face en tête.

2.

Peloton.

3.

Demi-tour = À DROITE.

64.   Au commandement de *demi-tour*, le Chef de peloton, le Sous-
officier de remplacement & les ferre-files fe conformeront à ce
qui eft preferit ci-deffus.

65.   Au commandement d'*à DROITE,* le Chef de peloton & le Sous-
officier de remplacement reprendront leurs places de bataille.

Obfervations relatives aux feux.

66.   Dans cette leçon, l'Inftruôteur habituera le rang qui aura mis
genou en terre, à vifer horizontalement & ceux qui tirent de
bout à baiffer tant foit peu le bout du canon en vifant.

67. L'Inſtructeur recommandera au Chef de peloton de mettre aſſez d'intervalle entre les commandemens de *joue* & de *feu,* pour laiſſer aux Soldats le temps de viſer.

68. L'Inſtructeur ſe placera en avant du flanc droit, de manière à voir les trois rangs ; afin de pouvoir remarquer les fautes ; il chargera le Chef de peloton & les ſerre-files d'y veiller également, & de lui en rendre compte dans les repos ; & il renverra à l'inſtruction individuelle les hommes qui chargeront mal, ou qui ſe trouveront habituellement les derniers dans le feu de peloton.

69. L'Inſtructeur recommandera aux Soldats le plus grand calme & ſang froid dans les feux, ſans que cela faſſe rien perdre de la vivacité dans l'exécution, & ne négligera rien pour les y habituer.

70. Il donnera pour principe général aux Soldats dans les feux, d'être attentifs à conſerver le talon gauche en place, afin que l'alignement des rangs & des files ne puiſſe pas ſe déranger, & il vérifiera après le feu, en examinant l'alignement, ſi ce principe a été obſervé.

71. L'Inſtructeur ajoutera à ces obſervations toutes celles qui ont été preſcrites dans l'École du Soldat, N.ᵒˢ 184, 185 & 186.

72. Lorſqu'on exécutera les feux à poudre, l'Inſtructeur fera quelquefois repoſer ſur les armes, & mettre la baguette dans le canon, ſans ouvrir les rangs, afin de vérifier ſi quelque Soldat n'a pas fait la faute de mettre trois charges dans ſon fuſil, auquel cas il feroit décharger l'arme avec un tire-bourre.

TROISIÈME LEÇON.

ARTICLE PREMIER.

Marche en bataille.

73. Le peloton étant en bataille & correctement aligné, l'Inſtructeur voulant l'exercer à la marche en bataille, ſe portera à quinze ou vingt pas en avant du Chef de peloton, fera face en arrière & ſe placera correctement ſur le prolongement du Chef de peloton

peloton & du Sous-officier de remplacement qui eſt derrière lui au troiſième rang.

74. L'Inſtruĉteur s'aſſurera auparavant, que le Chef de peloton & le Sous-officier de remplacement ayent leurs épaules parfaitement dans la direĉtion de leurs rangs reſpeĉtifs , & qu'ils ſoient correĉtement placés l'un derrière l'autre.

75. L'Inſtruĉteur s'étant bien aligné ſur la file de direĉtion , commandera :

I.

Peloton en avant.

76. A ce commandement , un Sous-officier de ſerre-file déſigné d'avance , ſe portera à ſix pas en avant du Chef de peloton ; l'Inſtruĉteur placé comme il vient d'être preſcrit , alignera correc-tement ce Sous-officier ſur le prolongement de la file de direĉtion.

77. Le Serre-file placé à ſix pas devant le Chef de peloton , devant être chargé de la direĉtion , prendra , dès que ſa poſition ſera aſſurée , deux points à terre , dans la ligne droite qui partant de lui , iroit paſſer entre les talons de l'Inſtruĉteur.

78. Cette diſpoſition étant faite , l'Inſtruĉteur commandera :

2.

MARCHE.

79. A ce commandement , le peloton partira vivement ; le Sous-officier chargé de la direĉtion obſervera avec la plus grande préciſion la longueur & la cadence du pas , marchera dans la direĉtion des deux points qu'il avoit choiſis entre lui & l'Inſ-truĉteur , prendra à meſure qu'il avancera , & toujours un peu avant d'arriver au point le plus près de lui , de nouveaux points en avant qui ſoient exaĉtement dans le prolongement des deux premiers , & à quinze ou vingt pas l'un de l'autre ; le Chef de peloton marchera conſtamment dans les traces du Sous-officier chargé de la direĉtion , & ſe maintiendra toujours à ſix pas de lui ; les Soldats auront la tête direĉte , ſentiront légèrement le coude de leur voiſin du côté de la file de direĉtion , & ſe con-formeront aux principes preſcrits dans l'École du Soldat pour la marche de front.

80. L'homme placé à côté du Chef de peloton aura une attention

T

particulière à ne jamais le déborder , & pour cet effet, il tiendra toujours la ligne de fes épaules tant foit peu en arrière , mais dans la même direction que celles du Chef de peloton.

8 1. Les ferre-files marcheront à deux pas en arrière du troi-fième rang.

Si les Soldats perdoient le pas , l'Inftructeur commanderoit :

Au pas.

8 2. A ce commandement , les Soldats jetteroient un coup-d'œil fur le Sous-officier chargé de la direction , reprendroient tout de fuite le pas de ce Sous-officier , & replaceroient auffitôt la tête directe.

Obfervations relatives à la marche en bataille.

8 3. Si c'eft un peloton d'école qu'on exerce , l'Inftructeur fera placer le Chef de peloton , & le Sous-officier de remplacement, tantôt à la droite & tantôt à la gauche du peloton ; lorfque ce fera un peloton de bataillon, ils feront placés à la gauche dans les demi-bataillons de droite , & à la droite dans les demi-bataillons de gauche.

8 4. Le Sous-officier chargé de la direction ayant la plus grande influence fur la marche du peloton, l'Inftructeur n'emploîra à cette fonction que ceux qui ne laifferont rien à défirer, foit pour la précifion du pas , foit pour l'habitude de maintenir la ligne des épaules carrément , & de fe prolonger fans varier, dans une direction donnée.

8 5. Si le Sous-officier chargé de la direction n'obfervoit pas ces principes, le peloton flotteroit néceffairement , les Soldats ne pourroient contracter l'habitude de faire des pas égaux en longueur & en vîteffe, & de conferver imperturbablement la carrure des épaules, feuls moyens d'arriver à la perfection de la marche en bataille.

8 6. L'Inftructeur fera marcher trois ou quatre cents pas de fuite en bataille fans arrêter , lorfque le terrain le permettra, afin de mieux affermir les Soldats dans la longueur & la cadence du pas, & dans les principes de la marche en bataille : dans les

premiers exercices, il pourra faire marcher à rangs ouverts,
pour mieux furveiller la marche des deux derniers rangs, alors
il fera paffer un ferre-file fur le flanc du fecond rang, derrière
le Chef de peloton.

87. L'Inftructeur veillera avec le plus grand foin à l'obfervation
de tous les principes de la marche en bataille ; il fe tiendra
le plus fouvent fur le flanc du côté de la direction, de manière
à voir les trois rangs, & à remarquer toutes les fautes ; il fe
placera auffi quelquefois en arrière de la file de direction, s'y
arrêtera pendant vingt ou trente pas de fuite, pour s'affurer fi
le Sous-officier chargé de la direction ne s'écarte pas de la
perpendiculaire.

A R T I C L E 2.

Arrêter le peloton marchant en bataille, & l'aligner.

88. L'Inftructeur voulant arrêter le peloton, commandera :

1.

Peloton.

2.

HALTE.

89. Au commandement de *halte*, le peloton arrêtera ; le Sous-
officier chargé de la direction reftera devant le peloton, à moins
que l'Inftructeur, ne voulant plus faire marcher en avant, lui
commande de reprendre fa place de bataille.

90. Le peloton étant arrêté, l'Inftructeur pourra faire avancer
les trois premières files du côté de la direction, & faire aligner
le peloton fur cette bafe, ou bien il pourra fe borner à faire
rectifier l'alignement : dans le dernier cas, l'Inftructeur commandera *rectifiez l'alignement ;* le Chef de peloton portera
auffitôt les yeux fur le rang, & rectifiera l'alignement, en fe
conformant à ce qui a été prefcrit dans l'École du Soldat,
N.° 240.

A R T I C L E 3.

Marche oblique en bataille.

9 1. Le peloton étant en marche directe, l'Instructeur voulant le faire marcher obliquement, commandera:

I.

Oblique à droite (ou à gauche.)

2.

MARCHE.

9 2. Au commandement de *marche*, qui fera prononcé conformément au principe prescrit dans l'École du Soldat, N.ᵒˢ 36 & 37, le peloton prendra le pas oblique; le Sous-officier chargé de la direction aura la plus grande attention à maintenir fes épaules carrément, & à obliquer d'un mouvement égal; le Chef de peloton conformera fa marche à celle de ce Sous-officier, les Soldats conferveront le tact des coudes du côté de la direction, & obferveront avec foin les principes prefcrits dans l'École du Soldat, N.ᵒ 198; l'homme placé à côté du Chef de peloton aura le plus grand foin à ne le pas déborder.

9 3. Lorfque l'Inftructeur voudra faire reprendre la marche directe, il commandera:

I.

En avant.

2.

MARCHE.

94. Au commandement de *marche*, qui fera prononcé à l'inftant où le pied pofe à terre, le peloton reprendra la marche directe, l'Inftructeur fe portera vivement à quinze ou vingt pas en avant du Chef de peloton, fera face en arrière, fe placera correctement fur le prolongement du Chef de peloton & du Sous-officier de remplacement, & y placera, par un figne, le Sous-officier chargé de la direction, s'il n'étoit pas fur cette ligne; ce Sous-officier prendra auffitòt deux points à terre entre luī & l'Inftructeur, & en prendra enfuite de nouveaux, à mefure qu'il avancera, comme il a été expliqué ci-deffus, N.ᵒ 79.

Obfervations relatives à la marche oblique.

9 5. Si le Chef de peloton n'étoit pas attentif à maintenir la
ligne

ligne de ſes épaules carrément, il donneroit une fauſſe direction au peloton, ce qui feroit contraire à l'objet eſſentiel de la marche oblique, qui eſt de faire gagner du terrain ſur la droite ou ſur la gauche, en conſervant la direction primitive du front de bataille.

96. Si le Sous-officier chargé de la direction, obliquoit inégalement, en gagnant tantôt plus, tantôt moins de terrain de côté, & ſi le Chef de peloton ſe conformoit à ſa marche, il en réſulteroit tour-à-tour de la ſuppreſſion & des ouvertures dans les files.

97. L'Inſtructeur doit veiller avec le plus grand ſoin à prévenir ces fautes; il les rectifiera promptement, lorſqu'il les remarquera, & pour cet effet il ſe tiendra, pendant la marche oblique, en avant & face au peloton, de manière à pouvoir régler la marche du Sous-officier chargé de la direction, & veiller à l'obſervation des principes; il aura ſoin que l'homme qui eſt à l'aile du côté vers lequel on oblique, gagne aſſez de terrain de côté, pour ne pas gêner la marche des files ſuivantes; ſi cet homme n'obliquoit pas aſſez, le peloton creveroit; s'il obliquoit trop, il ſe formeroit des ouvertures; il eſt donc important de bien régler le pas du Chef de peloton, ou bien de l'homme placé à l'aile oppoſée, lorſqu'on obliquera de ce côté.

98. Enſin, l'Inſtructeur doit faire continuer la marche oblique long-temps de ſuite, lorſque le terrain le permettra, avant de faire reprendre la marche directe, afin d'en rendre la pratique facile aux Soldats, ce qui eſt très-important dans les mouvemens de ligne.

A R T I C L E 4.

Marquer le pas, marcher le pas accéléré & le pas en
arrière.

99. Le peloton étant en marche directe au pas ordinaire, l'Inſtructeur fera marquer le pas, à cet effet il commandera:

1.

Marquez le pas.

U

2.

MARCHE.

100. Pour faire enfuite reprendre le pas ordinaire, il commandera:

1.

En avant.

2.

MARCHE.

101. Pour faire marcher au pas accéléré, l'Inftructeur commandera:

1.

Pas accéléré.

2.

MARCHE.

102. Le commandement de *marche* fera prononcé à l'inftant où le pied va pofer à terre, & fur le pied droit ou le pied gauche indiftinctement.

103. Pour faire reprendre le pas ordinaire, l'Inftructeur commandera:

1.

Pas ordinaire.

2.

MARCHE.

104. Le commandement de *marche* fera prononcé un inftant plus tôt que pour faire paffer du pas ordinaire au pas accéléré, & fur l'un ou l'autre pied indifféremment.

105. Le peloton étant arrêté, l'Inftructeur pourra faire marcher le pas en arrière; à cet effet il commandera:

1.

En arrière.

2.

MARCHE.

106. Le pas en arrière s'exécutera d'après les principes prefcrits dans l'École du Soldat, N.ᵒˢ 215 & 216; mais l'ufage en étant

peu fréquent, l'Inſtructeur ne le fera exécuter que quinze ou vingt pas de ſuite, & ſeulement de temps à autre.

Obſervations relatives au pas accéléré.

107.   L'Inſtructeur ne doit exercer le peloton au pas accéléré que lorſque les Soldats feront ſolidement affermis dans la longueur & la cadence du pas ordinaire; il s'attachera alors à leur rendre facile & familière la cadence de 100 par minute, & à faire obſerver le même aplomb du corps, & le même calme que dans la marche au pas ordinaire.

108.   Dans la charge & dans toutes les circonſtances qui pourront exiger une grande célérité, ce pas pourra être porté juſqu'à 120 par minute ; mais une troupe qui marcheroit ainſi long-temps ne pouvant guère manquer de ſe déſunir, il n'a pas dû être fixé à cette meſure dans les principes de la marche ; en conſéquence les troupes ne feront exercées habituellement qu'au pas accéléré de 100 par minute.

A R T I C L E   5.

Marcher en bataille par le troiſième rang.

109.   Le peloton étant arrêté & correctement aligné, l'Inſtructeur voulant le faire marcher en bataille par le troiſième rang, commandera :

1.

Peloton.

2.

DEMI-TOUR = À DROITE.

110.   Le peloton ayant fait demi-tour à droite, l'Inſtructeur ſe portera vivement en avant de la file de direction, en ſe conformant à ce qui a été preſcrit ci-deſſus, N.° 73.

111.   L'Inſtructeur s'étant établi correctement ſur le prolongement de la file de direction, commandera :

3.

Peloton en avant.

112.   A ce commandement, le Sous-officier déſigné pour être chargé de la direction, fe conformera à ce qui a été prefcrit ci-deffus, N.ᵒˢ 76 & 77, avec cette feule différence, qu'il fe placra à fix pas en avant des ferre-files.

113. Le fous-officier de remplacement fe portera fur l'alignement des ferre-files, vis-à-vis fon créneau, & le Chef de peloton le remplacera au troifième rang devenu le premier.

114. Cette difpofition étant faite, l'Inftructeur commandera :

4.

MARCHE.

115. A ce commandement, le Sous-officier chargé de la direction, le Chef de peloton & les Soldats fe conformeront à ce qui a été prefcrit ci-deffus, N.ᵒˢ 79 & fuivans.

116. L'Inftructeur fera exécuter, en marchant par le troifième rang, tout ce qui a été prefcrit ci-deffus pour la marche en bataille par le premier rang, à l'exception du pas en arrière ; les commandemens & moyens d'exécution feront les mêmes.

117. Lorfque l'Inftructeur, ayant arrêté le peloton, voudra l'aligner, il le remettra face en tête par les commandemens prefcrits ci-deffus, N.ᵒ 109, le Chef de peloton & le Sous-officier de remplacement ayant fait demi-tour à droite, reprendront leurs places de bataille.

118. L'Inftructeur pourra enfuite faire porter en avant les trois premières files du côté de la direction, pour fervir de bafe d'alignement, ou fe borner à faire rectifier l'alignement, en fe conformant dans l'une & l'autre fuppofition à ce qui a été prefcrit ci-deffus N.ᵒ 90.

QUATRIÈME LEÇON.

ARTICLE PREMIER.

Marcher par le flanc.

119. Le peloton étant en bataille de pied ferme, l'Inftructeur voulant le faire marcher par le flanc droit, commandera :

1.

Peloton par le flanc droit.

2. *À DROITE.*

2.

À DROITE.

3.

MARCHE.

120.   Au deuxième commandement, le peloton fera à droite; le Chef   PL. VII.
de peloton exécutera le même mouvement en se plaçant à un pas   *Fig. 1.*
en dehors du premier rang, de manière à se trouver à côté & à la
gauche du Sous-officier de remplacement, lequel se portera au
premier rang en faisant de même à droite.

121.   Au commandement de *marche*, le peloton partira vivement au
pas ordinaire ; le Sous-officier de remplacement, placé devant
l'homme de droite du premier rang, & le Chef de peloton placé
à côté de ce Sous-officier, se dirigeront droit en avant. Les
hommes du second & du troisiéme rang marcheront à hauteur
de leur Chef de file en conservant la tête directe, les serre-files
marcheront à hauteur de leur place de bataille.

122.   L'Instructeur veillera à l'exécution des principes de la marche
de flanc, en se plaçant pendant la marche comme il a été prescrit
dans l'École du Soldat, N.ºs 222 & 223.

123.   L'Instructeur fera marcher par le flanc gauche par les commandemens prescrits pour faire marcher par le flanc droit, en
substituant l'indication de *gauche* à celle de *droite*.

124.   A l'instant où le peloton fera à gauche, le serre-file le plus
près de la gauche se portera devant l'homme de gauche du
premier rang, le Chef de peloton se portant vivement à la gauche,
se placera à côté de ce serre-file, & à sa droite ; le Sous-officier
de remplacement se portera au premier rang à l'instant où le Chef
de peloton se portera à la gauche.

ARTICLE 2.

Changer de direction par file.

125.   Le peloton étant par le flanc de pied ferme, ou en marche,   PL. VII.
l'Instructeur voulant faire converser par file, commandera :   *Fig. 1.*

1.

Par file à droite (ou à gauche).

X

2.

MARCHE.

126. Au commandement de *marche*, la première file converfera : fi c'eft du côté du premier rang, l'homme de cette file qui eft au premier rang, aura foin de ne pas tourner tout-à-coup, mais de décrire un petit cercle, en raccourciffant un peu les trois ou quatre premiers pas, pour donner le temps à l'homme du troifième rang de fe conformer à fon mouvement ; fi c'eft du côté du troifième rang, l'homme du premier rang converfera en marchant le pas de deux pieds, & celui du troifième rang fe conformera à fon mouvement, en décrivant un petit cercle, comme il vient d'être expliqué ci-deffus ; chaque file converfera à la même place que celle qui la précède.

127. L'Inftructeur veillera à ce que la converfion s'exécute d'après ces principes, en forte que la diftance entre les files foit toujours confervée, & qu'il n'y ait ni temps d'arrêt, ni à coup dans la marche.

A R T I C L E 3.

Arrêter le peloton marchant par le flanc, & le remettre face en tête.

128. L'Inftructeur commandera :

1.

Peloton.

2.

HALTE.

3.

FRONT.

129. Les deuxième & troifième commandemens s'exécuteront comme il a été prefcrit dans l'École du Soldat, N.ºs 229 & 230 ; le Chef de peloton & le Sous-officier de remplacement reprendront leurs places de bataille à l'inftant où le peloton fera front.

130. L'Inftructeur pourra alors faire prendre un alignement, en donnant trois files pour bafe, ou bien faire rectifier l'alignement par le Chef de peloton, s'il y a lieu.

A R T I C L E 4.

*Le peloton étant en marche par le flanc, le former par file sur
la droite ou sur la gauche en bataille.*

131.   Le peloton étant en marche par le flanc droit, l'Inſtructeur
le fera former ſur la droite par file en bataille ; à cet effet il
commandera :

1.

Sur la droite par file en bataille.

2.

MARCHE.

132.   Au commandement de *marche*, le ſecond & le troiſième rang Pl. VII.
marqueront le pas, le Sous-officier de remplacement & le Chef Fig. 2.
de peloton tourneront à droite, marcheront enſuite droit devant
eux, & feront arrêtés par l'Inſtructeur, lorſqu'ils auront dépaſſé
de quatre pas au moins le troiſième rang du peloton en marche ;
le Soldat de droite du premier rang continuera à marcher, paſſera
derrière le Sous-officier de remplacement, tournera à droite dès
qu'il l'aura dépaſſé, & viendra ſe placer à ſa gauche & à côté
de lui ; le ſecond homme paſſera de même derrière le premier,
tournera enſuite à droite, & viendra ſe placer à ſa gauche & à
côté de lui, & ainſi de ſuite juſqu'au dernier homme de ce rang,
de quelque nombre de files & de pelotons qu'il ſoit compoſé ;
le ſecond & le troiſième rang exécuteront le mouvement de la
même manière que le premier, en obſervant pour le ſecond
rang, de ne commencer le ſien que lorſqu'il y aura trois ou
quatre hommes du premier rang de formés ſur la ligne de bataille ;
& pour le troiſième rang, de ne commencer le mouvement
que lorſqu'il y aura de même trois ou quatre hommes du ſecond
rang de formés ſur cette ligne. Les hommes du ſecond & du
troiſième rang ſe placeront correctement derrière leurs Chefs de
file, à meſure qu'ils ſe formeront ſur la ligne de bataille.

133.   Le Chef de peloton ſe placera à la droite du Sous-officier
de remplacement en arrivant ſur la ligne de bataille, & dirigera
l'alignement à meſure que les hommes du premier rang arriveront ſur cette ligne.

134.   Si le peloton marchoit par le flanc gauche, l'Inſtructeur
pourroit le former ſur la gauche par file en bataille, par les

commandemens prefcrits ci-deffus , N°. 131 , en fubftituant l'indication de *gauche* à celle de *droite ,* & par les moyens in-verfes ; le Chef de peloton , placé à la gauche du premier rang , fe reporteroit à fa place de bataille , dès que l'Inftructeur voyant le peloton formé & aligné , lui en donneroit l'ordre.

135. Pour mieux faire fentir aux Soldats le mécanifme de ce mouvement, l'Inftructeur le fera exécuter d'abord féparément par chaque rang , & enfuite par les trois rangs enfemble , en leur prefcrivant de l'exécuter comme fi chaque rang étoit ifolé , mais en obfervant toutefois ce qui vient d'être prefcrit pour les deux derniers, relativement au moment de commencer le mouvement.

L'Inftructeur fuivra le mouvement pour s'affurer que chaque file fe conforme à ce qui eft prefcrit ci-deffus, N.° 132.

ARTICLE 5.

Le peloton étant en marche par le flanc , former le peloton ou les fections en marchant.

136.
PL. VII.
Fig. 3.
Le peloton étant fuppofé en marche par le flanc droit , l'Inftructeur ordonnera au Chef de peloton de le faire former ; le Chef de peloton commandera auffitôt :

I.

Par peloton en ligne.

2.

MARCHE.

137. Au commandement de *marche ,* le Sous-officier de remplacement continuera à marcher droit devant lui ; les Soldats avanceront l'épaule droite , prendront le pas accéléré , & fe porteront en ligne par le chemin le plus court , en obfervant de n'y entrer que l'un après l'autre & fans courir.

138. A mefure que les Soldats arriveront en ligne , ils prendront le pas du Sous-officier de remplacement.

139. Les hommes du fecond & du troifième rang fe confor-meront au mouvement de leurs Chefs de file , mais fans vouloir arriver en ligne en même temps qu'eux.

140. A l'inftant où le mouvement commencera , le Chef de peloton

peloton fera face à fon peloton, & en furveillera l'exécution ; dès que le peloton fera formé, il commandera *Guide à gauche*, fe portera à deux pas devant le centre de fon peloton, fera face en tête & prendra le pas du peloton.

141. Au commandement *Guide à gauche* du Chef de peloton, le ferre-file le plus près de la gauche fe portera fur le flanc gauche au premier rang à fa place de Guide ; le Sous-officier de remplacement, qui eft à l'aile oppofée, y reftera.

142. Si le peloton marchoit par le flanc gauche, ce mouvement s'exécuteroit par les mêmes commandemens & d'après les mêmes principes ; le peloton étant formé, le Chef de peloton commanderoit, *Guide à droite*, & fe porteroit devant le centre ; le Sous-officier de remplacement qui eft à la droite du premier rang, ferviroit de Guide, & le ferre-file placé au flanc gauche y refteroit.

143. Ainfi, dans une colonne par peloton, le Sous-officier de remplacement de chacun fera toujours placé à la droite du premier rang, & le ferre-file le plus près de la gauche fera toujours placé à la gauche du premier rang de leur peloton, foit que la colonne ait la droite ou bien la gauche en tête ; ils feront dénommés *Guide de droite* & *Guide de gauche* du peloton, & l'un d'eux fera toujours chargé de la direction, felon que la colonne aura la droite ou bien la gauche en tête.

144. Le peloton étant en marche par le flanc, fi l'Inftructeur vouloit faire former les fections, il en donneroit l'ordre au Chef de peloton, & celui-ci commanderoit auffitôt :

1.

Par fection en ligne.

2.

MARCHE.

145. Le mouvement s'exécuteroit d'après les mêmes principes ; le Chef de peloton fe porteroit devant le centre de la première fection ; le Chef de la feconde fection fe porteroit devant le centre de cette fection, & ils commanderoient *Guide à gauche*, ou bien *Guide à droite*, à l'inftant ou leur fection feroit formée.

X

146. Au commandement de *Guide à gauche*, ou de *Guide à droite*, fait par le Chef de chaque section, le Guide de chacune se porteroit au flanc gauche ou au flanc droit, s'il n'y étoit déjà.

147. *Le Guide de droite* du peloton servira toujours de Guide de droite & de gauche à la première section, & *le Guide de gauche* du peloton servira également de Guide de droite & de gauche à la seconde section.

148. D'après ce principe, il n'y aura jamais dans une colonne par section qu'un seul Guide sur le flanc de chacune ; & il sera toujours placé sur le flanc gauche si la droite est en tête, sur le flanc droit, si la gauche est en tête.

149. Dans ces divers mouvemens, les serre-files suivront la section à laquelle ils sont attachés.

CINQUIÈME LEÇON.

ARTICLE PREMIER.

Rompre en colonne par section.

150. L'Instructeur voulant faire rompre par section à droite commandera :

1.

Par section à droite.

2.

MARCHE.

151.
Pl. VIII.
Fig. 1.

Au premier commandement, les Chefs de section se porteront à deux pas devant le centre de leur section ; celui de la seconde section passant à cet effet par le flanc gauche du peloton, ils ne s'occuperont pas de s'aligner l'un sur l'autre, il suffira de se placer chacun à deux pas devant le premier rang.

152. Au commandement de *marche*, l'homme de droite du premier rang de chaque section fera à droite ; le Chef de chaque section se portera vivement, & par la ligne la plus courte, en dehors du point où devra appuyer l'aile qui converse, fera face en arrière, & se placera de manière que la ligne qu'il forme avec l'homme de droite du premier rang, soit perpendiculaire à celle qu'occupoit le peloton en bataille ; les sections converseront par le principe des conversions de pied ferme au pas ordinaire ; & lorsque l'homme qui conduit l'aile marchante sera arrivé à deux pas de la perpendiculaire, le Chef de chaque section commandera :

I.

Section.

2.

HALTE.

153. Au commandement de *halte,* les sections arrêteront ; le Sous-officier de remplacement se portera au même instant au point où devra appuyer la gauche de la première section , passant pour cet effet par devant le premier rang ; le serre-file le plus près de la gauche du peloton se portera au point où devra appuyer la gauche de la deuxième section ; ils observeront de laisser entre eux & l'homme de droite de leur section , l'espace nécessaire pour contenir le front de la section ; le Chef de peloton & le Chef de la seconde section y veilleront , & auront soin de les aligner entre eux & l'homme de leur section qui aura fait *à droite.*

154. Le Guide de chaque section étant ainsi établi sur la perpendiculaire , les Chefs de sections commanderont :

3.

A gauche ═ *ALIGNEMENT.*

155. L'alignement étant achevé , chaque Chef de section commandera *FIXE ,* & se portera à deux pas devant le centre de sa section.

156. Les serre-files qui sont derrière le troisième rang , se conformeront au mouvement de leurs sections respectives , & se placeront à deux pas en arrière de ce rang.

157. On rompra par section à gauche d'après les mêmes principes ; l'Instructeur commandera :

I.

Par section à gauche.

2.

MARCHE.

158. Le premier commandement s'exécutera de la même manière que pour rompre par section à droite.

159. Au commandement de *marche ,* l'homme de gauche du premier rang de chaque section fera à gauche , & les sections converferont à gauche par le principe des conversions de pied ferme ;

Les Chefs de fection fe conformeront à ce qui a été prefcrit ci-deffus, n°. 152.

160.   Au commandement de *halte* du Chef de chaque fection, le Sous-officier de remplacement, placé à la droite de la première fection, & le ferre-file le plus près de la gauche de la feconde fection, fe conformeront à ce qui a été prefcrit ci-deffus, N.° 153: les Chefs de fection les aligneront entre eux & l'homme de gauche du premier rang de leurs fections refpectives, & commanderont:

À droite = ALIGNEMENT.

161.   Les fections étant alignées, chaque Chef de fection commandera FIXE, & fe portera devant le centre de fa fection.

Obfervations relatives au mouvement de rompre en colonne.

162.   L'Inftructeur placé en avant du peloton, obfervera fi le mouvement s'exécute d'après les principes prefcrits ci-deffus; fi les fections après avoir rompu en colonne, font placées perpendiculairement à la ligne qu'occupoit le peloton en bataille, & fi le Guide qui s'eft porté au point où devra aboutir l'aile de fa fection, a laiffé entre lui & l'homme de droite (ou de gauche) du premier rang, l'efpace exactement néceffaire pour contenir le front de la fection.

163.   Les fections ayant rompu, fi le Guide de la dernière ne couvroit pas exactement le Guide qui le précède, il ne chercheroit à reprendre la direction que lorfque la colonne fe mettroit en marche, à moins que l'Inftructeur voulant remettre le peloton immédiatement en bataille, ne jugeât néceffaire de rectifier la direction des Guides, ce qui s'exécuteroit alors comme il fera expliqué ci-après dans l'art. 5 de cette leçon.

164.   L'Inftructeur obfervera que l'homme de droite (ou l'homme de gauche) de chaque fection, qui au deuxième commandement de l'Inftructeur aura fait à droite ou à gauche, étant le véritable pivot de la converfion, l'homme du premier rang placé à côté de lui, doit gagner un peu de terrain en avant en converfaut, de manière à démafquer le pivot.

ARTICLE 2.

ARTICLE 2.

Marcher en colonne.

165. Le peloton étant rompu par section, la droite en tête, l'Instructeur voulant faire marcher la colonne, se portera à quinze ou vingt pas en avant de la tête, fera face aux Guides, & se placera correctement sur leur direction, après avoir averti celui de la tête de prendre des points à terre.

166. L'Instructeur étant ainsi placé, le Guide de la première section prendra deux points à terre entre lui & l'Instructeur, dans la ligne droite qui partant de lui passeroit entre les talons de ce dernier, ce qui étant exécuté, l'Instructeur commandera :

1.

Colonne en avant.

2.

Guide à gauche.

3.

MARCHE.

167. Au commandement de *marche*, qui sera vivement répété par les Chefs de section, ils enleveront, ainsi que les Guides, par un pas décidé la marche de leurs sections, en sorte qu'elles partent vivement, & au même instant.

168. Les Soldats sentiront légèrement le coude de leur voisin du côté du Guide, & observeront en marchant les principes prescrits dans l'École du Soldat, N.° 198 ; l'homme de chaque section, placé à côté du Guide, se tiendra toujours à environ six pouces de lui, pour éviter qu'il ne puisse jamais le pousser hors de la direction, & observera aussi de ne jamais le déborder.

169. Le Guide de la tête observera avec la plus grande précision la longueur & la cadence du pas, & assurera la direction de sa marche par les moyens prescrits ci-dessus, N.° 79.

170. Le Guide suivant marchera exactement dans la trace du Guide de la tête ; en observant entre lui & ce Guide, une distance exactement égale à l'étendue du front de sa section, & en conservant le même pas que le Guide qui le précède.

Z

171. Si le Guide de la seconde section perdoit sa distance, ce qui ne pourra arriver que par sa faute, il ne doit la reprendre que peu-à-peu, soit en alongeant, soit en raccourcissant insensiblement le pas, afin qu'il n'y ait jamais ni temps d'arrêt, ni à-coup dans la marche.

172. Si le Guide de la seconde section, ayant négligé de suivre exactement la trace du Guide précédent, s'étoit jeté sensiblement en dehors de la direction, il remédieroit à cette faute en avançant plus ou moins l'épaule gauche, de manière à regagner peu-à-peu la direction par le pas direct, afin de sauver l'inconvénient du pas oblique qui feroit perdre la distance; si au contraire le Guide s'étoit jeté sensiblement en dedans de la direction, il y remédieroit par les moyens inverses: dans l'une & l'autre supposition, le Chef de section veillera à ce que les Soldats se conforment au mouvement du Guide.

Observations relatives à la marche & à la direction en colonne.

173. Si les Chefs de section & les Guides négligeoient d'enlever vivement leur section & de décider la marche dès le premier pas, elle commenceroit par être incertaine, le pas & les distances se perdroient.

174. Si le Guide de la tête ne marchoit point un pas égal, la marche de sa section & de celle qui suit seroit incertaine, il y auroit du flottement, des temps d'arrêt & des à-coups.

175. Si le Guide de la tête n'étoit pas habitué à se prolonger, sans varier, dans une direction donnée, il décriroit dans sa marche une ligne courbe, & la colonne serpenteroit.

176. Si le Guide suivant n'étoit pas habitué à marcher dans la trace du Guide qui le précède, il perdroit à tout moment sa distance, dont l'observation est le premier principe dans la marche en colonne.

177. Le Guide de chaque section sera responsable de la distance, de la direction & du pas; le Chef de section le sera de l'ordre & de l'ensemble dans sa section, en conséquence il se retournera souvent pour y veiller.

178. L'Inftructeur placé fur le flanc du côté des Guides, veillera à l'exécution de tous les principes prefcrits; il fe placera auffi quelquefois en arrière des Guides, s'y alignera correctement, & s'y arrêtera pendant vingt ou trente pas de fuite, pour vérifier fi le Guide de la tête ne s'écarte pas de la direction, & fi le Guide fuivant marche exactement dans la trace du premier.

179. Toutes les fois qu'on fera rompu en colonne, les Chefs de fubdivifion répéteront les commandemens *MARCHE* & *HALTE* de l'Inftructeur, à l'inftant même où ils leur parviendront, & fans fe régler l'un fur l'autre; ils ne répéteront aucun autre commandement, mais avertiront feulement leurs Soldats, s'ils ne les avoient pas entendus.

<h3 style="text-align:center">A R T I C L E   3.</h3>

Changer de direction.

180. La colonne étant en marche, la droite en tête, l'Inftructeur voulant lui faire changer de direction à gauche, en donnera l'ordre au Chef de la première fection, fe portera auffitôt de fa perfonne, ou enverra un jalonneur au point où le mouvement devra commencer, & s'y placera fur la direction des Guides, de manière à préfenter le côté droit à celui de la tête.

181. Le Guide de la tête fe dirigera fur l'Inftructeur ou fur le jalonneur placé au point de la converfion, de manière que fon bras gauche rafe la furface de fa poitrine, & lorfqu'il fera prêt d'arriver à fa hauteur. le Chef de fection commandera:

1.

Tournez à gauche.

2.

M A R C H E.

182. Le premier commandement fera fait à deux pas avant d'arriver au point de converfion.

Pl. VIII.
Fig. 2.

183. Au commandement de *marche,* qui fera prononcé à l'inftant où le Guide arrivera au point de converfion, le Guide ainfi que la fection tourneront à gauche, en fe conformant à ce qui a été prefcrit dans l'École du Soldat, N.° 270.

184. Le Guide de la première section ayant tourné, prendra des points à terre dans la nouvelle direction, afin de mieux assurer sa marche.

185. La seconde section continuera à marcher droit devant elle, son Guide se dirigeant de manière à raser la surface de la poitrine de l'Instructeur ou du jalonneur placé au point de la conversion : arrivée à hauteur de ce dernier, la seconde section tournera à gauche par les mêmes commandemens, & d'après les mêmes principes que la première.

186. Pour faire changer de direction sur le côté opposé au Guide, l'Instructeur en ayant donné l'ordre au Chef de la première section, ira aussitôt de sa personne, ou enverra un jalonneur se placer au point où le changement de direction devra s'exécuter, & de la même manière qu'il a été expliqué pour changer de direction sur le côté du Guide.

187. Le Guide de la première section se dirigera comme il a été prescrit ci-dessus, N.° 181, & lorsqu'il sera arrivé à deux pas du point de la conversion, le Chef de section commandera :

1.

A droite conversion.

2.

M A R C H E.

188.
Pl. VIII.
Fig. 3.

Au commandement *marche*, qui sera prononcé à l'instant où le Guide arrivera au point de la conversion, la section exécutera un mouvement de conversion à droite, en se conformant à ce qui a été prescrit dans l'École du Soldat, N.° 264.

189. La conversion étant achevée, le Chef de section commandera :

3.

En avant.

4.

M A R C H E.

190. Ces commandemens seront prononcés & exécutés conformément à ce qui a été prescrit dans l'École du Soldat, N.ºs 266 & 267.

La

191. La feconde fection continuera à marcher droit devant elle, le Guide de cette fection ayant attention de fe diriger fur l'Inftructeur ou le Jalonneur ; cette fection exécutera à fon tour un mouvement de converfion à droite, à la même place, & par les mêmes commandemens & moyens que la première fection, & reprendra de même la marche directe.

192. Les changemens de direction dans une colonne la gauche en tête, s'exécuteront d'après les mêmes principes, & par les moyens inverfes.

Obfervations relatives aux changemens de direction en colonne.

193. Il eft très-important pour la confervation de la diftance & de la direction, que toutes les fubdivifions exécutent leur changement de direction précifément à la même place que la première ; c'eft pour cette raifon que l'Inftructeur doit fe porter, (ou placer un Jalonneur) un peu d'avance au point de converfion, & qu'il a été prefcrit aux Guides de fe diriger fur lui, & aux Chefs de fubdivifion de ne faire commencer l'exécution du mouvement, qu'à l'inftant où leur Guide rafera la furface de fa poitrine.

194. Les Chefs de fubdivifion doivent veiller à ce que leur fubdivifion arrive carrément fur le terrain où elle devra changer de direction ; à cet effet ils doivent fe retourner face à leur fubdivifion, lorfque celle qui précède commence à converfer ou à tourner, afin de veiller à ce que leur fubdivifion continue à marcher carrément devant elle jufqu'au point de converfion.

195. Si dans les changemens de direction fur le côté oppofé au Guide, le pivot de la fubdivifion qui converfe ne dégageoit pas le point de converfion, la fubdivifion fuivante feroit arrêtée & les diftances fe perdroient ; car le Guide qui conduit l'aile marchante, ayant à parcourir environ une fois & demie l'étendue du front de la fubdivifion, celle qui fuit immédiatement feroit déjà arrivée au point où elle devra converfer, tandis que la fubdivifion qui converfe auroit encore à parcourir la moitié

A a

de l'étendue de son front, & seroit obligée de marquer le pas
jusqu'à ce que la subdivision précédente eût achevé la conversion ; cette dernière parcourant ensuite en avant une fois &
demie l'étendue de son front, pendant que celle qui la suit
exécuteroit sa conversion, il en résulteroit, si le pivot étoit
fixe, qu'il y auroit autant de temps d'arrêt successifs, moins
un, que de subdivisions dans la colonne, & que la dernière
subdivision se trouveroit, au moment où elle auroit achevé sa
conversion, trop éloignée de celle de la tête, de la moitié de
l'étendue du front qu'occuperoit la colonne en bataille, moins le
front de la première subdivision. C'est pour remédier à ces
inconvéniens qu'on a prescrit que le pivot feroit le pas de six
pouces, afin de ne pas arrêter la subdivision suivante ; les Chefs
de subdivision devant veiller avec le plus grand soin à l'exécution de ce principe, ils se retourneront face à leur peloton, &
avertiront le pivot d'alonger ou de raccourcir le pas, selon qu'ils
le jugeront nécessaire : par la nature de ce mouvement, le centre
de la subdivision doit ceintrer un peu en arrière.

196.   Les Guides ne doivent jamais altérer la longueur ni la cadence
du pas, soit que le changement de direction ait lieu sur le côté
du Guide, ou sur le côté opposé.

197.   L'Instructeur placé au point de conversion, (ou le Jalonneur qu'il y aura envoyé,) présentera toujours le côté droit à
la colonne, si elle a la droite en tête, le côté gauche si la gauche
est en tête, & se placera sur le prolongement des Guides. L'Instructeur veillera avec le plus grand soin à l'observation de tous
les principes prescrits ci-dessus, à ce que chaque subdivision
ne commence l'exécution du mouvement qu'à l'instant où le
Guide rasant la surface de sa poitrine, sera prêt à le dépasser,
& que dans les changemens de direction sur le côté opposé aux
Guides, l'aile marchante ne décrive pas un trop grand cercle,
afin de ne pas se jeter en dehors de la nouvelle direction.

ARTICLE 4.

Arrêter la colonne.

198. La colonne étant en marche, l'Inſtructeur voulant l'arrêter commandera :

1.

Colonne.

2.

HALTE.

199. Au commandement *halte*, vivement répété par les Chefs de ſection, elles s'arrêteront en même-temps, & les Guides ne bougeront plus quand même ils n'auroient ni leur diſtance ni leur direction, à moins que l'Inſtructeur, voulant former la colonne en bataille, ne juge néceſſaire de rectifier leur direction, ce qui s'exécutera alors comme il ſera preſcrit dans l'article ſuivant.

200. Les Chefs de ſubdiviſion ne feront point de commandement d'alignement, l'Inſtructeur ſeul devant faire ce commandement, s'il le juge néceſſaire, dans le cas où il voudroit former la colonne en bataille, comme il ſera expliqué dans l'article ſuivant.

Obſervations relatives à ce qui eſt preſcrit pour arrêter la colonne.

201. Si le Commandement *HALTE* n'étoit pas répété avec la plus grande vivacité, & exécuté au même inſtant, les diſtances ſe perdroient.

202. Si un Guide ayant perdu ſa diſtance, cherchoit à la reprendre après le commandement *halte*, il ne feroit par là que rejeter ſa faute ſur le Guide ſuivant, qui, s'il a bien marché, ſe trouveroit alors n'avoir plus la ſienne ; & ſi ce dernier vouloit à ſon tour la reprendre, le même mouvement ſe propageroit ſucceſſivement juſqu'à la queue de la colonne.

203. Lorſque l'Inſtructeur ayant arrêté la colonne, ne voudra pas la former en bataille, il pourra ſe diſpenſer de rectifier la direction des Guides ; elle ſera ſuffiſamment exacte, ainſi que les diſtances, ſi le Guide de la tête & les Guides ſuivans ont obſervé ce qui leur a été preſcrit ci-deſſus, N.ᵒˢ 169 & 170.

ARTICLE 5.

Étant en colonne par section , se former à gauche ou à droite en bataille.

204. L'Instructeur ayant arrêté la colonne supposée avoir la droite en tête, & voulant la former en bataille, se portera aussitôt à distance de section en avant du Guide de la tête, fera face à ce Guide, & rectifiera, s'il est besoin, la position du Guide suivant, ce qui étant exécuté, l'Instructeur commandera :

À gauche = *ALIGNEMENT.*

205. A ce commandement, qui ne fera point répété par les Chefs de subdivision, chaque Chef de section se portera vivement à environ deux pas en dehors de son Guide, & dirigera l'alignement de sa section perpendiculairement à la direction de la colonne.

206. Les Chefs de section ayant aligné leurs sections respectives, commanderont *FIXE* , & se porteront légèrement devant le centre de leur section.

Cette disposition étant faite, l'Instructeur commandera :

1.

A gauche en bataille.

2.

MARCHE.

207. Au commandement de *marche* , vivement répété par les Chefs de section, l'homme de gauche du premier rang de chaque section fera à gauche, & appuiera légèrement sa poitrine contre le bras droit du Guide placé à côté de lui, lequel ne bougera pas ; les sections converferont à gauche par le principe des conversions de pied ferme, & en se conformant à ce qui a été prescrit ci-dessus, n.° 164 ; chaque Chef de section se retournera face à sa section pour y veiller, & lorsque la droite de sa section fera arrivée à deux pas de la ligne de bataille, il commandera :

1.

Section.

2.

HALTE.

208. Le Chef de la seconde section ayant arrêté sa section, se portera en serre-file.

Le

209. Le Chef de peloton ayant arrêté la première section, se portera légèrement sur la ligne de bataille, au point où devra appuyer la droite du peloton, & commandera aussitôt :

A droite = *ALIGNEMENT.*

210. A ce commandement, les deux sections se placeront sur l'alignement, l'homme de la première, qui correspond à l'Instructeur, établi sur la direction des Guides, appuiera légèrement la poitrine contre son bras gauche, & le Chef de peloton dirigera l'alignement sur l'homme de gauche du peloton.

211. Le peloton étant aligné, le Chef de peloton commandera : *FIXE.*

212. L'Instructeur voyant le peloton en bataille & immobile, commandera :

Guides = *À VOS PLACES.*

213. A ce commandement, le Sous-officier de remplacement se portera derrière le Chef de peloton, le Guide de la seconde section se portera en serre-file.

L'Instructeur vérifiera l'alignement, & le fera rectifier, s'il y a lieu, par le Chef de peloton.

214. Pour former la colonne, la gauche en tête, *à droite en bataille*, l'Instructeur se placera à distance de section en avant & face au Guide de la tête, & rectifiera, s'il le juge nécessaire, la position du Guide suivant ; ce qui étant exécuté, il commandera :

1.

A droite en bataille.

2.

MARCHE.

215. Au commandement de *marche*, l'homme de droite du premier rang de chaque section fera à droite, & appuiera légèrement sa poitrine contre le bras gauche du Guide placé à côté de lui, lequel ne bougera ; chaque section conversera à droite, & sera arrêtée par son Chef lorsque l'aile marchante sera arrivée à deux pas de la ligne de bataille ; pour cet effet les Chefs de section commanderont :

1.

Section.

Bb

2.

HALTE.

2 1 6. Le Chef de la feconde feétion ayant arrêté fa feétion, fe portera en ferre-file.

2 1 7. Le Chef de peloton ayant arrêté la première feétion, fe portera légèrement à la gauche du peloton, obfervant de s'y placer fur la ligne de bataille, au point où devra appuyer l'homme de gauche, & commandera auffitôt :

A gauche = A*LFGNEMENT.*

2 1 8. A ce commandement, les deux feétions fe placeront fur l'aligne-ment; l'homme de gauche de la feconde feétion, qui correfpond à l'Inftruéteur, appuiera légèrement la poitrine contre fon bras droit, & le Chef de peloton dirigera l'alignement fur l'homme de droite du peloton.

2 1 9. Le peloton étant aligné, le Chef de peloton commandera : *FIXE.*

2 2 0. L'Inftruéteur commandera enfuite :

Guides = À V*OS PLACES.*

2 2 1. A ce commandement, le Chef de peloton fe portera à la droite de fon peloton ; le Sous-officier de remplacement fe portera derrière le Chef de peloton au troifième rang, & le Guide de la feconde feétion fe portera en ferre-file.

*Obfervations relatives au mouvement de fe former à gauche
ou à droite en bataille.*

2 2 2. L'Inftruéteur pourra fe difpenfer de faire le commandement de *à gauche* (ou *à droite*) = A*LIGNEMENT*, avant de com-mander *à gauche* (ou *à droite) en bataille*, à moins que par la reétification des Guides, il ne foit devenu néceffaire que les feétions appuient à droite ou à gauche.

2 2 3. L'Inftruéteur doit obferver avant de commander *à gauche* (ou *à droite) en bataille* , fi la dernière feétion a exaétement fa diftance. Cette attention eft importante pour habituer les Guides à ne jamais fe négliger fur ce point effentiel.

SIXIÈME LEÇON.

ARTICLE PREMIER.

Mettre des files en arrière & les faire rentrer en ligne.

224. Le peloton étant en marche, & supposé faire partie d'une colonne, la droite ou la gauche en tête, l'Instructeur voulant faire mettre des files en arrière, en donnera l'ordre au Chef de peloton, qui se retournera aussitôt face à son peloton, & commandera :

1.

Une file de droite (ou de gauche) en arrière.

2.

MARCHE.

225. Au commandement de *marche*, la première file de droite ou la première file de gauche du peloton marquera le pas ; & les autres continueront à marcher en avant ; l'homme du troisième rang de cette file se portera, aussitôt que le troisième rang du peloton l'aura dépassé, à gauche si c'est une file de droite, à droite si c'est une file gauche, & se placera derrière la troisième file de ce côté ; l'homme du second rang se portera de même derrière la deuxième file, & celui du premier rang derrière la première file à l'instant où le troisième rang du peloton les dépassera. Chaque homme se portera à la place qui lui est prescrite en avançant un peu l'épaule extérieure, ayant la plus grande attention à ne pas perdre de distance.

PL. XIII.
Fig. 8.

226. L'Instructeur voulant faire rompre encore une file du même côté, & ayant donné l'ordre au Chef de peloton, ce dernier fera les mêmes commandemens que ci-dessus.

227. Au commandement *marche*, du Chef de peloton, la file déjà rompue avançant un peu l'épaule extérieure, gagnera l'espace d'une file à droite si ce sont des files de gauche, à gauche si ce sont des files de droite, en raccourcissant le pas, afin de faire place à la nouvelle file en avant d'elle ; la nouvelle file rompra de la même manière que la première.

PL. XIII.
Fig. 9.

228. L'Instructeur pourra faire diminuer ainsi successivement le front du peloton de tel nombre de files qu'il voudra, en

faifant toujours rompre de nouvelles files du même côté jufqu'à ce qu'il ne refte plus que trois files de front.

229. Les ferre-files fe répartiront derrière ce qui refte de la troupe marchant de front.

230. Lorfque l'Inftruĉteur voudra faire rentrer des files en ligne, il en donnera l'ordre au Chef de peloton qui commandera auffitôt :

I.

Une file de droite (ou de gauche) en ligne.

2.

M A R C H E.

Pl. XIII.
Fig. 10.

231. Au commandement de *marche*, la première file de celles qui marchent par le flanc, rentrera vivement en ligne, & les files fuivantes gagneront en avançant l'épaule droite, l'efpace d'une file à gauche, fi c'eft par la gauche qu'on a mis les files en arrière, ou gagneront en avançant l'épaule gauche, l'efpace d'une file à droite, fi c'eft par la droite qu'on a mis les files en arrière.

232. Le Chef de peloton faifant face à fon peloton, veillera à l'obfervation des principes prefcrits.

Pl. XIII.
Fig. 11.

233. L'Inftruĉteur ayant ainfi fait rompre les files l'une après l'autre, & les ayant fait rentrer en ligne de même, fera rompre deux ou trois files enfemble ; les files défignées marqueront le pas, chaque rang avancera, à mefure que le troifième rang du peloton l'aura dépaffé, un peu l'épaule extérieure, obliquera à la fois & fe placera derrière l'une des trois files voifines, comme fi le mouvement s'étoit exécuté file par file, en obfervant de ne pas perdre de diftance.

234. L'Inftruĉteur ordonnera enfuite au Chef de peloton de faire rentrer deux ou trois files à la fois en ligne ; pour cet effet le Chef de peloton commandera :

I.

Trois premières files en ligne.

2.

M A R C H E.

Pl. XIII.
Fig. 12.

235. Les files défignées fe porteront vivement & par le plus court chemin, en ligne.

Toutes

236.   Toutes les fois qu'on mettra des files en arrière, le Guide qui est au flanc du peloton appuiera à droite ou à gauche, à mesure que le front diminuera, de manière à se trouver toujours à côté du premier homme de ceux qui marchent de front, il appuiera en sens contraire à mesure qu'on fera rentrer des files en ligne.

Observations relatives au mouvement de faire mettre des files en arrière & de les faire rentrer en ligne.

237.   Il est de la plus grande importance, relativement à la conservation des distances dans les colonnes en route composées de plusieurs bataillons, d'habituer les Soldats dans les écoles de détail, à exécuter ces mouvemens avec une grande précision.

238.   Si lorsqu'on fait rompre de nouvelles files, elles n'alongeoient pas bien le pas en obliquant; si lorsqu'on fait rentrer des files en ligne, elles ne s'y portoient pas vivement, elles arrêteroient dans l'un & l'autre cas les files suivantes, ce qui feroit perdre la distance, & occasionneroit par-là l'alongement de la colonne.

239.   L'Instructeur se placera sur le flanc, du côté où ces mouvemens s'exécutent, pour s'assurer de l'exacte observation des principes.

240.   L'Instructeur observera, qu'en faisant mettre successivement des files en arrière du même côté, on peut réduire le front à trois files derrière lesquelles les files rompues pourront marcher en potence.

241.   Mais si, au lieu de mettre des files en arrière d'un seul côté, on faisoit rompre des files par les deux ailes à la fois, ce qui doit s'exécuter quelquefois, on ne pourroit plus alors réduire le front du peloton au-dessous des six files, puisqu'il en faudroit trois de chaque côté pour que les files rompues puissent marcher en potence derrière elles; si dans cet état de choses, le défaut d'espace obligeoit à diminuer encore le front pour le réduire à cinq ou à quatre, ce que l'Instructeur supposera quelquefois, il feroit rentrer en ligne à la fois toutes les files qui sont en arrière du côté opposé au Guide, & rompre en même temps du côté du Guide autant de nouvelles files, plus une

C c

faifant toujours rompre de nouvelles files du même côté jufqu'à ce qu'il ne refte plus que trois files de front.

229. Les ferre-files fe répartiront derrière ce qui refte de la troupe marchant de front.

230. Lorfque l'Inftructeur voudra faire rentrer des files en ligne, il en donnera l'ordre au Chef de peloton qui commandera auffitôt:

1.

Une file de droite (ou de gauche) en ligne.

2.

MARCHE.

231.

PL. XIII.
Fig. 10.

Au commandement de *marche*, la première file de celles qui marchent par le flanc, rentrera vivement en ligne, & les files fuivantes gagneront en avançant l'épaule droite, l'efpace d'une file à gauche, fi c'eft par la gauche qu'on a mis les files en arrière, ou gagneront en avançant l'épaule gauche, l'efpace d'une file à droite, fi c'eft par la droite qu'on a mis les files en arrière.

232. Le Chef de peloton faifant face à fon peloton, veillera à l'obfervation des principes prefcrits.

233.

PL. XIII.
Fig. 11.

L'Inftructeur ayant ainfi fait rompre les files l'une après l'autre, & les ayant fait rentrer en ligne de même, fera rompre deux ou trois files enfemble; les files défignées marqueront le pas, chaque rang avancera, à mefure que le troifième rang du peloton l'aura dépaffé, un peu l'épaule extérieure, obliquera à la fois & fe placera derrière l'une des trois files voifines, comme fi le mouvement s'étoit exécuté file par file, en obfervant de ne pas perdre de diftance.

234. L'Inftructeur ordonnera enfuite au Chef de peloton de faire rentrer deux ou trois files à la fois en ligne; pour cet effet le Chef de peloton commandera:

1.

Trois premières files en ligne.

2.

MARCHE.

235.

PL. XIII.
Fig. 12.

Les files défignées fe porteront vivement & par le plus court chemin, en ligne.

Toutes

2 3 6. Toutes les fois qu'on mettra des files en arrière, le Guide qui eft au flanc du peloton appuiera à droite ou à gauche, à mefure que le front diminuera, de manière à fe trouver toujours à côté du premier homme de ceux qui marchent de front, il appuiera en fens contraire à mefure qu'on fera rentrer des files en ligne.

Obfervations relatives au mouvement de faire mettre des files en arrière & de les faire rentrer en ligne.

2 3 7. Il eft de la plus grande importance, relativement à la confervation des diftances dans les colonnes en route compofées de plufieurs bataillons, d'habituer les Soldats dans les écoles de détail, à exécuter ces mouvemens avec une grande précifion.

2 3 8. Si lorfqu'on fait rompre de nouvelles files, elles n'alongeoient pas bien le pas en obliquant; fi lorfqu'on fait rentrer des files en ligne, elles ne s'y portoient pas vivement, elles arrêteroient dans l'un & l'autre cas les files fuivantes, ce qui feroit perdre la diftance, & occafionneroit par-là l'alongement de la colonne.

2 3 9. L'Inftructeur fe placera fur le flanc, du côté où ces mouvemens s'exécutent. pour s'affurer de l'exacte obfervation des principes.

2 4 0. L'Inftructeur obfervera, qu'en faifant mettre fucceffivement des files en arrière du même côté, on peut réduire le front à trois files derrière lefquelles les files rompues pourront marcher en potence.

2 4 1. Mais fi, au lieu de mettre des files en arrière d'un feul côté, on faifoit rompre des files par les deux ailes à la fois, ce qui doit s'exécuter quelquefois, on ne pourroit plus alors réduire le front du peloton au-deffous des fix files, puifqu'il en faudroit trois de chaque côté pour que les files rompues puiffent marcher en potence derrière elles; fi dans cet état de chofes, le défaut d'efpace obligeoit à diminuer encore le front pour le réduire à cinq ou à quatre, ce que l'Inftructeur fuppofera quelquefois, il feroit rentrer en ligne à la fois toutes les files qui font en arrière du côté oppofé au Guide, & rompre en même temps du côté du Guide autant de nouvelles files, plus une

C c

ou deux, felon qu'il voudroit réduire le front à cinq ou à quatre, qu'il en aura fait rentrer en ligne du côté oppofé; ainfi, par exemple, dans une colonne la droite en tête, le peloton étant fuppofé de douze files, dont trois en potence de chaque côté, le défaut d'efpace obligeant à fe réduire à cinq de front, l'Inftruĉteur fera rentrer en ligne les trois files de droite, & rompre en même temps quatre nouvelles files à la fois à la gauche, ce qui réduira le front à cinq: pour faciliter l'exécution de ce mouvement, il faut que les deux files qui ne doivent pas rompre, obliquent fortement à gauche, afin que les trois files de droite qui font cenfées longer le bord du défilé, trouvent de la place pour rentrer en ligne.

A R T I C L E   2.

Marcher en colonne au pas de route, & exécuter les divers mouvemens de file prefcrits dans l'article précédent.

242.   Le peloton étant de pied ferme, & fuppofé faire partie d'une colonne, l'Inftruĉteur voulant le mettre en marche au pas de route, commandera:

1.

Colonne en avant.

2.

Guide à gauche (ou à droite.)

3.

Pas de route.

4.

M A R C H E.

243.   Au commandement de *marche*, répété par le Chef de peloton, les trois rangs partiront enfemble, les deux derniers prendront en marchant environ trois pieds de diftance du rang qui les precède refpeĉtivement; ce qui étant exécuté, l'Inftruĉteur commandera:

5.

L'arme = à VOLONTÉ.

244.   A ce commandement, les Soldats porteront l'arme à volonté, comme il a été prefcrit dans l'École du Soldat, N.° 12o, & ne feront plus tenus à marcher du même pied, ni à obferver le filence : les files marcheront à l'aife ; mais on aura attention que les rangs ne fe confondent jamais, que les hommes du premier rang ne dépaffent jamais le guide qui eft du côté de la direction, & que les deux derniers rangs confervent toujours environ trois pieds de diftance du rang qui eft immédiatement devant eux.

245. Si la colonne étant en marche au pas cadencé, l'Inftructeur vouloit la faire marcher au pas de route, il commanderoit :

1.

Pas de route.

2.

MARCHE.

246. Au commandement de *marche*, le premier rang continueroit à marcher le pas de deux pieds', les fecond & troifième rangs prendroient en marchant la diftance d'environ trois pieds, qui doit les féparer refpectivement du rang qui précède ; l'Inftructeur commanderoit enfuite *l'arme* = *À VOLONTÉ*, ce qui s'exécuteroit comme il vient d'être prefcrit.

247. Le foldat étant en marche au pas de route, l'Inftructeur fera changer de direction fur le côté du Guide & fur le côté oppofé, ce qui s'exécutera fans commandement, & à l'avertiffement feulement du Chef de peloton ; le fecond & le troifième rang viendront fucceffivement tourner à la même place que le premier ; chaque rang fe conformera, quoiqu'au pas de route, aux principes qui ont été prefcrits, pour changer de direction à rangs ferrés & au pas cadencé, avec cette feule différence, que dans les changemens de direction fur le côté oppofé au guide, l'homme qui eft au pivot fera le pas d'un pied, au lieu de le faire de fix pouces, pour dégager le point de la converfion.

248. L'Inftructeur fera auffi exécuter les divers mouvemens de file prefcrits dans l'article précédent, & de la même manière qui y eft indiquée ; il fera quelquefois ferrer les rangs, & à cet effet, le Chef de peloton commandera :

1.

Serrez vos rangs.

2.

MARCHE.

249. Au commandement de *marche*, le premier rang prendra le pas

cadencé ; les deux derniers rangs, ainſi que les files qui ſont en arrière, ſerreront vivement & prendront enſuite le pas cadencé ; les trois rangs prendront l'arme au bras.

2 5 0. Lorſque le peloton marchant au pas de route arrêtera, les deux derniers rangs ſerreront au commandement *HALTE*, & les ſoldats porteront les armes : il en ſeroit de même ſi le peloton marchoit à rangs ſerrés, l'arme au bras. Ce principe eſt général, quel que ſoit le nombre des pelotons.

2 5 1. La vîteſſe du pas de route ſera dans cette école de 76 par minute, afin d'affermir de plus en plus les Soldats dans ce mouvement de 76 ; mais dans l'École de Bataillon, la vîteſſe du pas de route ſera de 85 à 90, qui devra être habituellement celle des colonnes en route, lorſque la nature du pays & des chemins le permettra.

ARTICLE 3.

Rompre & former le peloton.

Rompre le peloton.

2 5 2. Le peloton étant en marche au pas cadencé, & ſuppoſé faire partie d'une colonne qui a la droite en tête, l'Inſtructeur voulant faire rompre par ſection, en donnera l'ordre au Chef de peloton, lequel commandera :

1.

Rompez le peloton.

PL. IX.
Fig. 1.

Et ſe portera auſſitôt devant le centre de la première ſection.

2 5 3. Le Chef de la ſeconde ſection, placé derrière le centre de ſa ſection ; ſe portera à ce commandement devant le centre de cette ſection, où étant arrivé, il commandera : *Marquez le pas.*

2 5 4. Le Chef de peloton commandera enſuite :

2.

Marche.

2 5 5. La première ſection continuera à marcher droit devant elle, & le Sous-officier de remplacement ſe portera au flanc gauche

de

de cette section, dès qu'elle aura déboîté, passant pour cet effet par-devant le premier rang.

256.   Au commandement *MARCHE* du Chef de peloton, la seconde section marquera le pas à l'avertissement du Chef de cette section, & obliquera de même à droite, aussitôt que le troisième rang de la première l'aura dépassée.

257.   Le Guide de la deuxième section étant près d'arriver dans la direction de celui de la première, le Chef de la seconde section fera le commandement en *avant* & celui *MARCHE*, à l'instant où le Guide de sa section couvrira celui de la première.

258.   On rompra par section, la colonne ayant la gauche en tête, par les moyens inverses, en appliquant à la première section tout ce qui a été prescrit pour la deuxième section, & réciproquement.

259.   Dans cette supposition de la gauche en tête, le Guide de gauche du peloton se portera au flanc droit de la deuxième section dès qu'elle aura déboîté; le Sous-officier de remplacement placé au flanc droit de la première section, y restera.

Former le peloton.

260.   La colonne étant en marche par section, la droite en tête; l'Instructeur voulant faire former le peloton, en donnera l'ordre au Chef de peloton, lequel commandera:

1:

Formez le peloton.

261.   Le Chef de peloton ayant fait ce commandement, préviendra la première section qu'elle devra obliquer à droite.

262.   Le Chef de la seconde section la préviendra qu'elle devra continuer à marcher droit devant elle.

263.   Le Chef de peloton commandera ensuite:

2.

MARCHE.

264.   A ce commandement, répété par le Chef de la seconde section,

PL. IX.
Fig. 2.

D d

la première obliquera à droite pour démafquer la deuxième, & le Sous-officier de remplacement placé au flanc gauche de cette fection, fe portera au flanc droit, paffant, pour cet effet, par-devant le premier rang.

265. Lorfque la première fection fera près de démafquer la deuxième, le Chef de peloton fera le commandement en *avant*, & celui de *MARCHE*, à l'inftant où fa fection aura achevé de démafquer la deuxième.

266. La deuxième fection continuera pendant ce temps à marcher droit en avant au même pas, & la première, après l'avoir démafquée, marquera le pas pour attendre la deuxième, à laquelle elle fe réunira.

267. On formera le peloton dans une colonne, ayant la gauche en tête, par les moyens inverfes, en appliquant à la deuxième fection tout ce qui a été prefcrit pour la première, & réciproquement.

268. Le Guide de la deuxième fection, placé au flanc droit de cette fection, fe portera au flanc gauche dès qu'elle commencera à obliquer ; le Guide de la première, placé au flanc droit de cette fection, y reftera.

269. L'Inftructeur exercera enfuite le peloton à fe rompre & à fe reformer au pas de route, ce qui s'exécutera par les mêmes commandemens & les mêmes moyens qu'au pas cadencé, avec cette feule différence, que dans la fection qui devra obliquer, chaque homme fera un *demi à droite* ou un *demi à gauche*, au lieu de maintenir fes épaules carrément en ligne, comme il a été prefcrit de le faire en obliquant au pas cadencé.

270. L'Inftructeur fera auffi quelquefois rompre & former le peloton à fon commandement ; il fera alors ceux qui ont été prefcrits ci-deffus pour le Chef de peloton.

Obfervations relatives au mouvement de rompre & former le peloton.

271. En rompant & en formant le peloton, il eft néceffaire que les fections alongent bien le pas en obliquant, pour éviter de

perdre du terrain , & pour ne pas arrêter la marche de la fubdivifion fuivante.

272. Si en rompant le peloton , la fection qui doit rompre mar-
quoit le pas trop long-temps , elle pourroit arrêter la marche
du peloton fuivant, ce qui feroit alonger la colonne.

273. Si en rompant ou en formant le peloton , les fections
obliquoient trop long-temps , elles feroient obligées d'obliquer
enfuite en fens contraire pour réparer cette faute , & par-là le
peloton fuivant pourroit fe trouver arrêté dans fa marche.

274. Lorfque dans une colonne de plufieurs pelotons on rompra
les pelotons fucceffivement : il eft de la plus grande importance
que chaque peloton continue à marcher le même pas , fans le
raccourcir ni le ralentir , pendant que celui qui le précède
rompra , quand même il feroit obligé de ferrer entièrement
fur ce dernier : cette attention eft indifpenfable pour prévenir
l'alongement de la colonne.

275. Des fautes peu fenfibles dans une colonne d'un petit nombre
de pelotons , auroient des inconvéniens graves dans une colonne
de plufieurs bataillons ; ainfi l'Inftructeur doit veiller avec le
plus grand foin à l'obfervation des principes prefcrits ; & pour
cet effet , il fe placera fur le flanc du côté de la direction ,
d'où il pourra le mieux apercevoir tous les mouvemens.

A R T I C L E 4.

Contre-marche.

276. Le peloton étant de pied ferme , & fuppofé faire partie
d'une colonne, la droite en tête, l'Inftructeur voulant lui faire
exécuter la contre-marche , commandera :

1.

Contre-marche.

2.

Peloton par le flanc droit.

3.

À DROITE.

PL. IX.
Fig. 3.

4.
Par file à gauche.

5.
MARCHE.

277. Au troisième commandement, le peloton fera à droite; le Chef de peloton se portera à côté du Guide de droite, & le Guide de gauche fera *demi-tour à droite.*

278. Au commandement de *marche*, le Guide de gauche ne bougera pas, le peloton partira vivement; la première file conduite par le Chef de peloton, exécutera une demi-converfion à gauche, & se dirigera ensuite en passant devant le premier rang, de manière à arriver à deux pas en arrière du Guide de gauche qui n'aura pas suivi le mouvement du peloton; chaque file viendra converfer succeffivement à la même place que la première, & par les mêmes principes. La première file étant arrivée à hauteur du Guide de gauche, le Chef de peloton commandera:

1.
Peloton.

2.
HALTE.

3.
FRONT.

4.
A droite $=$ *ALIGNEMENT.*

279. Le premier commandement se fera à deux pas du point où le peloton devra arrêter.

280. Au deuxième, le peloton arrêtera.

281. Au troisième, le peloton fera face par le premier rang.

282. Au quatrième, le peloton se portera sur l'alignement indiqué par la position du Guide de gauche; l'homme de droite du premier rang se placera à la gauche & à côté de lui; le Chef de peloton se placera en dehors de ce Guide, à environ deux pas de distance, & dirigera l'alignement; ce qui étant achevé, il commandera *FIXE*, & se portera devant le centre de son peloton : le Sous-officier de remplacement se placera alors à la droite du premier rang, & le Guide de gauche qui s'y trouvoit, se portera à la gauche du même rang.

283. Dans une colonne, la gauche en tête, la contre-marche

s'exécutera

s'exécutera par les commandemens & moyens inverfes, mais d'après les mêmes principes ; ainfi le mouvement fe fera par le flanc droit des fubdivifions, fi la droite eft en tête ; par le flanc gauche, fi la gauche eft en tête, paffant toujours devant le 1.ᵉʳ rang.

284. Enfin, fi la colonne étoit formée par fection, la contre-marche s'exécuteroit par les mêmes commandemens, & de la même manière que dans une colonne par peloton.

A R T I C L E 5.

Étant en colonne par fection, fe former fur la droite ou fur la gauche en bataille.

285. La colonne étant en marche par fection, la droite en tête, l'Inftructeur voulant la former fur la droite en bataille, commandera :

1.

Sur la droite en bataille.

2.

Guide à droite.

286. Au fecond commandement, le Guide de chaque fection fe portera légèrement fur le flanc droit de fa fection, & les Soldats prendront le tact des coudes à droite ; la colonne continuera à marcher droit devant elle.

287. L'Inftructeur ayant fait fon fecond commandement, fe portera légèrement au point où il voudra appuyer la droite du peloton en bataille, & s'y placera face au point de direction de gauche qu'il choifira.

288. La ligne de bataille devra être telle que chaque fection, après avoir tourné à droite, ait au moins quatre pas à faire pour y arriver.

289. La tête de la colonne étant prête d'arriver à hauteur de l'Inftructeur placé au point d'appui, le Chef de la première fection commandera :

E e

Tournez à droite.

290. Et lorsqu'elle fera vis-à-vis l'Inftructeur, le Chef de fection commandera :

MARCHE.

291. Au commandement *marche*, la première fection tournera à droite, en fe conformant à ce qui a été prefcrit dans l'École du Soldat, N.° 270, & fe portera enfuite en avant ; le Guide fe dirigera de manière que l'homme du premier rang, placé à côté de lui, arrive vis-à-vis l'Inftructeur ; le Chef de peloton marchera à deux pas devant le centre de la première fection, & lorfqu'elle fera arrivée à hauteur de l'Inftructeur, il commandera :

1.

Section.

2.

HALTE.

292. Au commandement de *halte*, la fection arrêtera ; le Guide fe portera auffitôt fur la ligne de bataille, vis-à-vis l'une des trois files de gauche de fa fection, & fera face à l'Inftructeur qui l'alignera fur le point de direction de gauche ; le Chef de peloton fe portera en même temps au point où devra s'appuyer la droite du peloton, & commandera :

À droite = ALIGNEMENT.

293. A ce commandement, la première fection s'alignera.

294. La deuxième fection continuera à marcher droit devant elle, jufqu'à ce qu'elle arrive vis-à-vis le flanc gauche de la première, alors elle tournera à droite au commandement de fon Chef, & fe portera enfuite vers la ligne de bataille, le Guide fe dirigeant fur la file de gauche de la première fection.

295. La deuxième fection étant arrivée à deux pas de la ligne de bataille, fera arrêtée par fon Chef, par les commandemens prefcrits pour la première ; à l'inftant où elle arrêtera, le Guide fe portera légèrement fur la direction face au Guide de la première fection, & y fera affuré par l'Inftructeur ; il obfervera de fe placer vis-à-vis l'une des trois files de gauche de la fection.

296. Le Chef de la deuxième fection voyant fon Guide établi fur la ligne de bataille, commandera :

A droite == *ALIGNEMENT.*

297. Le Chef de la feconde fection ayant fait ce commandement, fe portera en ferre-file; la feconde fection fe portera fur l'alignement de la première.

298. L'homme de chaque fection qui correfpond au Guide de fa fection, appuiera toûjours fa poitrine légèrement contre le bras de ce Guide, à l'inftant où la fection fe portera fur l'alignement.

299. L'Inftructeur voyant le peloton en bataille, commandera:

Guides == *À VOS PLACES.*

300. A ce commandement, le Sous-officier de remplacement fe portera derrière le Chef de peloton; le Guide de fa feconde fection fe portera en ferre-file.

301. Une colonne par fection, la gauche en tête, fe formera *fur la gauche en bataille,* d'après les mêmes principes; l'Inftructeur commandera:

1.

Sur la gauche en bataille.

2.

Guide à gauche.

302. Au fecond commandement, le Guide de chaque fection fe portera légèrement fur le flanc gauche de la fection; les Soldats prendront le tact des coudes à gauche, la colonne continuera à marcher droit devant elle.

303. L'Inftructeur ayant fait fon fecond commandement, fe portera légèrement au point où il voudra appuyer le flanc gauche du peloton en bataille, & s'y placera face au point de direction de droite qu'il choifira.

304. L'Inftructeur obfervera de fe placer de manière que chaque fection, après avoir tourné pour fe porter fur la ligne de bataille, ait au moins quatre pas à faire pour arriver fur cette ligne.

305. La tête de la colonne étant prête d'arriver vis-à-vis l'Inftructeur placé au point d'appui, le Chef de la feconde fection commandera:

Tournez à gauche.

Et lorfqu'elle fera arrivée vis-à-vis de l'Inftructeur, le Chef de fection commandera:

MARCHE.

306.   Au commandement *marche*, la seconde section tournera à gauche en se conformant à ce qui a été prescrit dans l'École du Soldat, N.º 270, & se portera ensuite droit en avant; le Guide se dirigèra de manière que l'homme du premier rang placé à côté de lui, arrive vis-à-vis l'Instructeur; le Chef de section marchera devant le centre de sa section, & lorsque la deuxième section sera arrivée à hauteur de l'Instructeur, son Chef commandera:

Section.

HALTE.

307.   Au commandement de *halte*, la seconde section s'arrêtera; le Guide se portera aussitôt sur la ligne de bataille vis-à-vis l'une des trois files de droite de sa section, & fera face à l'Instructeur, qui l'alignera sur le point de direction de droite; le Chef de la seconde section se portera en même temps au point où devra s'appuyer la gauche du peloton; & commandera:

A gauche = ALIGNEMENT.

308.   A ce commandement, la seconde section s'alignera, l'homme du premier rang qui correspond au Guide, appuiera légèrement sa poitrine contre le bras gauche de ce Guide, & le Chef de la seconde section en dirigera l'alignement sur cet homme.

309.   La première section continuera à marcher droit devant elle, jusqu'à ce qu'elle soit arrivée à hauteur du flanc droit de la seconde; alors elle tournera à gauche au commandement de son Chef, se portera ensuite en avant: le Guide se dirigera sur la file de droite de la seconde section.

310.   La première section étant arrivée à deux pas de la ligne de bataille, sera arrêtée par son Chef, par les commandemens prescrits pour la seconde; à l'instant où elle arrêtera, le Guide se portera légèrement sur la direction, face au Guide de la seconde section, & y sera assurée par l'Instructeur: il observera de se placer vis-à-vis l'une des trois files de droite de sa section. Le Chef de peloton se portera en même temps à la gauche du peloton, à la place du Chef de la seconde section qui se portera en serre-file.

311.   Le Chef de peloton s'étant placé à la gauche de son peloton, commandera aussitôt:

A gauche =

A gauche = *ALIGNEMENT.*

312.   A ce commandement, la première section se portera sur la ligne, le Chef de peloton en dirigera l'alignement sur l'homme de droite qui correspond au Guide de cette section.

313.   L'Instructeur voyant le peloton en bataille, commandera :

Guides = *à VOS PLACES.*

314.   A ce commandement, le Chef de peloton se portera à la droite de son peloton, le Sous-officier de remplacement se portera derrière lui au troisième rang, & le Guide de la seconde section se portera en serre-file.

Observations générales relatives à l'École du peloton.

315.   L'Instructeur fera souvent prendre l'arme au bras dans l'exécution des quatre dernières leçons, & habituera les Soldats à marcher ainsi avec la même régularité & précision que s'ils portoient l'arme, ce qui est un grand moyen de leur épargner de la fatigue, & d'empêcher qu'ils ne se négligent sur le port d'armes qui doit être toujours régulier. Lorsque le Soldat portera l'arme au bras en marchant, il lui sera permis de laisser la main droite à la poignée du fusil, ou de la laisser tomber sur le côté, selon qu'il y trouvera plus d'aisance.

316.   Le Soldat pourra de même, au pas de route, porter son arme de la manière qu'il trouvera la plus commode, ayant seulement attention que le bout du fusil soit assez élevé pour prévenir les accidens.

317.   Lorsque les compagnies devront être exercées en détail à l'École du peloton, le commandant du régiment ou celui du bataillon, si c'est un seul bataillon, indiquera la leçon ou les leçons qu'elles devront exécuter, & donnera toujours par un roulement le signal pour commencer toutes ensemble. A mesure que les compagnies acheveront chaque leçon, elles reposeront sur les armes ; & lorsque le Commandant du régiment ou du bataillon voudra faire recommencer, il fera battre de nouveau un roulement.

F f

INSTRUCTION POUR TIRER A LA CIBLE.

L'importance dont il eſt d'apprendre aux Soldats à tirer avec juſteſſe, eſt généralement reconnue.

Pour remplir cet objet eſſentiel de leur inſtruction, on emploîra les moyens ſuivans.

On fera faire une ou pluſieurs cibles par bataillon ; la cible aura cinq pieds & demi de haut, & vingt-un pouces de large : le milieu ſera marqué par une bande de couleur tranchante de trois pouces de large, tracée horizontalement ; l'extrémité ſupérieure ſera marquée par une bande ſemblable.

Les Soldats feront exercés à tirer à ce but, d'abord à 50 toiſes, enſuite à 100 toiſes, & finalement à 150.

A 50 ainſi qu'à 100 toiſes, les Soldats viſeront à la bande inférieure ; à 150 toiſes ils viſeront à la bande ſupérieure : on les fera tirer homme par homme, d'abord ſans commandement, & enſuite au commandement lorſqu'ils auront appris à ajuſter avec préciſion.

On leur recommandera de bien appuyer la croſſe contre l'épaule droite dans la poſition de *joue*, de bien ſoutènir l'arme de la main gauche, & d'aligner promptement la culaſſe & le bout du canon ſur la bande à laquelle ils devront viſer : on leur fera quelquefois le commandement de *redreſſez* $=$ *VOS ARMES*, après celui de *JOUE*, afin qu'ils acquièrent de la facilité à tomber en joue dans la direction du but, & à ajuſter promptement.

On leur recommandera auſſi d'appuyer avec force le premier doigt ſur la détente au commandement *feu*, ſans remuer la tête, ni déranger le moins du monde la direction de l'arme ; & pour mieux faire obſerver ces principes eſſentiels, on fera reſter les hommes dans la poſition de *joue* après avoir tiré, & juſqu'au commandement de *chargez*.

Tous les Caporaux, Grenadiers & Fuſiliers paſſeront chaque année à cette École, & on y affectera la majeure partie des munitions deſtinées aux exercices. On notera dans chaque compagnie les meilleurs tireurs.

Les recrues de chaque année feront inftruits avec un foin particulier à tirer à la cible, après qu'ils auront été exercés à tirer en blanc & à poudre.

On aura foin de faire ramaffer les balles que l'on pourra retrouver, afin de les refondre.

MANIEMENT DE L'ARME DES SOUS-OFFICIERS.

Les Sous-officiers de grenadiers & de fufiliers auront toujours, ainfi que la troupe, la baïonnette au bout du fufil.

Les Sous-officiers de remplacement & de ferre-file, ainfi que ceux attachés à la garde du drapeau, porteront l'arme ainfi qu'il va être prefcrit :

Port de l'arme.

L'arme dans le bras droit & au défaut de l'épaule, le canon en arrière & d'aplomb, la baguette en dehors, le bras droit prefque alongé, la main droite embraffant le chien & la fougarde, la croffe à plat le long de la cuiffe droite, la main gauche pendante fur le côté derrière le fabre.

Préfentez = VOS ARMES.

Un temps & deux mouvemens.

Premier mouvement.

Porter l'arme avec la main droite d'aplomb vis-à-vis l'œil gauche, la baguette en avant, le chien à hauteur du dernier bouton de la vefte, empoigner en même temps l'arme brufquement avec la main gauche, le petit doigt de cette main contre le reffort de la batterie, le pouce alongé le long du canon contre la monture, l'avant-bras gauche collé au corps fans être gêné, refter face en tête fans bouger les pieds.

Deuxième mouvement.

Empoigner l'arme de la main droite au-deffous & contre la fougarde, comme les Soldats.

Portez = VOS ARMES.

Un temps & deux mouvemens.

Premier mouvement.

Gliffer la main gauche jufqu'à la hauteur de l'épaule, & porter avec cette main l'arme d'aplomb contre l'épaule droite ; empoigner avec la main droite le chien & la fougarde, le bras droit prefque alongé.

Deuxième mouvement.

Laiffer tomber la main gauche pendante derrière le fabre.

Repofez vous = SUR VOS ARMES.

Un temps & deux mouvemens.

Premier mouvement.

Porter brufquement la main gauche à la capucine du milieu, détacher un peu l'arme de l'épaule avec la main droite, lâcher en même temps la main droite, defcendre l'arme de la main gauche, la refaifir avec la main droite au-deffus de la première capucine d'en bas, le pouce droit fur le canon pour l'empoigner, les quatre doigts alongés fur le bois, l'arme d'aplomb, la croffe à trois pouces de terre, le talon de la croffe dirigé fur le côté de la pointe du pied droit, & laiffer tomber la main gauche derrière le fabre.

Deuxième mouvement.

Laiffer gliffer l'arme dans la main droite, en ouvrant un peu les doigts, de manière que le talon de la croffe fe place à côté & contre la pointe du pied droit.

Vos armes = À TERRE.

Comme le Soldat.

Relevez = VOS ARMES.

Comme le Soldat.

Portez = VOS ARMES.

Un temps & deux mouvemens.

Premier mouvement.

Élever l'arme perpendiculairement avec la main droite à hauteur du teton droit, vis-à-vis de l'épaule, à deux pouces du corps, le coude droit y reftant joint ; faifir l'arme de la main

gauche

gauche au-deſſous de la main droite, à la première capucine, & auſſitôt deſcendre la main droite pour empoigner la fougarde & le chien en appuyant l'arme à l'épaule.

Deuxième mouvement.

Laiſſer tomber la main gauche pendante derrière le ſabre, le bras droit preſque alongé.

L'arme = AU BRAS.

Un temps & trois mouvemens.

Premier mouvement.

Porter l'arme en avant avec la main droite entre les deux yeux & d'aplomb, la baguette en dehors; ſaiſir l'arme de la main gauche à le première capucine d'en bas, la relever à hauteur du menton, & empoigner en même temps l'arme de la main droite à quatre pouces au-deſſous de la platine.

Deuxième mouvement.

Retourner l'arme avec la main droite, le canon en dehors, l'appuyer à l'épaule gauche, & paſſer l'avant-bras gauche horizontalement ſur la poitrine, entre la main droite & le chien qui ſera appuyé ſur l'avant-bras gauche, la main gauche ſur le teton droit.

Troiſième mouvement.

Laiſſer tomber la main droite pendante ſur le côté.

Portez = VOS ARMES.

Un temps & trois mouvemens.

Premier mouvement.

Empoigner l'arme avec la main droite au-deſſous & contre l'avant bras gauche.

Deuxième mouvement.

Porter l'arme avec la main droite, d'aplomb contre l'épaule droite, la baguette en avant, la ſaiſir avec la main gauche à hauteur de l'épaule droite, tourner en même temps la main

G g

droite pour empoigner la fougarde & le chien, le bras droit prefque alongé.

Troifième mouvement.

Laiffez tomber la main gauche pendante derrière le fabre.

Maniement du fufil des Caporaux.

Lorfque les Caporaux feront dans le rang, ils porteront l'arme comme le Soldat; mais s'ils doivent être en ferre-file, ou s'ils doivent marcher à la tête d'une troupe ou d'une pofe de fentinelles, ils porteront le fufil dans le bras droit, comme les Sergens, ce qui s'exécutera de la manière fuivante.

Portez l'arme = COMME SERGENT.

Un temps & trois mouvemens.

Premier mouvement.

Empoignez l'arme avec la main droite, en tournant la platine en deffus comme au premier mouvement de *préfentez = VOS ARMES.*

Deuxième mouvement.

Porter l'arme d'aplomb avec la main droite contre l'épaule droite, la baguette en dehors, le bras droit prefque alongé, la main droite empoignant le chien & la fougarde; faifir l'arme avec la main gauche à hauteur de l'épaule.

Troifième mouvement.

Laiffer tomber la main gauche pendante derrière le fabre.

Portez l'arme = COMME SOLDAT.

Un temps & trois mouvemens.

Premier mouvement.

Détacher l'arme de l'épaule droite, la porter d'aplomb entre les deux yeux; la faifir avec la main gauche à hauteur de la cravatte, prendre avec la main droite l'arme à la poignée, la fixant à hauteur du dernier bouton de la vefte, la baguette en avant.

Deuxième mouvement.

Élever l'arme avec la main droite, le pouce alongé le long de la contre-platine, tourner le canon en dehors; placer l'arme contre l'épaule gauche, defcendre en même temps la main gauche fous la croffe.

Troifième mouvement.

Laiffer tomber la main droite fur le côté.

Maniement de l'épée des Officiers.

Port de l'épée dans le rang.

La poignée dans la main droite qui fera placée à hauteur & contre la hanche droite, la lame appuyée à l'épaule.

Port de l'épée hors du rang.

La poignée dans la main droite qui fera placée en avant de la hanche droite, la lame dans la main gauche, la pointe dépaffant de quatre doigts le pouce de la main gauche qui fera alongé fur la lame, le coude gauche plié, l'avant-bras un peu en avant, la main gauche vis-à-vis & à quatre pouces plus bas que l'épaule gauche.

Repofez-vous = *SUR VOS ARMES.*

Renverfer la main & la poignée, les ongles en deffus, le bras droit tendu, la pointe de la lame un peu en avant, & à deux pouces de terre.

Salut de l'épée foit dans le rang, foit en marchant.

Quatre temps.

Un.... Elever l'épée perpendiculairement la pointe en haut, la lame plate vis-à-vis l'œil droit, la garde à hauteur du teton droit, le coude appuyé au corps.

Deux.. Baiffer brufquement la lame en étendant le bras, de manière que la main droite foit placée à côté de la cuiffe droite, & refter dans cette pofition, jufqu'à ce que la perfonne qu'on aura faluée foit dépaffée de deux pas.

Trois... Relever l'épée brufquement, la tenant comme au premier temps ci-deffus.

Quatre.. Porter l'épée à l'épaule droite, ou bien abaiffer la lame dans la main gauche.

Salut du Drapeau.

Dans le rang, les Porte-drapeaux porteront toujours le drapeau

le talon à la hanche droite, foit de pied ferme foit en marchant; & lorfque les drapeaux devront rendre des honneurs, les Porte-drapeaux falueront de la manière fuivante.

La perfonne qu'on devra faluer étant éloignée de fix pas, baiffer doucement la lance jufqu'à fix pouces de terre en reftant face en tête, fans que le talon du drapeau quitte la hanche; relever doucement la lance lorfque la perfonne qu'on aura faluée fera dépaffée de deux pas.

Inftruction pour le Tambour-major.

La place des Tambours en bataille a été déterminée dans le titre I.ᵉʳ.

En colonne de manœuvre, les Tambours marcheront à hauteur du cinquième peloton de leur bataillon, du côté oppofé au Guide.

Dans la colonne en route, ainfi que dans le paffage du défilé en avant & en retraite, ils marcheront à la tête de leurs bataillons refpeétifs, dans les intervalles.

Signaux du Tambour-major pour les différentes batteries.

1.ᵒ *La générale*... Etendre le bras droit, empoigner la canne au milieu, & élever la pomme à hauteur de la cravatte.

2.ᵒ *L'Affemblée*... Etendre le bras, élever la canne à peu-près d'un pied de terre en mettant le pouce fur la pomme.

3.ᵒ *Le Rappel*.... Metre la canne fur l'épaule droite, le bout en arrière.

4.ᵒ *Aux Drapeaux.* Elever le bras, tourner le poignet en dedans de façon que la canne croife horizontalement devant foi à hauteur de la cravatte.

5.ᵒ *Aux Champs*.. Elever la canne perpendiculairemen , le bout en haut, le bras étendu à hauteur de l'épaule droite.

6.ᵒ *Le Pas accéléré.* Porter la canne direétement devant foi ; le bout en avant, le bras étendu.

7.ᵒ *La Retraite*... Paffer la canne croifée derrière le dos.

8.ᵒ *La Meffe*..... Porter la pomme de la canne fur l'épaule droite.

9.ᵒ La

9.º *La Berloque* . . . Prendre la canne par le cordon, & étendre le bras à hauteur de l'épaule.

10.º *Aux Armes* . . . Porter la canne sur l'épaule gauche, le bout en arrière.

Signaux pour les évolutions des Tambours.

1.º Pour faire marcher par le flanc droit, prendre la canne par le milieu & étendre le bras à droite.

2.º Pour faire marcher par le flanc gauche, faire le même signal en étendant le bras à gauche.

3.º Pour faire rompre le peloton, laisser tomber le bout de la canne dans la main gauche à hauteur des yeux.

4.º Pour former le peloton, laisser tomber la pomme de la canne dans la main gauche à hauteur des yeux.

5.º Pour faire changer de direction, se tourner à demi vers les Tambours, & leur indiquer par un mouvement de sa canne de quel côté ils devront tourner.

6.º Pour faire marcher obliquement à droite, étendre le bras droit à hauteur de l'épaule, tenir la canne de biais, & en empoigner le bout de la main gauche à hauteur de la hanche.

7.º Pour faire marcher obliquement à gauche, faire le signal inverse; la pomme de la canne indiquera toujours le côté vers lequel on devra obliquer.

Poser la Caisse à terre.

Trois mouvemens.

1.º *Remettre les Baguettes* . . . Empoigner la canne au-dessous de la pomme, l'élever à hauteur des yeux en étendant le bras en avant.

2.º *Défaire la Caisse* . . . . . Rapprocher la pomme contre la poitrine.

3.º *Poser la Caisse à terre* . . . Comme pour remettre les baguettes.

1.º *Relever la Caisse* . . . ⎫ Faire les mêmes signaux avec la canne
2.º *Rattacher la Caisse.* ⎬ que pour remettre les baguettes, pour
3.º *Tirer les Baguettes* . ⎭ défaire la caisse, & pour la poser à terre.

H h

TITRE IV.

École de Bataillon.

L'École de bataillon fera divifée en cinq parties.

La première comprendra la manière d'ouvrir les rangs, & d'exécuter les divers feux de pied ferme.

La deuxième, les différentes manières de paffer de l'ordre en bataille à l'ordre en colonne.

La troifième comprendra la marche en colonne, & divers autres mouvemens relatifs à la colonne.

La quatrième, les différentes manières de paffer de l'ordre en colonne à l'ordre en bataille.

La cinquième comprendra la marche en bataille en avant & en retraite, la marche par le flanc, la formation par file en bataille, le paffage du défilé en retraite, le paffage des lignes, les changemens de front, la colonne d'attaque & le ralliement.

Cette École ayant pour objet d'inftruire les bataillons individuellement, & de les préparer ainfi pour tout ce qu'ils pourront être dans le cas d'exécuter dans une ligne, & l'harmonie des mouvemens en grand dépendant néceffairement de l'inftruction individuelle des bataillons, de l'uniformité des commandemens, des principes & des moyens d'exécution, les Chefs de bataillon fe conformeront littéralement à tout ce qui fera prefcrit ci-après, fans y rien ajouter ni en retrancher ; ils s'attacheront auffi à faire exécuter tous les mouvemens avec le plus grand calme, fang froid & régularité.

PREMIÈRE PARTIE.

ARTICLE PREMIER.

Ouvrir les Rangs.

[1.] Le Chef de bataillon voulant faire ouvrir les rangs, commandera :

I.

En arrière ouvrez vos rangs.

2.

MARCHE.

2. Au premier commandement, tous les Chefs de peloton & sous-officiers de remplacement, ainsi que les deux serre-files qui ferment la gauche du bataillon au premier & au troisième rang, se porteront légèrement en arrière pour aller tracer l'alignement où devront se placer les deux derniers rangs.

3. Les Chefs de peloton & le serre-file placé à la gauche du premier rang du bataillon, viendront s'enchâsser dans le rang des serre-files vis-à-vis de leur créneau, & s'aligneront exactement sur ce rang, lequel ne bougera; les Sous-officiers de remplacement & le Caporal placé à la gauche du troisième rang, se porteront à quatre pas ou huit pieds en arrière du rang des serre-files, vis-à-vis de leur créneau, jugeront cette distance à l'œil, & s'aligneront à droite.

4. Le Chef de bataillon se portera à la droite du rang des serre-files, & veillera à ce que les Chefs de peloton s'enchâssent exactement dans ce rang, dont il devra avoir soin de vérifier l'alignement avant de faire son premier commandement.

5. L'Adjudant se portera à la droite du rang des Sous-officiers de remplacement, & en dirigera l'alignement sur le serre-file qui fermoit la gauche du troisième rang du bataillon, lequel devra observer de se placer exactement à quatre pas en arrière du rang des serre-files, & d'élever son arme perpendiculairement entre les deux yeux, afin d'indiquer à l'Adjudant la direction qu'il devra donner au rang des Sous-officiers de remplacement.

6. Au commandement de *marche*, les deux derniers rangs du bataillon, ainsi que le rang des serre-files, se porteront en arrière au pas ordinaire, & sans compter les pas; les soldats dépasseront un peu leurs rangs respectifs, s'arrêteront & se placeront d'eux-mêmes sur l'alignement des Chefs de peloton & des Sous-officiers de remplacement, qui auront soin de les encadrer correctement dans leurs intervalles.

7. Le rang des serre-files se portera à deux pas en arrière du troisième rang du bataillon, & s'alignera à droite. L'Adjudant-major placé à la droite de ce rang, l'alignera sur le serre-file de gauche, lequel devra observer de se placer exactement à deux pas en arrière du dernier rang du bataillon, & d'élever son arme perpendiculairement entre les deux yeux.

8. Le Chef de bataillon, voyant les rangs alignés, commandera :

3.

F i x e.

9. A ce commandement, les Chefs de peloton, ainfi que le ferre-file qui fermoit la gauche du premier rang du bataillon, reprendront leurs places au premier rang.

A R T I C L E 2.

Maniement des armes.

10. Le Chef de bataillon pourra, avant de faire ferrer les rangs, faire exécuter les mouvemens d'armes fuivans :

Préfenter les armes.

Porter les armes.

Repofer fur les armes.

Porter les armes.

L'arme au bras.

Porter les armes.

La charge précipitée.

11. Le Chef de bataillon furveillera l'exécution du premier rang, l'Adjudant-major celle du troifième, & l'Adjudant celle du fecond rang. Les Officiers & Sous-officiers placés dans le rang, feront toujours un demi à droite au premier temps de la charge comme les Soldats, & fe remettront face en tête, lorfque le Soldat de leur peloton qui eft à côté d'eux paffera l'arme à gauche.

A R T I C L E 3.

La charge à volonté & les feux.

12. Le Chef de bataillon fera ferrer les rangs par les commandemens prefcrits pour l'Inftructeur dans l'École de peloton, N.° 26, & fera enfuite exécuter la charge à volonté.

13. Le Chef de bataillon fera exécuter les feux de peloton,

de

de demi-bataillon, de bataillon & de deux rangs, par les commandemens qui feront prefcrits ci-après.

14. Le feu de peloton & celui de deux rangs ne feront jamais que directs ; le feu de bataillon ou de demi-bataillon pourra être ou direct ou oblique.

15. Lorfque le feu devra être oblique , le Chef de bataillon fera chaque fois le commandement d'avertiffement *oblique à droite* (ou *oblique à gauche*) après celui *ARMES,* & avant celui *JOUE.*

16. Le feu de peloton s'exécutera alternativement par le premier & le fecond peloton de chaque divifion, comme fi la divifion étoit ifolée ; le premier peloton tirera d'abord ; le Chef du fecond peloton ne fera fon premier commandement que lorfqu'il verra une ou deux armes portées dans le premier ; le Chef du premier peloton obfervera à fon tour la même règle à l'égard du fecond , & le feu continuera ainfi alternativement.

17. Le Chef de bataillon obfervera la même gradation dans le feu de demi-bataillon ; elle aura lieu également dans le feu de bataillon entre les bataillons pairs & impairs , lorfqu'il y en aura plufieurs réunis.

18. Le feu de deux rangs commencera dans tous les pelotons à la fois , & conformément à ce qui a été prefcrit dans l'École du peloton , N.° 53.

19. La garde du drapeau ne tirera point ; elle reftera au port d'armes pendant les feux.

20. Le Chef de bataillon fera ceffer les feux par un roulement très-court qui fera fuivi d'un coup de baguette ; au fignal du coup de baguette, les Chefs de peloton , les Sous-officiers de remplacement & la garde du drapeau reprendront vivement leurs places de bataille.

21. A l'inftant où le roulement commencera , les Soldats exécuteront ce qui a été prefcrit dans l'École de peloton, N.° 54.

2 2. Dans les *repos*, les Chefs de peloton, Sous-officiers de remplacement & ferre-files, ne quitteront leurs rangs qu'en cas de néceffité, & les Chefs de peloton auront alors foin de fe faire remplacer exactement par leur Sous-officier de remplacement, afin que le cadre de l'alignement reftant toujours le même, il n'y ait jamais rien à rectifier après le *repos*, fi ce n'eft dans l'intérieur des pelotons.

2 3. Le Chef de bataillon commandera toujours les feux derrière fon bataillon, fe plaçant là d'où il pourra le mieux fe faire entendre.

2 4. L'Adjudant-major fe placera pendant l'exécution des feux, derrière le centre du demi-bataillon de droite, & l'Adjudant de même derrière le demi-bataillon de gauche, l'un & l'autre à environ huit pas des ferre-files; dans les *repos*, ils rendront compte au Chef de bataillon des fautes qu'ils auront remarquées.

Feu de peloton.

2 5. Le Chef de bataillon voulant faire exécuter le feu de peloton, commandera :

1.

Feu de peloton.

2.

Commencez le feu.

2 6. Au premier commandement, les Chefs de peloton & Sous-officiers de remplacement fe porteront aux places qui leur font indiquées dans l'École de peloton, N.ºs 45 & 46.

2 7. Le drapeau & fa garde reculeront de manière que le premier rang de ces trois files fe trouve à hauteur du troifième rang du bataillon.

2 8. Au deuxième, les pelotons impairs commenceront le feu, leurs Chefs leur feront les commandemens prefcrits dans l'École de peloton, N.° 47. en obfervant d'ajouter à celui *peloton*, la dénomination de *premier, troifième, cinquième* ou *feptième*, fuivant le numéro de chacun.

2 9. Les Chefs des pelotons pairs feront à leur tour les mêmes commandemens, en ajoutant de même la dénomination du N.° de leur peloton, ainfi de fuite alternativement.

30. Pour éviter que les pelotons impairs commençant enfemble ne tirent tous à la fois, les Chefs de ces pelotons obferveront, mais pour le premier feu feulement, de ne faire le commandement de *FEU* que l'un après l'autre ; ainfi le Chef du troifième peloton ne fera les commandemens de *JOUE* & *FEU* qu'après avoir entendu le feu du premier peloton ; le Chef du cinquième obfervera la même règle à l'égard du troifième, & le Chef du feptième à l'égard du cinquième.

Feu de demi-Bataillon.

31. Lorfque le Chef de bataillon voudra faire exécuter le feu de demi-bataillon , il commandera :

1.

Feu de demi-Bataillon.

2.

demi-Bataillon de droite.

3.

A R M E S.

4.

J O U E.

5.

F E U.

6.

C H A R G E Z.

32. Le Chef de bataillon fera tirer alternativement les demi-bataillons de droite & de gauche, en fe conformant à ce qui a été prefcrit ci-deffus, N.° 17, pour la gradation qui doit être obfervée dans l'exécution de ce feu.

Feu de Bataillon.

33. Le Chef de bataillon fera exécuter le feu de bataillon par les mêmes commandemens que le feu de demi-bataillon , en obfervant feulement de fubftituer la dénomination de *bataillon*

à celles de *demi-bataillon* & de *demi-bataillon de droite* (ou *de gauche*).

Feu de deux rangs.

34. Pour faire exécuter le feu de deux rangs, le Chef de bataillon commandera :

1.

Feu de deux rangs.

2.

Bataillon.

3.

A R M E S.

Commencez le feu.

35. Dans les feux de demi-bataillon, de bataillon & de deux rangs, les Chefs de peloton se porteront, au premier commandement du Chef de bataillon, à un pas en arrière du troisième rang, vis-à-vis leur créneau, & les Sous-officiers de remplacement se porteront, comme dans le feu de peloton, sur l'alignement des serre-files derrière les Chefs de peloton.

36. Le drapeau & sa garde se placeront au même commandement, comme il a été prescrit dans le feu de peloton.

Feu en arrière.

37. Lorsque le Chef de bataillon voudra faire exécuter les feux en arrière, il commandera :

1.

Feu en arrière.

2.

Bataillon.

3.

D E M I - T O U R = À D R O I T E.

38. Au troisième commandement, les Chefs de peloton, Sous-officiers de remplacement & serre-files exécuteront ce qui a été prescrit dans l'École de peloton, N.ᵒˢ 58 & 59.

Les

39. Le bataillon faisant ainsi face en arrière, le Chef de bataillon fera exécuter les mêmes feux qu'en avant, & par les mêmes commandemens.

40. Le demi-bataillon de droite & celui de gauche conserveront leur même dénomination, quoiqu'ils ayent fait demi-tour à droite ; les pelotons conserveront aussi leur même dénomination de *premier, deuxième, troisième, &c.*

41. Le feu de deux rangs commencera par la gauche de chaque peloton, devenue droite.

42. Les Chefs de peloton, les Sous-officiers de remplacement & la garde du drapeau prendront les places qui leur sont indiquées dans les feux en avant, & s'y porteront de même au premier commandement du Chef de bataillon.

43. Le Chef de bataillon voulant le remettre face en avant, commandera :

I.

Face en tête.

2.

Bataillon.

3.

DEMI-TOUR ═ à DROITE.

44. Au troisième commandement, les Chefs de peloton, les Sous-officiers de remplacement & les serre-files exécuteront ce qui a été prescrit dans l'École de peloton, N.ºs 64 & 65.

Observations relatives aux feux.

45. Lorsqu'on tirera à poudre, le Chef de bataillon aura soin d'ordonner quelquefois aux Chefs de peloton de faire l'inspection des armes après les feux, ce qui s'exécutera comme il a été prescrit dans l'École de peloton, N.° 72.

46. Dans le feu de demi-bataillon, le Chef de bataillon ne fera tirer chaque demi-bataillon que lorsqu'il verra plusieurs armes chargées dans celui qui aura tiré précédemment ; cette

K k

règle s'obſervera également entre les bataillons pairs & impairs en ligne.

DEUXIÈME PARTIE.

Différentes manières de paſſer de l'ordre en bataille à l'ordre en colonne.

ARTICLE PREMIER.

Rompre à droite ou *à gauche.*

47. On rompra habituellement par peloton & au pas ordinaire.

48. Le Chef de bataillon fera rompre par les commandemens preſcrits pour l'Inſtructeur dans l'École du peloton, en ſubſtituant la dénomination de *peloton* à celle de *ſection.*

Pl. X.
Fig. 1.

49. Ce qui a été indiqué dans l'École de peloton pour rompre par ſection, fera exécuté pour rompre par peloton; les Chefs de peloton obſerveront à l'égard de leurs pelotons ce qui a été preſcrit aux Chefs de ſection à l'égard de leurs ſections, & le Chef de bataillon ce qui a été preſcrit pour l'Iinſtructeur.

50. Lorſque les pelotons de Grenadiers feront plus ou moins forts que ceux de Fuſiliers, le Chef de chacun de ces pelotons ayant arrêté la converſion, placera promptement ſon Guide à la diſtance & dans la direction où il devra être avant de faire le commandement d'alignement, & le peloton appuiera à ſon guide en s'alignant.

51. Les Chefs de peloton ayant commandé *FIXE*, aucun Guide ne bougera plus, quand même il ne ſeroit pas dans la direction des guides précédens, afin que l'erreur d'un peloton qui auroit trop converſé, ou pas aſſez, ne puiſſe pas ſe propager; les Guides qui ne ſeroient pas dans la direction, ne la reprendront que lorſque la colonne ſe mettra en marche.

52. Si cependant le Chef de bataillon vouloit le remettre immédiatement en bataille, il rectifieroit auparavant la poſition des Guides par les moyens preſcrits ci-après, N.ºs 218, 219, & ſuivans.

53. Toutes les fois qu'un bataillon rompra par peloton, si c'est à droite, le Sous-officier de remplacement de chacun, dénommé *Guide de droite* du peloton, se placera à côté de l'homme de droite du premier rang de son peloton, à l'inflant où le Chef de peloton arrêtera la converfion ; si c'est à gauche, le ferre-file le plus près de la gauche de chaque peloton, dénommé *Guide de gauche* du peloton, se placera à côté de l'homme de gauche du premier rang de son peloton à l'inflant où le Chef de peloton arrêtera la converfion ; ainfi, foit que la colonne ait la droite ou bien la gauche en tête, le premier rang de chaque peloton fera encadré entre fes deux Guides.

54. Dans une colonne par divifion, le Guide de droite du peloton impair de chacune, fera dénommé *Guide de droite* de la divifion, & fera placé au flanc droit de fa divifion ; & le Guide de gauche du peloton pair, fera dénommé *Guide de gauche* de la divifion, & fera placé au flanc gauche de la divifion.

55. Le bataillon étant rompu en colonne, l'Adjudant-major & l'Adjudant fe placeront fur le flanc du côté de la direction, l'Adjudant-major, à hauteur de la première fubdivifion, l'Adjudant à hauteur de la dernière. Le Chef de bataillon n'aura pas de place fixe lorfqu'il ne s'agira que d'inflruction, mais dans les colonnes compofées de plufieurs bataillons, les Chefs de bataillon fe placeront habituellement fur le flanc de la colonne du côté de la direction à huit ou dix pas des Guides, & à hauteur du centre de leur bataillon.

56. Lorfque le bataillon devra fe prolonger en colonne vers la droite ou la gauche, ou fe diriger perpendiculairement ou diagonalement en avant ou en arrière d'une des ailes, le Chef de bataillon le fera rompre par peloton à droite ou à gauche, comme Pl. X. il vient d'être prefcrit ; mais lorfqu'il devra rompre par la droite *Fig. 2.* pour marcher vers la gauche ou l'inverfe, le peloton de l'aile fe portera deux fois l'étendue de fon front en avant, pendant que les autres rompront, & à cet effet le Chef de bataillon commandera, *rompre par la droite pour marcher vers la gauche,* ou *rompre par la gauche pour marcher vers la droite,* avant de faire le commandement de *par peloton à droite (ou à gauche.)*

ARTICLE 2.

57. *Rompre en arrière à droite ou à gauche.*

Lorsque le Chef de bataillon voudra faire rompre en arrière à droite, il commandera:

I.

Par peloton en arrière à droite.

2.

Bataillon par le flanc droit.

PL. X.
Fig. 3.

3.

A DROITE.

4.

MARCHE.

58. Au premier commandement, les Chefs de peloton se porteront devant le centre de leurs pelotons respectifs.

59. Au deuxième, ils avertiront leurs pelotons qu'ils devront faire à droite.

60. Au troisième, le bataillon fera à droite, chaque Chef de peloton se portera légèrement à la droite de son peloton, fera déboîter les trois files de droite en arrière, la première de toute l'épaisseur des trois rangs, la seconde moins, la troisième ne faisant qu'avancer l'épaule gauche; ce qui étant exécuté, chaque Chef de peloton se portera à hauteur de la dernière file de gauche du peloton qui est immédiatement à la droite du sien, s'y plaçant de manière à appuyer légèrement sa poitrine contre le bras gauche de l'homme du premier rang de cette file. Le Chef de peloton de l'aile droite du bataillon se placera de la même manière que s'il y avoit un peloton à la droite du sien, & s'alignera sur les autres Chefs de peloton; le Sous-officier de remplacement de chaque peloton déboîtera en arrière en même temps que les trois files de droite, & se placera devant l'homme du premier rang de la première file pour le conduire.

61. Au commandement de *marche*, la première file de chaque peloton conversera à droite, & le Sous-officier de remplacement placé devant cette file, la conduira perpendiculairement en arrière; les files suivantes viendront successivement converser à la même place

que

que la première ; les Chefs de peloton ne bougeront pas , verron^t filer devant eux leur peloton , & l'arrêteront à l'inftant où la dernière file aura converfé ; à cet effet ils commanderont :

1.
Peloton.
2.
HALTE.
3.
FRONT.
4.
'A gauche = *ALIGNEMENT.*

6 2.   A l'inftant où le peloton fera front, le Guide de gauche fe portera à hauteur du Chef de peloton , & appuiera légèrement le bras gauche contre fa poitrine.

6 3.   Au quatrième commandement, le peloton fe portera fur l'alignement de fon Guide de gauche, & le Chef de peloton en dirigera l'alignement de manière que la nouvelle pofition du peloton foit perpendiculaire à celle qu'il occupoit en bataille ; à cet effet, il fe portera à environ deux pas en dehors du flanc pour mieux juger la direction.

64.   Le peloton étant aligné , le Chef de peloton commandera FIXE, & fe portera devant le centre de fon peloton ; cette règle fera générale.

6 5.   Si les pelotons de Grenadiers font plus ou moins forts que ceux des Fufiliers, les Chefs de ces pelotons , après avoir commandé FRONT, placeront leur Guide à la diftance où il devra être , avant de faire le commandement d'alignement.

66.   Pour rompre en arrière à gauche , le Chef de bataillon fera les mêmes commandemens que pour rompre à droite , en fubftituant l'indication de *gauche* à celle de *droite.*

67.   Le mouvement s'exécutera d'après les mêmes principes que pour rompre en arrière à droite ; chaque Chef de peloton fe portera à la gauche de fon peloton, fera déboîter les trois premières files en arrière , & fe placera enfuite contre la première file de droite du peloton qui eft immédiatement à gauche du fien , comme il a été prefcrit ci-deffus.

L l

68. Auſſitôt que les trois premières files de gauche auront déboîté, le Guide de gauche de chaque peloton ſe portera devant l'homme du premier rang de la première file pour le conduire.

69. A l'inſtant où chaque peloton fera *front*, le Guide de droite ſe portera à hauteur du Chef de peloton, & appuiera légèrement le bras droit contre la poitrine de ce Chef.

Obſervations relatives au mouvement de rompre en arrière, à droite ou à gauche.

70. Cette manière de rompre en colonne peut s'employer lorſque le défaut d'eſpace ne permettra pas de rompre comme il a été preſcrit à l'article précédent ; elle aura lieu en outre toutes les fois qu'un bataillon devra ſe prolonger en colonne ſur la ligne où il eſt en bataille.

ARTICLE 3.
Ployer le bataillon en colonne ſerrée.

71. Ce mouvement pourra s'exécuter par peloton ou par diviſion, ſur la ſubdiviſion de droite, ſur celle de gauche, ou ſur une autre ſubdiviſion quelconque du bataillon, la droite ou la gauche en tête.

72. Pour ployer le bataillon en colonne ſerrée par diviſion ſur celle du centre, la droite en tête, le Chef de bataillon commandera :

1.
Colonne ſerrée par diviſion.

2.
Sur la deuxième diviſion, la droite en tête. = EN COLONNE.

3.
Bataillon par le flanc gauche & le flanc droit.

4.
A gauche = ET À DROITE.

5.
MARCHE.

73. Au deuxième commandement, tous les Chefs de diviſion ſe porteront devant le centre de leurs diviſions reſpectives.

74. Au troisième, le Chef de la deuxième division l'avertira de ne bouger.

75. Le Chef de chacune des divisions qui font à fa droite, avertira *fa* division qu'elle devra faire à gauche ; le Chef de chacune de celles qui font à la gauche de la deuxième, avertira fa division qu'elle devra faire à droite.

Pl. XI.
Fig. 2.

76. Au quatrième commandement, la première division & les Grenadiers feront à gauche, le Chef de chacune de ces divisions fe portera légèrement à la gauche de fa division, & fera déboîter les trois files de gauche en avant ; ce qui étant exécuté, le Guide de gauche de la division fe portera devant l'homme du premier rang de la première file pour le conduire.

77. Les troisième & quatrième divisions feront à droite, le Chef de chacune fe portera légèrement à la droite de fa division, & fera déboîter les trois files de droite en arrière, le Guide de droite de chacune de ces deux divisions déboîtera en arrière, en même temps que les trois files de droite de fa division, & fe placera devant l'homme du premier rang de la première file pour le conduire.

78. Les Chefs des divisions qui auront fait à gauche ou à droite fe placeront, ceux des divisions de droite, à côté de leur Guide de gauche, ceux des divisions de gauche, à côté de leur Guide de droite.

79. Au commandement de *marche*, le Chef de la deuxième division commandera *Guide à gauche* ; le Guide de gauche de cette division fe portera au flanc gauche, dès qu'il pourra paffer, & les ferre-files ferreront à un pas du troifième rang.

80. Toutes les autres divisions conduites chacune par leur Chef, fe mettront en marche pour prendre place dans la colonne ; la première gagnera, en tournant par file en avant, l'efpace de trois pas qui doit la féparer de la deuxième dans la colonne, & fe dirigera enfuite de manière à y entrer carrément & parallèlement à la deuxième ; les Grenadiers fe règleront fur la première division, & fe dirigeront de manière à entrer dans la colonne comme il vient d'être expliqué, & à laiffer trois pas d'intervalle entre leur troifième rang & le premier rang de cette division.

81. La troifième division gagnera en tournant par file en arrière, l'efpace de trois pas qui doit la féparer de la deuxième, & fe dirigera enfuite de manière à entrer dans la colonne carrément & parallèlement à cette division ; la quatrième fe règlera fur la troifième, & fe dirigera de manière à entrer dans la colonne, comme il vient d'être expliqué, en laiffant trois pas d'intervalle entre fon premier rang & le troifième rang de la troifième division.

8 2 . Le Chef de chacune des divifions qui doivent prendre rang dans la colonne en avant de la divifion de direction, qui eft la deuxième dans cet exemple, arrêtera fa divifion un inftant avant que fon Guide de gauche n'arrive à hauteur de celui de la divifion de direction ; à cet effet il commandera :

1 .

*Telle divifion (*ou *Grenadiers).*

2 .

HALTE.

8 3 . Au deuxième commandement, la divifion s'arrêtera ; fon Guide de gauche fera auffitôt face en arrière, fe placera promptement, de manière à couvrir exactement celui de la divifion de direction, & à laiffer environ cinq pas d'intervalle entre lui & le Guide placé immédiatement devant lui, afin que la colonne étant formée, les divifions foient féparées entre elles par un intervalle de trois pas.

8 4 . Le Guide de gauche étant ainfi établi, le Chef de divifion commandera :

3 .

FRONT.

4 .

A gauche. ALIGNEMENT.

8 5 . Au troifième commandement, la divifion fera face par fon premier rang, mais le Guide de gauche reftera face en arrière.

8 6 . Au quatrième, la divifion joindra fon Guide de gauche, & s'alignera à gauche ; le Chef de divifion fe portera en dehors du Guide, à environ deux pas, & dirigera l'alignement de manière que fa divifion foit établie parallèlement à celle de direction, ce qui étant exécuté, il commandera FIXE, & fe portera devant le centre de fa divifion.

8 7 . Le Chef de chacune des divifions qui doivent prendre rang dans la colonne en arrière de celle de direction, conduira fa divifion jufqu'à ce qu'il foit arrivé à hauteur du Guide de gauche de celle de direction ; il s'arrêtera alors de fa perfonne, laiffera filer fa divifion, & à l'inftant où la dernière file l'aura dépaffé, il arrêtera fa divifion par les commandemens prefcrits ci deffus, N.° 82.

La

88. La divifion étant arrêtée, le Guide de gauche fe placera promptement fur la direction, à trois pas du dernier rang de celle qui précède immédiatement la fienne; ce qui étant exécuté, le Chef de divifiou commandera FRONT, & à gauche ═ ALIGNE-MENT, alignera fa divifion en fe plaçant comme il eft indiqué N.° 86, après quoi il commandera FIXE, & fe portera devant le centre de fa divifion.

89. Les divifions ayant pris rang dans la colonne, fi l'une d'elles fe trouvoit avoir trop ou trop peu diftance, ce qui ne pourroit arriver que par la faute de fon Guide qui auroit négligé de fe placer à la diftance prefcrite de la divifion placée avant la fienne, ou parce que le Guide de cette dernière ne s'étant pas placé affez promptement, l'auroit induit en erreur, la divifion refteroit à la place où elle fe trouve, pour ne pas propager cette faute.

90. Le mouvement étant achevé, le Chef de bataillon commandera :

Guides DEMI-TOUR ═ *À* DROITE.

91. A ce commandement les Guides qui faifoient face en arrière, fe remettront face en tête.

92. Le Chef de bataillon veillera à l'exécution genérale du mouvement, & à l'obfervation des principes prefcrits.

93. L'Adjudant-major fe placera en avant & face au Guide de gauche de la divifion de direction; il affurera fucceffivement la direction des Guides à mefure qu'ils arrivent dans la colonne, en avant de celui de la divifion de direction.

94. L'Adjudant remplira la même fonction à l'égard des Guides qui prennent place dans la colonne en arrière de celui de la divifion de direction.

95. On ploiera le bataillon, la gauche en tête, fur la deuxième divifion, par les mêmes principes & les mêmes commande-mens, en fubftituant l'indication de *gauche en tête,* à celle de *droite en tête.*

96. Les divifions de gauche exécuteront alors ce qui a été prefcrit pour les divifions de droite, & celles de droite exé-cuteront ce qui a été prefcrit pour les divifions de gauche.

M m

97. Le Chef de la divifion de direction commandera *Guides à droite*, dès que le mouvement commencera.

98. Ces deux exemples embraffent tous les cas ; ainfi, lorfqu'on voudra ployer le bataillon en colonne ferrée fur la divifion de droite, on commandera :

I.

Colonne ferrée par divifion.

2.

Sur les Grenadiers en arrière (ou *en avant*) = *EN COLONNE.*

3.

Bataillon par le flanc droit.

4.

À DROITE.

5.

MARCHE.

PL. XI.
Fig. 1.

99. Les Grenadiers ne bougeront, leur Chef commandera *Guides à gauche* (ou *à droite*), dès que le mouvement commencera :

100. Si la colonne doit fe former la droite en tête, toutes les divifions, hors les Grenadiers, exécuteront ce qui a été prefcrit pour les deux divifions de gauche, la colonne fe formant la droite en tête fur celle du centre.

101. Si au contraire la colonne doit fe former la gauche en tête, elles exécuteront ce qui a été indiqué pour les deux divifions de gauche, dans le cas où la colonne devra fe former, la gauche en tête, fur la divifion du centre.

102. Enfin, pour ployer le bataillon en colonne ferrée fur la divifion de gauche on commandera :

I.

Colonne ferrée par divifion.

2.

Sur la quatrième divifion en arrière (ou *en avant*) = *EN COLONNE.*

3.
Bataillon par le flanc gauche.

4.
À GAUCHE.

5.
MARCHE.

103. La quatrième divifion ne bougera; le Chef de cette divifion Pl. XI. commandera *Guides à gauche (ou à droite)*, dès que le mou- *Fig. 3.* vement commencera.

104. Si la colonne doit fe former la droite en tête, toutes les divifions, hors la quatrième, exécuteront ce qui a été prefcrit pour les deux divifions de droite, lorfque la colonne fe forme la droite en tête fur la divifion du centre.

105. Si , au contraire, la colonne doit fe former la gauche en tête, toutes les divifions, hors la quatrième, exécuteront ce qui a été indiqué pour les deux divifions de droite, lorfque la colonne fe forme la gauche en tête fur la divifion du centre.

106. Dans toutes ces diverfes fuppofitions, la divifion la plus près de celle de direction doit gagner, en tournant par file en avant ou en arrière, felon qu'elle devra fe porter devant ou derrière celle de direction, l'efpace de trois pas qui doit les féparer l'une de l'autre dans la colonne.

107. Soit que la colonne fe forme la droite ou la gauche en tête, le Guide de gauche de la divifion de direction, doit toujours fe porter au flanc gauche de cette divifion auffitôt qu'il pourra paffer.

Obfervations relatives au mouvement de ployer le bataillon en colonne.

108. On pourroit ployer le bataillon en colonne à diftance entière, ou à diftance de fection, d'après les mêmes principes, & par les mêmes commandemens, en fubftituant l'une ou l'autre de ces indications à celle de *colonne ferrée*.

109. Il eft important que le Guide de la divifion qui entre la

première dans la colonne, soit placé bien correctement sur le Guide de la division de direction, puisque la position de ces deux Guides doit déterminer celle de tous les autres.

110. Il est également essentiel que chaque division, avant de prendre rang dans la colonne, se dirige de manière à y entrer carrément, & parallèlement à celle de direction, pour éviter que la fausse direction d'une division n'induise en erreur les divisions suivantes.

111. Tous les mouvemens précédens pourront s'exécuter au pas ordinaire ou au pas accéléré; & si, par la difficulté du terrain, il arrivoit que les files fussent trop ouvertes, chaque Chef de division auroit soin de les faire serrer, un peu avant d'entrer dans la colonne.

TROISIÈME PARTIE.

ARTICLE PREMIER.

Marcher en colonne avec distance entière.

112. Lorsque le Chef de bataillon voudra faire marcher la colonne, il indiquera au premier Guide deux objets saillans ou distincts en avant de lui sur la ligne qu'il devra suivre, si le terrain en présente; ce Guide y fera face aussitôt, prendra pour point de vue celui des deux objets qui sera le plus éloigné, & pour intermédiaire celui qui sera le plus près de lui.

113. Si le terrain n'offre qu'un seul objet saillant ou distinct dans la direction que devra suivre le premier Guide, il y fera également-ment face, lorsqu'il lui aura été indiqué, & choisira aussitôt un point intermédiaire à terre.

114. Enfin, à défaut d'objet saillant ou distinct, le Chef de bataillon enverra l'Adjudant-major se placer à trente ou quarante pas en avant, face à la colonne, & l'établira, en lui faisant signe de son épée, sur la direction que devra suivre le premier Guide; l'Adjudant-major étant ainsi placé, le premier Guide lui fera face aussitôt, choisira deux points à terre dans la ligne droite qui iroit passer entre ses talons, & prendra successivement de nouveaux points à terre à mesure qu'il avancera, ainsi qu'il a été expliqué dans l'École de peloton, N.° 79.

115. Ces

15. Ces difpofitions étant faites, le Chef de bataillon commandera :

1.

Colonne en avant.

2.

Guide à gauche (ou à droite.)

3.

MARCHE.

16. Il fera facile au premier Guide de fe maintenir correctement fur la direction, en marchant toujours fur le prolongement des deux points en avant qu'on lui aura indiqués, ou qu'il aura choifis ; fi ces points font des objets élevés au-deffus du fol, il fera affuré d'être fur la vraie direction, toutes les fois que le point le plus près lui mafquera celui qui eft le plus éloigné.

17. Les Guides fuivans conferveront exactement le pas & la diftance, & marcheront chacun dans la trace du Guide qui les précède immédiatement, fans s'occuper de la direction générale.

118. L'Adjudant-major fe tiendra à hauteur du premier Guide, pour veiller à ce qu'il ne s'écarte pas de la direction qu'il doit fuivre, & à ce que le Guide de la feconde fubdivifion marche exactement dans la trace du premier.

19. L'Adjudant fe tiendra à hauteur du dernier Guide de fon bataillon, & fi quelqu'un des Guides précédens s'écartoit fenfiblement de la direction des deux Guides de la tête, il rectifieroit cette erreur, & empêcheroit qu'elle ne fe propage ; mais cette rectification n'aura lieu que lorfqu'elle fera néceffaire pour prévenir des écarts fenfibles.

120. Le Chef de bataillon fe tiendra habituellement fur le flanc du côté de la direction, pour veiller à l'obfervation du pas, des diftances & de tous les principes de la marche en colonne prefcrits dans l'École de peloton.

121. Ces moyens, que la pratique de l'École de peloton a dû rendre familiers, affureront la direction d'une colonne avec l'exactitude qu'il fera néceffaire d'exiger toutes les fois qu'elle devra fe

former *en avant* ou *face en arrière, sur la droite* ou *sur la gauche, en bataille,* & lorsqu'elle devra serrer en masse.

1 2 2. Mais lorsqu'une colonne, arrivant par devant ou par derrière la ligne de bataille, devra se prolonger sur cette ligne pour s'y former *à gauche* ou *à droite en bataille,* comme il est essentiel dans ce cas d'empêcher que la colonne ne puisse ni couper la ligne de bataille, ni s'en écarter d'une manière sensible, on emploîra les moyens suivans.

1 2 3. Si la colonne ayant la droite en tête arrive par devant la ligne de bataille, le Guide de la première subdivision se dirigera sur le point intermédiaire qui aura été placé d'avance sur cette ligne, pour indiquer le point où la colonne devra tourner à gauche & se prolonger sur la nouvelle direction ; le Chef de la première subdivision ne la fera tourner qu'après qu'elle aura dépassé d'environ quatre pas la ligne de bataille ; & à l'instant où cette subdivision aura tourné, le *Guide général* de droite se portera sur la ligne de bataille à sa hauteur, fera face aux deux points de direction en avant que le Chef de bataillon ou l'Adjudant-major aura soin de lui indiquer, & marchera correctement sur le prolongement de ces points.

Pl. XII.
Fig. 1.

1 2 4. Le Porte-drapeau se placera de la même manière à l'instant où la subdivision du drapeau aura tourné, & se prolongera sur la ligne de bataille à hauteur de cette subdivision, en observant de porter son drapeau perpendiculairement devant le milieu du corps, & de se maintenir exactement dans la direction du *Guide général* qui le précède, & du point de vue en avant qui lui sera indiqué.

1 2 5. Enfin, le *Guide général* de gauche se portera de même sur la ligne de bataille, à l'instant où la dernière subdivision du bataillon aura tourné, & marchera correctement dans la direction du Porte-drapeau & du *Guide général* de droite qui le précèdent.

1 2 6. Le Guide de la première subdivision marchera toujours à hauteur du *Guide général* de droite & à environ quatre pas en

dedans de lui ; les Guides des subdivisions suivantes marcheront chacun dans la trace du guide qui les précède immédiatement, comme il a été prescrit ci-dessus, N.° 117.

127.   Le Chef de bataillon placé sur le flanc en dehors des Guides généraux, veillera à ce que la colonne se maintienne à peu-près parallèlement, & à environ quatre pas en dedans de la ligne de ces Guides.

128.   L'Adjudant-major & l'Adjudant veilleront à ce que les Guides généraux marchent correctement sur la direction des deux points en avant ; & pour cet effet ils se placeront quelquefois en arrière du Porte-drapeau, ou du Guide général de gauche, pour s'en assurer.

129.   Si la colonne est composée de plusieurs bataillons, les Guides généraux de chacun se placeront successivement sur la ligne de bataille, à mesure que la subdivision de la tête, celle du drapeau & celle de la queue de leur bataillon auront tourné pour se prolonger sur cette ligne, & se conformeront, ainsi que le Chef, l'Adjudant-major & l'Adjudant, à ce qui a été prescrit ci-dessus pour ceux du bataillon de la tête de la colonne.

130.   L'Adjudant-major de chaque bataillon maintiendra toujours le Guide de sa première subdivision à environ quatre pas en dedans de la ligne des Guides généraux, quand même les dernières subdivisions du bataillon précédent se seroient jetées plus en dedans ou en dehors, afin d'empêcher que la fausse direction d'un bataillon n'influe sur ceux qui le suivent.

131.   Si la colonne ayant la droite en tête, arrive par derrière la ligne de bataille, le Chef de la colonne ou celui du bataillon de la tête, conduira le Guide de gauche de la première sub- Pl. XII. division, non sur le point intermédiaire placé sur cette ligne, *Fig. 2.* mais plus à gauche de tout le front au moins de la subdivision, & fera converser à droite, de manière que la conversion étant achevée, le Guide se trouve à environ quatre pas en de-çà du point intermédiaire.

132.   A l'instant où la première subdivision ayant conversé à droite,

commencera à se prolonger sur la ligne de bataille, le *Guide général* de droite se portera sur cette ligne, & se dirigera sur les deux points en avant; le Porte-drapeau s'y portera à son tour, lorsque la subdivision du drapeau aura conversé, & enfin le *Guide général* de gauche, lorsque la dernière subdivision aura achevé de converser.

133. Si la colonne est composée de plusieurs bataillons, les Guides généraux des bataillons suivans exécuteront successivement ce qui vient d'être prescrit pour ceux du bataillon de la tête de la colonne, & se conformeront, ainsi que les Guides des subdivisions, le Chef, l'Adjudant-major & l'Adjudant de chaque bataillon, à ce qui a été indiqué ci-dessus pour une colonne arrivant par devant la ligne de bataille.

134. Ces mouvemens s'exécuteront dans une colonne, la gauche en tête, arrivant par devant ou par derrière la ligne de bataille, par les mêmes principes, dans l'ordre inverse.

135. Si enfin la colonne, au lieu d'arriver par devant ou par derrière la ligne de bataille, arrivoit par la droite ou par la gauche, & si elle devoit se prolonger sur cette ligne pour s'y former ensuite à *gauche* ou *à droite en bataille*, le Chef de bataillon feroit porter les Guides généraux sur le flanc de la colonne, par le commandement *Guides généraux sur la ligne*, & ces Guides se prolongeroient sur la ligne de bataille, en se conformant à ce qui a été prescrit ci-dessus.

136. Si, au lieu de faire marcher la colonne au pas cadencé, le Chef de bataillon vouloit la faire marcher au pas de route, il feroit précéder le commandement *marche* de celui *pas de route*.

137. Tout ce qui vient d'être prescrit ci-dessus pour la direction, est également applicable à une colonne qui marche au pas de route.

Observations relatives à la marche en colonne.

138. Quoique le pas non cadencé doive être habituellement celui des colonnes en route, & qu'il doive le plus souvent être employé aussi dans les évolutions de ligne, parce que procurant

aux

aux Soldats les moyens de marcher à l'aife, c'eft celui qui convient le plus aux grands mouvemens & aux terrains difficiles ; comme néanmoins il faut avant tout, s'attacher à affermir les Soldats dans la mefure & le mouvement du pas cadencé, on ne fera ufage du pas de route dans les exercices par bataillon, que pour fe rendre fur le terrain d'exercice, & pour en revenir ; ou bien pour enfeigner le mécanifme des mouvemens de la colonne de route, ainfi qu'il fera expliqué ci-après, N.ºs 148 & fuivans.

139. On pourra faire marcher quelquefois en colonne au pas accéléré, lorfque les Soldats font bien affermis dans la cadence du pas ordinaire.

140. On doit choifir pour *Guides généraux* deux Sous-officiers qui ne laiffent rien à défirer, foit pour la précifion du pas, foit pour l'habitude de fe prolonger, fans varier, fur une direction donnée ; ces deux Sous-officiers feront placés dans l'ordre en bataille, l'un derrière le peloton de droite, l'autre derrière celui de gauche de leur bataillon, feront nombre dans les ferre-files de ces deux pelotons, & feront deftinés à remplir, outre les fonctions qui viennent de leur être prefcrites dans cet article, celles qui leur feront indiquées ci-après dans la marche en bataille ; on les diftinguera par la dénomination de *Guide général de droite* & *Guide général de gauche.*

141. Les Porte-drapeaux porteront leurs drapeaux perpendiculairement entre les deux yeux, le talon à la hauteur de la ceinture, toutes les fois qu'étant placés fur le flanc de la colonne, ils devront fe prolonger fur la ligne de bataille.

142. Comme lorfqu'une colonne fe prolonge fur la ligne de bataille, il eft très-important que les Guides généraux marchent correctement fur cette ligne, il faut que les Chefs de bataillon, les Adjudans-majors & les Adjudans qui doivent les y maintenir, puiffent, autant qu'il fera poffible, toujours voir les deux objets fur lefquels la marche des Guides généraux devra être dirigée ; en conféquence, toutes les fois que le terrain n'offrira pas d'objets faillans, le Chef de la colonne doit y fuppléer d'avance par des Aides-de-camp, ou des Officiers à cheval, qu'il pourra multiplier autant que les circonftances l'exigeront.

O o

143. Trois Aides-de-camp ou Officiers à cheval pourront prolonger une ligne auſſi long-temps qu'on voudra, de la manière ſuivante : ils ſe placeront d'avance ſur la ligne de bataille, le premier au point où la tête de la colonne devra y entrer, le ſecond à trois ou quatre cents pas derrière le premier, & le troiſième à pareille diſtance derrière le ſecond : l'Aide-de-camp placé au point où devra arriver la tête de la colonne, y reſtera juſqu'à ce que la première ſubdiviſion ait tourné, après quoi il ſe portera au galop à trois ou quatre cents pas derrière le troiſième ; le ſecond fera à ſon tour la même choſe, lorſque la tête de la colonne arrivera près de lui, & ainſi de ſuite. Ces officiers ne mettront pas pied à terre, feront face à la colonne, & s'aligneront correctement en file l'un derrière l'autre : ce fera toujours ſur eux que ſe dirigeront les Guides généraux, & il fera d'autant plus facile à ceux-ci de ſe maintenir ſur la direction, que pouvant toujours voir les Officiers à cheval par-deſſus la tête des Guides précédens, la faute de l'un d'eux qui viendroit à s'écarter de la ligne, ne ſauroit induire en erreur les Guides généraux ſuivans.

144. Un ſeul Aide-de-camp ou Officier à cheval pourra ſuffire à aſſurer la direction d'une colonne, lorſque le point de vue vers lequel elle devra ſe diriger ſera bien diſtinct ; alors l'Aide-de-camp ira ſe placer ſur la ligne de bataille au-delà du point où devra ſe porter la tête de la colonne, y reſtera auſſi long-temps qu'elle marchera, & ſervira ainſi de point intermédiaire pour aſſurer la marche des Guides généraux.

145. Pour une colonne d'un ou deux bataillons, il ſuffira d'employer des hommes à pied pour indiquer la ligne que devront ſuivre les Guides généraux.

A R T I C L E 2.

Colonne en route.

146. C'eſt un principe général pour les colonnes en route, comme pour celles en manœuvre, de n'occuper jamais de la tête à la queue de la colonne plus d'eſpace qu'elles n'occuperoient en bataille.

147. L'obſervation de ce principe n'exige aucune règle particulière dans une colonne en manœuvre ; mais comme les colonnes en route rencontrent fréquemment des chemins étroits, des ponts & des défilés qui obligent à diminuer le front des subdivisions, il est nécessaire d'indiquer la méthode qu'elles devront observer dans ce cas, pour pouvoir conserver le pas de route le plus long-temps possible, sans que la colonne s'alonge ; ainsi,

1.°

148. Lorsqu'une colonne par peloton au pas de route rencontrera un défilé qui ne donnera passage qu'à une section, elle rompra les pelotons avant d'y entrer.

Pl. XIII.
Fig. 1.

149. Ce mouvement pourra s'exécuter par peloton successivement ; pour cet effet, le Chef du peloton de la tête le fera rompre sur l'avertissement du Chef de bataillon ou de l'Adjudant-major, & par les commandemens & moyens prescrits dans l'École de peloton ; chacun des pelotons suivans viendra successivement rompre à la même place où celui de la tête aura rompu.

150. Ou bien le Chef de bataillon pourra faire rompre tous les pelotons à la fois ; à cet effet il commandera :

1.

Rompez les pelotons.

2.

Marche.

151. Tous les Chefs de peloton, les Chefs des secondes sections, & toutes les sections du bataillon se conformeront à la fois, pour l'exécution de ces commandemens, à ce qui a été prescrit dans l'école de peloton.

2.°

152. La colonne étant par section, si le défaut d'espace oblige à en diminuer le front, les Chefs de section feront mettre une ou plusieurs files en arrière, suivant le rétrécissement du défilé, & se porteront en même temps sur le flanc de leur section à la place de leur Guide qui reculera au second rang ; le serre-file de la section se portera en même temps derrière le Chef de section & le Guide au troisième rang.

Pl. XIII.
Fig. 2.

153. Pour diminuer ainsi le front des sections, on rompra alternativement, & à nombre égal des files de droite & des files de gauche, à mesure que le défaut d'espace l'exigera, jusqu'à ce que le front de la section soit réduit à six hommes, non compris le Chef de section.

3.°

154. La section étant à six de front, non compris le Chef de section, si le défaut d'espace oblige de diminuer encore le front, comme alors il ne pourroit plus y avoir des files en arrière que d'un seul côté, il devient indispensable, pour éviter que la colonne ne s'alonge, de faire serrer les rangs & de prendre le pas cadencé : pour cet effet le Chef de section commandera :

I.

Serrez vos rangs.

2.

MARCHE.

155.
PL. XIII.
Fig. 3.

Les deux derniers rangs, ainsi que les files qui sont en arrière, serreront vivement ; la section prendra le pas cadencé & l'arme au bras ; ce qui étant exécuté, le Chef de section fera rentrer en ligne à la fois toutes les files qui sont en arrière du côté opposé au Guide, & rompre en même temps du côté du Guide le même nombre de files, plus une ou deux, selon que le front devra être diminué d'une ou deux files ; & afin que les files qui doivent rentrer en ligne n'en soient pas empêchées par le défaut d'espace, & n'arrêtent pas ainsi le mouvement de celles qui doivent rompre du côté opposé, le Chef de section avertira les files qui devront continuer à marcher de front, d'obliquer fortement vers le côté du Guide, ainsi qu'il a été expliqué dans l'École de peloton, N.° 241.

4.°

156.
PL. XIII.
Fig. 4.

La section étant à quatre de front, non compris le Chef de section, si le défaut d'espace oblige à diminuer d'une file encore le front, le Chef de section ne fera point rompre de nouvelle file, mais avertira les quatre files de continuer à marcher, & s'arrêtera de sa personne, ainsi que le Guide &

le

le ferre-file de fa fection placés derrière lui; il avertira auffitôt les files qui font en arrière d'appuyer du côté oppofé au Guide l'efpace d'une file, & le Chef de fection ainfi que le Guide & le ferre-file fuivront alors la file extérieure de celles qui auront continué à marcher de front; par ce moyen les files rompues auront plus d'efpace pour marcher, que fi le Chef de fection en avoit fait rompre une nouvelle.

5.°

157. Le chemin venant à s'élargir, le Chef de fection ainfi que PL. XIII. le Guide & le ferre-file qui marchent derrière lui, rentreront *Fig. 5.* en ligne; le Chef de fection y fera rentrer enfuite une ou plufieurs files, à mefure que l'élargiffement du chemin le permettra, la fection continuant toujours à marcher à rangs ferrés & au pas cadencé.

6.°

158. Dès qu'il y aura fix files en ligne, non compris le Chef PL. XIII. de fection, ce Chef obfervera, avant de faire reprendre le pas *Fig. 6.* de route, de faire rentrer en ligne la moitié des files qui font encore en arrière, & de faire rompre en même temps pareil nombre de files du côté oppofé au Guide; la fection fe trouvant ainfi à fix de front avec des files en arrière en nombre égal de chaque côté, le Chef de fection commandera:

1.

Pas de route.

2.

M A R C H E.

3.

L'arme = À *VOLONTÉ.*

159. Ces commandemens s'exécuteront comme il a été preferit dans l'École de peloton, N.ᵒˢ 243 & 244.

160. Le Chef de fection fera enfuite entrer alternativement des PL. XIII. files de droite & des files de gauche en ligne, à mefure que *Fig. 7.* le chemin s'élargira.

P p

1 6 1.   Tous les mouvemens indiqués ci-deſſus s'exécuteront au commandement des Chefs de ſection, d'abord dans la ſection de la tête de la colonne, & ſucceſſivement dans toutes les ſections ſuivantes, à meſure qu'elles arriveront à la même place.

1 6 2.   La ſection de la tête ſuivra les ſinuoſités du chemin ou du défilé; les ſections ſuivantes ne s'occuperont pas de la direction, mais paſſeront toutes ſucceſſivement là où celle qui les précède aura paſſé. Les Soldats ne chercheront jamais à éviter les mauvais chemins, chaque homme devant, autant qu'il eſt poſſible, paſſer là où ſa direction le conduit.

1 6 3.   Les changemens de direction s'exécuteront toujours ſans commandement, lorſque la ſection marchera au pas de route; les Chefs de ſection en avertiront ſeulement leur ſection, lorſque le changement de direction ſera un peu conſidérable, & les deux derniers rangs, ainſi que les files qui ſont en arrière, l'exécuteront ſucceſſivement à la même place que le premier rang.

1 6 4.   Les deux ſections de la tête étant ſorties du défilé, le Chef de peloton le fera former, ſur l'avertiſſement que lui fera le Chef de bataillon ou l'Adjudant-major : les Chefs des pelotons ſuivans les feront former ſucceſſivement à meſure qu'ils arriveront à la même place.

1 6 5.   Le Chef de bataillon, l'Adjudant-major & l'Adjudant veilleront avec ſoin à l'obſervation des principes preſcrits dans cet article, à ce que la colonne ne s'alonge jamais, & qu'il n'y ait ni temps d'arrêt, ni à-coup dans la marche, ce qui dépend principalement de l'attention des Chefs de ſection à faire conſerver toujours la même allure, ſans la ralentir ni l'accélérer.

1 6 6.   Le Chef de bataillon ou l'Adjudant-major ſe tiendra à la tête du bataillon pour régler le pas de la première ſubdiviſion, & indiquer au Chef de cette ſubdiviſion l'inſtant où il devra faire exécuter les divers mouvemens de files preſcrits ci-deſſus, ſelon que les circonſtances pourront l'exiger.

167. Si la colonne est composée de plusieurs bataillons, chacun d'eux exécutera à son tour ce qui vient d'être prescrit pour celui de la tête de la colonne, en observant que ce soit à la même place, & de la même manière.

168. Afin de rendre le mécanisme de tous ces mouvemens familier aux troupes, & de les habituer à marcher en colonne de route dans les chemins étroits, sans que la colonne s'alonge jamais, les Chefs de bataillon feront marcher habituellement le pas de route, lorsque les bataillons se rendront à leur terrain d'exercice ou qu'ils en reviendront, & les feront passer quelquefois dans des passages étroits, afin de faire mieux sentir l'utilité des principes prescrits ci-dessus ; ils pourront même dans le cours des exercices, lorsque les soldats seront bien affermis dans la longueur & la cadence du pas ordinaire, faire marcher quelquefois le bataillon en colonne de route, le faire rompre par section, tantôt à la fois, tantôt successivement, & faire exécuter ensuite les divers mouvemens de file qui ont été expliqués.

169. Pour cet effet, le Chef de la section de la tête fera réduire successivement le front de sa section à quatre, & fera rentrer ensuite successivement les files en ligne, en se conformant aux principes prescrits ci-dessus ; le Chef de bataillon chargera l'Adjudant-major d'y veiller, & d'indiquer au Chef de cette section le moment où il devra faire exécuter les divers mouvemens de file qui ont été expliqués dans cet article.

170. Le Chef de bataillon veillera lui-même à ce que les sections suivantes exécutent chacune le même mouvement que celle qui les précède immédiatement, à la même place, & que la colonne ne s'alonge pas.

171. Quelques répétitions de cette leçon affermiront les Chefs de section dans le mécanisme de ces mouvemens, & habitueront les Soldats à exécuter avec facilité & précision tous ceux que la nature des chemins pourra exiger dans une colonne en route.

172. L'observation des règles prescrites ci-dessus pour diminuer le

front d'une colonne fuivant les circonftances, eft d'autant plus facile, qu'elle n'exige de la part des Chefs de fection, que l'attention de faire exécuter, chacun à leur tour, les mêmes mouvemens qu'ils verront exécuter dans la fection qui les précède refpectivement.

Obfervations générales relatives à la colonne en route.

173. De toutes les leçons qu'on puiffe donner aux troupes, il n'en eft pas de plus importante par fes applications, que celle de la colonne en route; fi cette inftruction n'eft pas établie fur de bons principes, il arrivera le plus fouvent que la queue d'une colonne en route fera obligée de courir pour regagner fes diftances, ou la tête de s'arrêter pour attendre que la queue ait rejoint; que la colonne occupant trop d'efpace ne fera pas en état de réfifter à une attaque imprévue; que la marche durera plufieurs heures de plus que fi elle s'étoit faite en bon ordre: que les troupes feront haraffées, & que le Général ne pouvant calculer le temps qu'une colonne emploîera à parcourir un efpace donné, ne faura jamais combiner avec précifion la marche de plufieurs colonnes entre elles.

174. L'allure ordinaire d'une colonne qui fait route dans de beaux chemins & dans un pays uni, doit être de quatre-vingt-cinq à quatre-vingt-dix pas par minute; cette vîteffe peut fe foutenir facilement, qu'elle que foit la profondeur de la colonne; mais dans les chemins gâtés par les pluies, dans les terres labourées, dans les fables ou dans les montagnes, l'allure doit être d'environ foixante-feize par minute; c'eft au Chef de la colonne à la régler felon les circonftances: une colonne d'un régiment ou même d'une brigade pourra marcher facilement de quatre-vingt-dix à cent pas lorfqu'il fera néceffaire.

175. Le plus fûr moyen de bien marcher en route, c'eft que la colonne conferve toujours un mouvement égal & réglé, & que fi quelque obftacle oblige une ou plufieurs fubdivifions à ralentir ou raccourcir le pas, elles reprennent leur allure primitive auffitôt que cette caufe ceffera.

Un

176. Une subdivision ne doit jamais laisser trop d'intervalle entre elle & la subdivision précédente, mais il est quelquefois nécessaire de resserrer l'intervalle, pour ne pas retarder la marche, ainsi qu'il va être expliqué.

177. Si, par exemple, la subdivision de la tête rencontre un mauvais passage, une côte rapide, ou un autre obstacle quelconque qui l'oblige de ralentir on de raccourcir son pas, la subdivision suivante ne doit pas pour cela ralentir ni raccourcir le sien avant d'arriver à la même place, quand même il faudroit serrer entièrement sur la première ; la troisième subdivision doit observer à son tour la même chose à l'égard de la seconde, la quatrième à l'égard de la troisième, & ainsi de suite jusqu'à la queue de la colonne.

178. Si, au lieu d'observer cette règle, toutes les subdivisions de la colonne ralentissoient ou raccourcissoient leur pas en même temps que celle de la tête, il en résulteroit, en supposant la longueur de la colonne de 600 toises, que la dernière subdivision auroit commencé à ralentir sa marche à 600 toises de l'obstacle, & par une conséquence nécessaire il faudroit, pour empêcher que la colonne ne s'alongeât, que la subdivision de la tête continuât à ralentir ou à raccourcir son pas jusqu'à 600 toises au-delà : il est aisé de voir à quel point cela retarderoit la marche d'une colonne, si elle venoit à rencontrer souvent de semblables obstacles.

179. Il arriveroit encore, si l'on s'attachoit à conserver toujours exactement la distance entre les subdivisions, que celle de la tête venant à ralentir ou à raccourcir son pas, la seconde subdivision ne s'en apercevroit qu'après un ou deux pas au moins, & auroit ainsi resserré plus ou moins sa distance ; la même chose arriveroit de la seconde subdivision à la troisième, de la troisième à la quatrième, & ainsi de suite, d'où il résulteroit que chacune de ces subdivisions seroit ensuite obligée de marquer ou de raccourcir le pas plus ou moins long-temps pour reprendre leur distance, ce qui produiroit des temps d'arrêt, des à-coup, & une ondulation perpétuelle dans la colonne.

180. On évitera tous ces inconvéniens, si chaque subdivision conserve la même allure jusqu'au moment où elle rencontrera l'obstacle, & les distances se rétabliront ensuite tout naturellement, parce que chaque subdivision reprenant son allure primitive au moment où elle aura dépassé l'obstacle, pendant que la subdivision suivante y étant encore engagée sera obligée de ralentir la sienne, il arrivera par-là que la première subdivision de la colonne s'éloignera de la seconde, dans la même proportion où la seconde avoit d'abord serré sur la première; ce qui ayant lieu successivement dans toutes les subdivisions, chacune se trouvera en sortant de l'obstacle, à la distance où elle devra être de celle qui la précède.

181. Par le moyen qu'on vient d'indiquer, jamais une colonne ne pourra s'alonger ; mais lorsqu'elle rencontrera une côte ou une montagne, il arrivera que la partie de la colonne qui monte aura resserré ses distances à proportion de ce qu'elle aura été obligée de ralentir ou de raccourcir le pas en montant; en sorte que si elle avoit été forcée de retarder son allure d'un sixième, par exemple, il s'en faudroit d'un sixième que chaque subdivision de cette portion de la colonne n'eût l'espace nécessaire pour se former en bataille, tandis que la portion qui marche encore dans la plaine, ou qui aura déjà gravi la montagne, auroit ses distances ; si dans cette circonstance la colonne étoit obligée de se former en bataille pour faire face au flanc, chacune des subdivisions qui se trouveroient n'avoir pas entre elles & la précédente, un espace égal à l'étendue de leur front, laisseroit hors de ligne une ou plusieurs files, suivant qu'elle manqueroit de terrain, ce qui n'auroit aucun inconvénient, puisque les files surnuméraires de chaque bataillon pourroient former un ou deux pelotons qu'on placeroit en réserve derrière leur bataillon, ou qu'on emploîroit à renforcer les parties de la ligne qui en auroient besoin.

182. Si, au lieu de faire face au flanc, la colonne devoit fe former en bataille face en avant, ou face en arrière, moins elle occuperoit d'efpace en profondeur, & plus tôt la ligne fe trouveroit formée; il eft donc démontré que le principe qu'on a établi ci-deffus offre l'avantage de rendre la marche d'une colonne plus vive & moins fatigante, fans l'expofer à aucun danger en cas d'attaque.

183. Toutes les fois que la tête d'une colonne defcendra une montagne ou une côte, elle doit conferver la même allure qu'elle avoit dans la plaine.

184. Lorfque le Chef d'une colonne jugera néceffaire de lui faire accélérer ou ralentir fon pas, il en enverra l'ordre aux Chefs des divers bataillons, en leur prefcrivant de fe régler chacun fur celui qui les précède, & fera lui-même ralentir ou accélérer infenfiblement le pas au bataillon de la tête, jufqu'à ce que l'allure de ce bataillon foit telle qu'il aura jugé néceffaire.

185. Lorfqu'une colonne fera compofée de plufieurs bataillons, le Chef de la colonne laiffera toujours un Aide-de-camp à la queue de la colonne pour venir promptement l'avertir fi la queue avoit de la peine à fuivre.

186. Lorfqu'une colonne marchera par peloton, fi le défaut d'efpace oblige de rompre quelques files feulement, les Chefs de peloton feront mettre des files de droite & des files de gauche en arrière; mais fi le défaut d'efpace eft tel qu'il faille diminuer le front de moitié, on préférera alors de faire rompre par fection.

187. On doit toujours préférer de rompre les pelotons par bataillon à la fois; mais pour former les pelotons il eft indifférent que ce mouvement s'exécute par bataillon à la fois ou fucceffivement: dans une colonne par fection, il eft préférable auffi de faire rompre au commandement du Chef de bataillon, dans toutes les fections à la fois, le nombre de files néceffaire, avant d'entrer dans le défilé, lorfqu'on en connoîtra d'avance la largeur dans fa partie la plus étroite: lorfque le défaut d'efpace obligera une

section de prendre le pas cadencé, elle devra avoir attention de conserver la même vîtesse qu'elle avoit au pas de route.

188. Les sections doivent toujours bien alonger le pas en obliquant, soit pour rompre, soit pour former le peloton ; il en sera de même pour les files que l'on mettra en arrière, ou qu'on fera rentrer en ligne. Lorsqu'on rompra ou qu'on formera les pelotons successivement, il est de la plus grande importance qu'aucune subdivision ne ralentisse ni ne raccourcisse son pas, pendant que celle qui la précède exécute ce mouvement, sans quoi la colonne s'alongeroit.

189. Il a été démontré ci-dessus qu'une colonne ne sauroit marcher au pas de route sur moins de six hommes de front, non compris le Chef de section, sans s'alonger ; une colonne qui marcheroit au pas de route sur trois de front, non compris les Chefs de section, tiendroit le double de l'espace qu'elle occuperoit en bataille, & si elle étoit attaquée inopinément, elle courroit risque d'être battue avant de pouvoir se former. D'après ces considérations, on doit préférer, lorsqu'on sera près de l'ennemi, d'exécuter la marche au pas cadencé & à rangs serrés, si le chemin ne permet pas de marcher sur six de front, non compris le Chef de section.

190. Si une colonne vient à rencontrer un passage tellement étroit, qu'elle soit obligée de défiler sur un ou sur deux de front, le Chef de la colonne doit faire passer par une ou par deux files à la fois ; les files doivent se suivre le plus près possible, & sans perdre de temps : les sections se formeront à mesure qu'elles passeront, la tête marchera en avant, jusqu'à ce qu'elle ait laissé entre elle & le défilé l'espace nécessaire pour contenir la totalité de la colonne serrée en masse ; elle s'arrêtera alors, & attendra que la queue ait passé.

ARTICLE 3.

Changement de direction en colonne avec distance entière.

191. Le Chef de bataillon voulant faire changer de direction,

en

en donnera l'ordre au Chef de la première subdivision de la colonne, & se portera aussitôt de sa personne à la place où le mouvement devra commencer; il s'y placera, soit que le changement de direction doive se faire sur le côté du Guide, ou bien sur le côté opposé, comme il est représenté *planche XIV,* Pl. XIV. *fig. 1 & 2,* & restera dans cette position jusqu'à ce que la *Fig. 1. & 2.* dernière subdivision de son bataillon soit arrivée à sa hauteur.

192.   Le Guide de chaque subdivision se dirigera de manière à passer devant & contre la tête du cheval du Chef de bataillon, où étant arrivé, le Chef de subdivision fera changer de direction par les commandemens, & d'après les principes prescrits dans l'École de peloton.

193.   Lorsque la colonne changera de direction sur le côté opposé aux Guides, le Chef de bataillon veillera avec soin à ce que le Guide de chaque subdivision en conversant, ne se jette ni en dehors ni en dedans, mais qu'il passe par tous les points de l'arc de cercle qu'il devra décrire.

194.   Toutes les fois qu'il ne s'offrira pas dans la nouvelle direction d'objet saillant ou distinct qui puisse servir de point de vue au Guide de la tête, l'Adjudant-major s'y portera un peu d'avance à trente ou quarante pas, & le premier Guide prendra, aussitôt qu'il aura tourné, deux points à terre dans la ligne droite qui partant de lui, iroit passer entre les talons de l'Adjudant-major, lequel lui fera face, ce premier Guide prendra de nouveanx points à mesure qu'il avancera.

195.   L'Adjudant veillera à ce que les Guides se dirigent sur le Chef de bataillon placé au point de conversion, de manière à raser la tête de son cheval.

196.   Lorsque la colonne sera composée de plusieurs bataillons, le Chef du second bataillon se placera au point de la conversion à l'instant où celui du bataillon qui précède quittera cette place, ainsi de suite de bataillon en bataillon, jusqu'à la queue de la colonne ; il n'y aura que l'Adjudant-major du premier bataillon seulement, qui se portera à 30 ou 40 pas en avant sur la nouvelle

R r

direction, la tête de chacun des autres bataillons devant fuivre la trace du bataillon précédent.

Obfervations relatives aux changemens de direction en colonne.

197. On a demontré dans l'École de peloton, combien il eſt important que chaque fubdivifion exécute fon changement de direction précifément à la même place que celle de la tête, & y arrive carrément; que le point de la converfion fe trouve toujours dégagé de manière que la fubdivifion qui converfe n'arrête jamais le mouvement de la fubdivifion fuivante, & que le Guide de chaque fubdivifion placé du côté de la direction, n'alonge ni ne raccourciffe fon pas en tournant: plus la colonne fera profonde, & plus l'obfervation rigoureufe de ces principes fera néceffaire, parce qu'une faute peu fenfible à la tête, le deviendroit infiniment fi elle fe propageoit jufqu'à la queue d'une colonne profonde, ce que les Chefs de bataillon, les Adjudans-majors & les Adjudans doivent prévenir avec le plus grand foin.

198. Lorfqu'il ne s'agira que d'inftruction, le Chef de bataillon, au lieu de fe porter de fa perfonne au point de la converfion, pourra y envoyer un Jalonneur; mais fi la colonne eſt compofée de plufieurs bataillons, il fe portera lui-même à cette place.

ARTICLE 4.

Changemens de direction en colonne avec diſtance entière par la prompte manœuvre.

199. Les changemens de direction par la prompte manœuvre, confiftent à porter rapidement fur une nouvelle direction une colonne en marche, en y faifant arriver les fubdivifions par le flanc, au lieu de continuer à fe prolonger fur la direction primitive, pour venir changer fucceffivement de direction à la même place que la fubdivifion de la tête de la colonne.

200. Ainfi une colonne avec diſtance entière étant en marche par peloton, la droite en tête, le Chef de bataillon voulant lui faire changer de direction à gauche par la prompte manœuvre,

avertira le Chef du premier peloton de faire tourner à gauche,
& indiquera en même temps au Guide de gauche de ce peloton,
le point en avant vers lequel il devra se diriger après avoir
tourné, ou à défaut d'objet distinct qui puisse servir de point de
direction au Guide de la tête, enverra l'Adjudant-major se placer
à trente ou quarante pas en avant sur la nouvelle direction.

Pʟ. XIV.
Fig. 3.

201.   Le peloton de la tête tournera à gauche au commandement
de son Chef, & le Guide de gauche de ce peloton se prolongera ensuite sur la nouvelle direction par les moyens indiqués
ci-dessus, N.° 194.

202.   Lorsque deux pelotons au moins seront entrés dans la
nouvelle direction, le Chef de bataillon commandera :

1.

Prompte manœuvre par le flanc droit.

2.

Six derniers pelotons pas accéléré. == *Marche.*

203.   Au commandement *marche*, tous les pelotons, hors ceux
qui sont entrés sur la nouvelle direction, feront à droite en
marchant, & prendront le pas accéléré ; les pelotons conduits
chacun par leur Chef qui se portera à côté de son Guide de droite,
marcheront ainsi par le flanc vers la nouvelle direction, & viendront successivement prendre rang dans la colonne en appuyant
vers la tête de la colonne aussi long-temps qu'elle continuera à
marcher en avant, & en y entrant, chaque peloton prendra
une direction parallèle à celle du peloton qui le précède.

204.   A mesure que chaque Chef de peloton arrivera à hauteur du
Guide de gauche de ceux qui ont déjà pris rang dans la colonne,
il s'arrêtera de sa personne, verra filer son peloton, en veillant à
ce que le Guide de droite qui le conduit, se dirige parallèlement
au peloton qui précède, & lorsque le Guide de gauche sera arrivé
à hauteur du Chef de peloton, ce Chef commandera :

1.

Peloton.

2.

Halte.

3.

FRONT.

4.

MARCHE.

5.

Guides à gauche.

205. Ces commandemens fe fuivront rapidement.

Au fecond, le peloton arrêtera.

206. Au troifième, le peloton fera face par le premier rang; le Chef de peloton fe portera auffitôt à deux pas devant le centre, & le Guide de gauche fe placera promptement fur la direction des Guides précédens.

207. Le commandement de *marche* fera prononcé à l'inftant où le peloton aura fa diftance; le peloton partira vivement en prenant le pas de celui qui le précède; le Guide de gauche fuivra la trace du Guide précédent.

208. Au cinquième, le peloton appuiera infenfiblement à fon Guide de gauche, s'il y avoit de l'ouverture entre les files, & fe conformera à la direction de ce Guide.

209. Le Chef de bataillon fuivra le mouvement des pelotons qui marchent par le flanc, & veillera avec foin à ce qu'ils appuient vers la tête de la colonne, de manière qu'en y prenant rang, ils n'ayent jamais trop de diftance; pour cet effet, chaque peloton en entrant dans la colonne, doit ferrer fur le peloton qui le précède.

210. L'Adjudant-major marchera à hauteur du Guide de la tête, veillera à ce que ce Guide fe prolonge exactement fur la direction qui lui aura été indiquée, & que le Guide qui le fuit immédiatement marche fur la même direction.

211. L'Adjudant fuivra le mouvement à hauteur des derniers pelotons.

212. Ce mouvement, dans une colonne, la gauche en tête, s'exécutera par les moyens inverfes.

Obfervations relatives à la prompte manœuvre.

213. Il eft de la plus grande importance que les pelotons arrivant

dans

dans la colonne ne perdent jamais leur diſtance, & c'eſt pour
cette raiſon qu'il leur a été preſcrit d'appuyer toujours vers la
tête de la colonne, en ſe portant par le flanc vers la nouvelle
direction, & de marcher au pas accéléré, ſans quoi la perte
des diſtances ſeroit inévitable ; c'eſt auſſi pour la même raiſon
qu'on a preſcrit aux Chefs de peloton de faire leurs commandemens rapidement en arrivant dans la colonne, & de faire
celui de *MARCHE* avant de commander *Guide à gauche.*

214. On pourroit auſſi, ſi on le jugeoit à propos, faire marcher
d'abord les deux pelotons de la tête par le flanc, en même
temps que les pelotons ſuivans, les diriger de manière à les
faire entrer carrément ſur la nouvelle direction qu'on voudroit
prendre, où étant arrivés, ces pelotons feroient *FRONT* pour
ſe prolonger enſuite ſur la nouvelle direction.

215. Si le Chef de bataillon vouloit arrêter la colonne avant que
tous les pelotons ne fuſſent entrés ſur la nouvelle direction,
ceux qui y feroient arrivés, ſeulement, s'arrêteroient au commandement *HALTE* du Chef de bataillon ; ceux qui feroient
encore par le flanc ne s'arrêteroient point, mais continueroient
à marcher en appuyant en arrière, & ſe porteroient ainſi ſur
la nouvelle direction à la diſtance de leur front du peloton
précédent ; ils ſe formeroient enſuite en bataille, à meſure
qu'ils prendroient rang dans la colonne, ſi les pelotons de la
tête avoient exécuté ce mouvement.

ARTICLE 5.

Arrêter la colonne.

216. La colonne étant en marche, le Chef de bataillon voulant
l'arrêter commandera :

1.

Colonne.

2.

HALTE.

217. Au commandement de *halte*, qui ſera répété par les Chefs de peloton, à l'inftant où ils l'entendront prononcer, la colonne s'arrêtera ; aucun Guide ne bougera plus, quand même il n'auroit pas fa diftance, ou ne fe trouveroit pas fur la direction des Guides précédens.

218. La colonne étant arrêtée, fi le Chef de bataillon veut la former en bataille, il fe portera un peu en avant du Guide de la tête & lui fera face ; ce Guide & le Guide fuivant obferveront de fixer les yeux fur le Chef de bataillon, afin de fe conformer promptement à la direction qu'il leur indiquera.

219. Si le Chef de bataillon juge qu'il foit néceffaire de donner une direction générale aux Guides de la colonne, il placera les deux premiers Guides fur la direction qu'il voudra donner, & commandera auffitôt après :

Guides à vos Chefs de files.

220. A ce commandement, tous les Guides fuivans fe placeront légèrement fur la direction des deux premiers, en laiffant exactement diftance de peloton de l'un à l'autre, le Chef de bataillon les affurera fur la direction, & commandera enfuite :

*A gauche (*ou *à droite) ALIGNEMENT.*

221. A ce commandement, chaque peloton s'alignera en appuyant à fon Guide, les Chefs de peloton fe portant à deux pas en dehors de leur Guide, aligneront promptement leurs pelotons refpectifs, en les dirigeant parallèlement a celui qui précède, commanderont enfuite, *FIXE*, & fe porteront légèrement à leur place de colonne.

222. Si le Chef de bataillon ne jugeoit pas néceffaire de donner une direction générale aux Guides de la colonne, il fe borneroit à rectifier la pofition de ceux qui fe trouveroient trop en dehors ou en trop en dedans, par le commandement *Guide de tel peloton (*ou *tels pelotons) fortez* ou *rentrez ;* à ce commandement, les Guides défignés fe placeroient fur la direction, les autres ne bougeroient pas.

223. Si enfin, les Guides généraux marchoient fur le flanc de la colonne, le Chef de bataillon l'ayant arrêtée, fe porteroit en arrière du Porte-drapeau, vérifieroit fi le Guide général de la tête & le Porte-drapeau font placés exactement fur le prolongement des deux points en avant, fur lefquels ils avoient dû fe

diriger, & les affureroit fur cette direction, s'ils n'y étoient pas; l'Adjudant affureroit de la même manière la direction du Guide général de la queue, ce qui étant exécuté, le Chef de bataillon commanderoit :

1.
Guides fur la ligne.

224.   A ce commandement, le Guide placé fur le flanc de chaque peloton du côté de la direction, fe portera légèrement fur la direction des Guides généraux, & fera face vers la tête de la colonne; l'Adjudant-major placé en avant & face au Guide général de la tête, & l'Adjudant placé en arrière du Guide général de la queue, aligneront promptement les Guides des pelotons.

225.   Le Chef de bataillon ayant vérifié la direction des Guides, commandera :

2.
A gauche (ou à droite) = ALIGNEMENT.

226.   A ce commandement, tous les pelotons de la colonne iront s'appuyer à leurs Guides refpectifs, & feront promptement alignés par les Chefs de peloton, qui fe placeront pour cet effet chacun à deux pas en dehors de leur Guide.

Obfervation.

227.   Les moyens indiqués ci-deffus, N.° 219, pour donner une direction générale aux Guides d'une colonne, ne peuvent convenir, fi elle eft à diftance entière, qu'à une colonne d'un ou de deux bataillons au plus; fi le nombre des bataillons étoit plus confidérable, le Chef de la colonne feroit porter le drapeau & les Guides généraux de chaque bataillon fur la direction qu'il voudroit donner à la colonne, ainfi qu'il fera expliqué ci-après, au titre des évolutions de ligne.

ARTICLE 6.
Serrer la colonne à diftance de fection ou en maffe.

228.   Le bataillon étant en colonne par peloton, à diftance entière, lorfque le Chef de bataillon voudra faire ferrer la colonne à diftance de fection, il commandera :

1.
A diftance de fection, ferrez la colonne.

2.

M A R C H E.

229. Au commandement *marche*, qui fera répété par tous les Chefs de peloton, hors celui de la tête, le premier peloton ne bougera pas fi la colonne eft de pied ferme, & fon Chef commandera *à gauche* (ou *à droite*) = *ALIGNEMENT;* mais fi la colonne eft en marche, le Chef du premier peloton fera, à l'avertiffement du Chef du bataillon, les commandemens fuivans:

I.

Peloton.

2.

H A L T E.

3.

*A gauche (*ou *à droite) = ALIGNEMENT.*

230. Au commandement *marche* du Chef de bataillon, tous les pelotons, excepté celui de la tête, fe mettront en marche, ou continueront à marcher, & à mefure que chacun arrivera à diftance de fection de celui qui le précède, fon Chef l'arrêtera par les commandemens ci-deffus.

231. A l'inftant où chaque peloton arrêtera, le Guide de gauche fi la colonne a la droite en tête, le Guide de droite fi elle a la gauche en tête, fe placera légèrement fur la direction des Guides qui précèdent; le Chef de peloton fe portera en dehors de fon Guide, & fera le commandement *à gauche* (ou *à droite*) = *ALIGNEMENT.*

232. Le peloton étant aligné, le Chef de peloton commandera *FIXE*, & fe portera à deux pas en avant du centre de fon peloton.

233. On ne s'occupera pas de la direction des Guides avant qu'ils foient arrêtés, il fuffira que chacun d'eux fuive la trace du Guide précédent.

234. Le Chef de bataillon, placé fur le flanc du côté de la direction, veillera à l'exécution du mouvement, & à ce que les Chefs de peloton les arrêtent exactement à diftance de fection l'une de l'autre.

235. L'Adjudant-major fe portera à quelques pas en avant du peloton de la tête, fera face au Guide placé du côté de la direction, & affurera avec foin la pofition des Guides fuivans, à mefure que chacun d'eux fe placera fur la direction.

L'Adjudant

236. L'Adjudant fuivra le mouvement, à hauteur du dernier Guide.

237. Pour faire ferrer en maffe, le Chef de bataillon fera les mêmes commandemens que pour faire ferrer à diftance de fection, en fubftituant l'indication *en maffe* à celle de *à diftance de fection.*

238. Les Chefs de peloton fe conformeront à tout ce qui vient de leur être prefcrit ci-deffus, excepté qu'ils n'arrêteront leur peloton qu'à trois pas de diftance du peloton qui précède ; les ferres-files ferreront à un pas du troifième rang lorfque leur peloton s'alignera.

A R T I C L E 7.

Marcher en colonne à diftance de fection ou en maffe.

239. Une colonne à diftance de fection ou en maffe étant de pied ferme, le Chef de bataillon la mettra en marche par les commande-mens prefcrits pour faire marcher une colonne à diftance entière.

240. Les moyens de direction feront les mêmes pour une colonne à diftance de fection ou en maffe, que pour une colonne avec diftance entière, à l'exception des Guides généraux.

241. Lorfque le Chef de bataillon voudra arrêter une colonne en marche à diftance de fection ou en maffe, il fera les comman-demens prefcrits pour arrêter une colonne avec diftance entière ; & fi enfuite il juge néceffaire de donner une direction générale aux Guides de la colonne, il emploîra à cet effet les commandemens & moyens indiqués ci-deffus, N.° 219.

242. Dans les colonnes à diftance de fection, ou à diftance de maffe, les Chefs de peloton répéteront les commandemens *M ARCH E* & *HALTE* comme dans les colonnes à diftance entière.

A R T I C L E 8.

Changemens de direction en colonne à diftance de fection.

243. Une colonne en marche à diftance de fection devant changer de direction, foit fur le côté du Guide ou fur le côté oppofé, exécutera ce mouvement par les mêmes commandemens & les mêmes principes qu'une colonne à diftance entière, excepté que

Pₗ. XV.
Fig. 1.

T t

dans les changemens de direction fur le côté oppofé au Guide; le pivot de chaque peloton doit faire des pas d'un pied au lieu de les faire de fix pouces, fans quoi le point de la converfion ne fe trouveroit pas dégagé affez tôt, puifque la diftance entre les pelotons eft de moitié moindre que dans une colonne à diftance entière, ce qui exige que le pivot alonge fon pas dans la même proportion, pour ne pas arrêter la marche du peloton fuivant.

A R T I C L E 9.

Changement de direction en maffe.

244. Lorfqu'une colonne en maffe devra exécuter un changement de direction, on l'arrêtera fi elle eft en marche, & le mouvement s'exécutera par le flanc des fubdivifions de la manière fuivante.

245.
Pl. XV.
Fig. 2.
Le bataillon *(a)* ayant la droite en tête, le Chef de bataillon voulant le placer fur la ligne *(c b)* indiquera à l'Adjudant-major l'arbre *(b)* fuppofé être le point de direction de droite ; l'Adjudant-major établira auffitôt fur la nouvelle direction, deux jalonneurs *(c d)*, diftans l'un de l'autre d'un peu moins que l'étendue du front de la première fubdivifion, & dont le premier fera placé devant la file de droite de cette fubdivifion, ce qui étant exécuté, le Chef de bataillon commandera :

1.

Changement de direction par le flanc droit.

2.

Bataillon = À DROITE.

3.

MARCHE.

246. Au fecond commandement, la colonne fera *à droite*, & le Chef de chacune des fubdivifions fe portera à côté de fon Guide de droite.

247. Au commandement *marche*, les fubdivifions fe mettront en marche toutes enfemble ; le Guide de droite de celle de la tête fe dirigera dès fon premier pas , parallèlement aux jalonneurs placés d'avance fur la nouvelle direction ; le Chef de la fubdivi-fion n'en fuivra pas le mouvement, mais la verra filer , & auffitôt que le Guide de gauche l'aura dépaffée , il commandera :

I.

Peloton (ou division.)

2.

HALTE.

3.

FRONT.

4.

A gauche = *ALIGNEMENT.*

248.   Au quatrième commandement, la fubdivifion fe portera contre les deux jalonneurs , & fera promptement alignée par fon Chef.

249.   Le Guide de droite de chacune des fubdivifions fuivantes fe conformera à la direction du Guide de droite de la fubdivifion qui précède la fienne dans l'ordre de la colonne , de manière à entrer fur la nouvelle direction parallèlement à cette fubdivifion, & à trois pas de diftance de fon dernier rang.

250.   Chaque Chef de fubdivifion s'arrêtera de fa perfonne lorfqu'il fera arrivé fur la direction des Guides de gauche des fubdivifions déjà placées fur la nouvelle direction , verra filer fa fubdivifion, & fe conformera, pour l'arrêter & l'aligner , à ce qui a été prefcrit ci-deffus, N.ºs 87 & 88.

251.   Si le Chef de bataillon , au lieu de faire changer de direction par le flanc droit , veut faire exécuter ce mouvement par le flanc gauche, pour porter la colonne fur une direction qui foit perpendiculaire à celle où elle fe trouve placée, il indiquera à l'Adjudant-major l'arbre *(f)*, fuppofé être le point de direction de gauche ; l'Adjudant-major établira auffitôt fur la nouvelle direction, deux jalonneurs *(h g)* , diftans l'un de l'autre d'un peu moins que l'étendue du front de la première fubdivifion, & dont le premier fera placé devant la file de gauche de cette fubdivi-fion, ce qui étant exécuté, le Chef de bataillon commandera : PL. XV. *Fig.* 2.

I.

Changement de direction par le flanc gauche.

2.

Bataillon = À GAUCHE.

3.

MARCHE.

252. Au fecond commandement, toutes les fubdivifions feront à gauche, & les Chefs de fubdivifion fe placeront à côté de leur Guide de gauche.

253. Au commandement *marche*, les fubdivifions fe mettront en marche toutes enfemble, & feront conduites chacune par leur Chef.

254. La fubdivifion de la tête fe dirigera dès fon premier pas, & fera arrêtée & alignée comme il a été preferit ci-deffus, avec cette feule différence que le Chef de cette fubdivifion la conduira jufqu'à ce que fon Guide de gauche foit près d'arriver à hauteur du jalonneur *(g)*, & l'arrêtera un inftant avant qu'elle n'y arrive : il en fera de même pour chacune des fubdivifions fuivantes.

255. Le Chef de bataillon fe placera toujours fur le flanc par lequel les fubdivifions devront marcher pour fe porter fur la nouvelle direction, & veillera à ce que chaque fubdivifion y entre parallèlement à celle de la tête, & à la diftance preferite de la fubdivifion précédente.

256. L'Adjudant-major fe placera toujours à quelques pas en avant du Guide de la fubdivifion de la tête, lui fera face, & affurera avec foin la pofition des Guides fuivans, à mefure qu'ils arriveront fur la nouvelle direction.

257. L'Adjudant fuivra le mouvement à hauteur de la dernière fubdivifion.

Obfervations relatives aux changemens de direction en maffe par le flanc des fubdivifions.

258. Pour que ce mouvement puiffe s'exécuter avec facilité & précifion, il eft néceffaire que la fubdivifion de la tête démafque en entier la colonne ; ainfi, fi le mouvement fe fait par le flanc droit, il faut que le Guide de gauche de cette fubdivifion arrive

pour

pour le moins à la place où étoit celui de droite, afin que chacune des subdivisions suivantes ayant au moins l'étendue de son front à marcher pour se porter dans la nouvelle direction, & la gauche de chacune passant ainsi par le point où étoit sa droite, la subdivision entière puisse se trouver au commandement *HALTE* de son Chef, dans une position parallèle à celle de la tête.

259. Par cette méthode, il n'est point de direction qu'on ne puisse donner à une colonne en masse, de quelque nombre de bataillons qu'elle soit composée.

260. En effet, la colonne pourra être établie sur telle direction que ce soit de tout le demi-cercle *(i, k, l,)* & si elle fait la contre-marche, elle aura l'autre demi-cercle *(m, n, o,)* sur lequel on pourra encore l'établir dans telle direction qu'on voudra.

Pl. XV.
Fig. 2.

261. A défaut de l'arbre *(b,* ou *f)* ou d'un autre objet distinct qui puisse en tenir lieu, le Chef de bataillon placera lui-même les deux Jalonneurs sur la nouvelle direction qu'il voudra donner.

ARTICLE 10.

La contre-marche.

262. Si la colonne est à distance entière ou à distance de section, la contre-marche s'exécutera par les commandemens & moyens prescrits dans l'École de peloton; le Chef de bataillon substituera la dénomination de *bataillon* à celui de *peloton*, & chaque Chef de peloton ajoutera au commandement d'avertissement *peloton* qui précédera celui de *HALTE*, la dénomination de *premier, second,* &c. selon le numéro de son peloton.

263. Si la colonne est ferrée en masse, la contre-marche s'exécutera par les commandemens & moyens suivans:

264. La colonne étant supposée formée par division, la droite en tête, le Chef de bataillon commandera:

1.

Contre-marche.

2.

Bataillon par le flanc droit.

3.

À DROITE.

Uu

4.

Divifions paires en avant.

5.

MARCHE.

PL. XVI.
Fig. 1.

265. Au troifième commandement, toute la colonne fera *À DROITE*, les Chefs de divifion fe porteront à côté de leur Guide de droite, le Guide de gauche de chaque divifion *fera demi-tour à droite.*

266. Au commandement *marche,* les divifions paires feulement, fe mettront en marche par le flanc droit pour démafquer les divifions impaires; les Guides qui auront fait *demi-tour à droite* ne bougeront.

267. Lorfque la dernière file des divifions en marche fera près de démafquer le Guide de droite de celles qui font encore de pied ferme, le Chef de bataillon commandera:

6.

Divifions paires & impaires par file à gauche.

7.

MARCHE.

268. Au commandement *marche,* qui fera fait à l'inftant où les divifions en marche auront achevé de démafquer celles qui font de pied ferme, toutes les divifions du bataillon exécuteront à la fois la contre-marche en fe conformant à ce qui a été prefcrit dans l'École de peloton; celles qui auront déboîté de la colonne ayant exécuté la contre-marche en dehors, continueront à marcher jufqu'à ce qu'elles ayent repris leur place dans la colonne.

269. Chaque divifion étant près d'arriver à hauteur de fon Guide de gauche, le Chef de divifion commandera:

1.

Telle divifion (ou bien) *Grenadiers.*

2.

HALTE.

3.

FRONT.

270. Chaque divifion ayant fait *front,* le Chef de divifion fe portera à deux pas en dehors du Guide de gauche, & commandera:

4.

A droite = *ALIGNEMENT.*

271. A ce commandement, la division se portera à hauteur de son Guide de gauche, le Chef de division en dirigera l'alignement perpendiculairement à la ligne des Guides, ce qui étant exécuté, il commandera *FIXE*, & se portera devant le centre de sa division ; le Guide de gauche, placé sur la direction, se portera alors à sa gauche de la division, en passant légèrement devant le premier rang, & sera remplacé par le Guide de droite de la division.

272. La contre-marche, la gauche en tête, s'exécutera d'après les mêmes principes ; dans ce cas, comme dans le précédent, ce sera toujours les divisions paires qui déboîteront de la colonne pour exécuter la contre-marche en dehors.

273. Si la colonne, au lieu d'être par division, étoit formée par peloton, les pelotons pairs sortiroient de la colonne pour exécuter la contre-marche en dehors.

274. Dans le premier bataillon, les Grenadiers exécuteront le même mouvement que les divisions paires, & dans le second bataillon, ils se conformeront à ce qui est prescrit pour les divisions impaires.

275. Le Chef de bataillon, placé sur le flanc du côté de la direction, veillera à l'exécution générale du mouvement.

276. La contre-marche étant exécutée, l'Adjudant-major se portera à la dernière division devenue première, & l'Adjudant à la première devenue dernière.

ARTICLE II.

En colonne par peloton, en masse de pied ferme, la droite ou la gauche en tête, former les divisions.

277. La colonne étant en masse, la droite en tête, de pied ferme, le Chef de bataillon voulant faire former les divisions, commandera :

I.

Formez les divisions.

2.

Pelotons pairs par le flanc gauche

3.

À GAUCHE.

4.

MARCHE.

278. Au troisième commandement, tous les pelotons pairs feront à gauche, & les Chefs de ces pelotons se porteront à côté de leur Guide de gauche.

279. Les pelotons impairs, aussi-bien que leurs Chefs, ne bougeront pas, mais les Guides de droite & de gauche de ces pelotons se placeront devant la file qui est à côté d'eux, faisant tous deux face à droite, & appuyant légèrement le bras droit contre la poitrine de l'homme du premier rang de cette file, afin de jalonner la direction.

280. Au commandement *marche*, les pelotons pairs, seulement, se mettront en marche; les Chefs de ces pelotons n'en suivront pas le mouvement, mais les laisseront filer, & lorsqu'ils les verront presque démasqués, ils commanderont:

1.

Peloton.

2.

HALTE.

3.

FRONT.

281. Les Chefs des pelotons pairs ayant fait ce dernier commandement, se porteront de leur personne à côté de l'homme de gauche du premier rang du premier peloton de leurs divisions respectives, & s'aligneront correctement sur le premier rang de ce peloton.

282. Le Guide de gauche des seconds pelotons se portera en même temps en avant d'une des trois dernières files de gauche de son peloton, & faisant à droite, se placera correctement sur la direction des deux Guides du premier peloton de la division.

283. Le Guide de gauche de chaque second peloton étant ainsi placé, le Chef de ce peloton commandera:

à droite

à droite = ALIGNEMENT.

284. Le second peloton se portera sur l'alignement du premier ; l'homme du premier rang qui se trouve correspondre au Guide de gauche, sans précéder son rang, appuiera légèrement sa poitrine contre le bras droit de ce Guide, & le Chef du second peloton en dirigera l'alignement sur cet homme ; l'alignement étant assuré, les Chefs des seconds pelotons commanderont FIXE, mais ne se porteront point devant le centre de leur peloton.

285. Le Chef de bataillon, voyant les divisions formées, commandera :

Guides = À VOS PLACES.

286. A ce com^{mand}ement, les Guides reprendront vivement leur place ; celui de gauche des premiers pelotons passera par la file du Chef du second peloton, lequel s'effacera ainsi que son Sous-officier de remplacement, pour le laisser passer.

287. A ce même commandement, les Chefs des premiers pelotons, qui étoient restés devant le centre de leur peloton, se porteront à deux pas en avant du centre de la division.

288. Ce mouvement, la gauche en tête, s'exécutera par les moyens inverses ; les premiers pelotons se conformeront alors à ce qui est prescrit ci-dessus pour les seconds pelotons ; & les Guides placés devant la file de droite & de gauche des seconds pelotons, feront face à gauche. Au commandement *Guides* à VOS PLACES du Chef de bataillon, le Guide de droite & le Chef des seconds pelotons prendront leurs places au centre de la division, au premier & au troisième rang, & le Chef de la division, qui se trouve à la place que doit venir prendre le Chef du second peloton, se portera à deux pas en avant du centre de la division.

289. Le Chef de bataillon, placé sur le flanc du côté de la direction, veillera à l'exécution du mouvement.

290. Si la colonne, au lieu d'être serrée en masse, est à distance entière ou de section, les Chefs des seconds pelotons, après avoir commandé FRONT, se porteront devant le centre de leur peloton, & commanderont, si la droite est en tête :

X x

1.

Peloton en avant.

2.

Guide à droite.

3.

MARCHE.

291. Le Guide de droite de chaque peloton se dirigera de manière à arriver à côté de l'homme de gauche du premier peloton de sa division ; les seconds pelotons étant arrivés à hauteur du troisième rang du premier peloton de leur division , seront arrêtés par leurs Chefs respectifs , qui commanderont :

1.

Peloton.

2.

HALTE.

3.

A droite ═ ALIGNEMENT.

292. Au commandement *HALTE,* les Chefs, ainsi que le Guide de gauche des seconds pelotons , se placeront comme il a été ci-dessus prescrit , N.ᵒˢ 281 & 282.

Observations relatives au mouvement de former les divisions de pied ferme.

293. Ce mouvement pouvant être considéré comme l'élément de tous les déployemens , on s'attachera à le faire exécuter très-correctement.

294. Si, lorsque le second peloton marche par le flanc, on n'observe pas d'emboîter le pas , il y aura au commandement *front* des ouvertures entre les files.

295. Si le Chef de peloton arrête trop tôt son peloton , il manquera de place pour l'encadrer , & les files qui ne font pas démasquées feront obligées de pousser les autres en dehors pour pouvoir se placer.

296. S'il l'arrête trop tard, il faudra que le peloton appuie ensuite à droite en s'alignant, & dans un déployement de colonne, l'une ou l'autre de ces fautes induiroit en erreur les pelotons suivans.

297. Toutes les fois qu'un Guide de subdivision se portera devant sa subdivision pour jalonner la direction, il aura la plus grande attention à se placer de manière à correspondre à une des trois files extérieures de sa subdivision alignée : s'il prenoit trop de distance, en sorte qu'aucune file de sa subdivision ne lui correspondît, le Chef de la subdivision n'auroit pas de point assuré pour en diriger l'alignement.

QUATRIÈME PARTIE.

Différentes manières de passer de l'ordre en colonne à l'ordre de bataille.

ARTICLE PREMIER.

Manière de déterminer la ligne de bataille.

298. On peut déterminer la ligne de bataille de trois manières.

299. 1.° En plaçant deux Jalonneurs dans la direction qu'on voudra donner à la ligne.

300. 2.° En se plaçant au point où l'on voudra appuyer une des ailes de la ligne, & choisissant ensuite un second point à l'aile opposée, pour déterminer la ligne de bataille.

301. 3.° En choisissant d'abord les points de direction des deux ailes, & déterminant ensuite, par des points intermédiaires, la ligne droite entre ces deux points qui peuvent quelquefois être hors de portée ou inaccessibles.

302. Dans le premier cas, l'Adjudant chargé d'établir la ligne de bataille, placera les deux Jalonneurs à quarante ou cinquante pas l'un de l'autre, dans la direction qui lui aura été indiquée ; ils formeront la base de l'alignement général.

303. Dans le second cas, on indiquera à l'Adjudant le point d'appui où il devra se porter, & le point de direction qu'il devra prendre à l'aile opposée ; l'Adjudant se portera aussitôt au point d'appui, & établira deux Jalonneurs distans l'un de l'autre d'un peu moins que l'étendue du front de la première subdivision de la colonne, sur la direction qui lui aura été indiquée ; le premier de ces Jalonneurs sera placé au point d'appui.

304. Dans le troifieme cas, où les points de direction des deux ailes font donnés, on déterminera la ligne droite entre ces deux points de la manière fuivante.

Pl. XVI. 305. On y emploîra deux Jalonneurs ou Adjudans *(a)* & *(b)*.

Fig. 3. 306. Les deux points donnés étant le clocher *(d)* à droite, l'arbre *(c)* à gauche, le Jalonneur *(a)* s'arrêtera, tandis que celui *(b)*, fe portant à quelque diftance de lui vers la droite, s'alignera fur le Jalonneur *(a)* & l'arbre *(c)*.

307. Alors les deux Jalonneurs fe mettront en marche en faifant comme un mouvement de converfion à gauche, dont l'arbre *(c)* foit le pivot ; le Jalonneur *(b)*, qui pendant toute la durée du mouvement fera fubordonné au Jalonneur *(a)*, fe confervera toujours aligné avec lui & l'arbre *(c)*.

308. Le Jalonneur *(a)*, pendant fa marche, regardera toujours vers le Jalonneur *(b)* pour s'arrêter à l'inftant même où celui-ci lui mafquera le clocher *(d)*.

309. Si le Jalonneur *(b)* s'eft exactement conformé au mouvement du Jalonneur *(a)*, de manière que celui-ci lui mafque l'arbre *(c)* au moment où il lui mafque à fon tour le clocher *(d)*, tous les deux feront fur la ligne *(c)* *(d)*, & les points intermédiaires feront trouvés.

310. Les deux Jalonneurs s'étant arrêtés feront face l'un à l'autre ; & s'il y avoit quelque inexactitude dans l'exécution, le Jalonneur *(a)* pourra la rectifier très-promptement de la manière fuivante.

311. Suppofé que le Jalonneur *(a)* aperçoive le clocher *(d)* en dehors à fa gauche, il appuiera un peu à gauche ; le Jalonneur *(b)*, toujours aftreint à refter aligné avec le Jalonneur *(a)* & l'arbre *(c)*, fuivra le mouvement du Jalonneur *(a)*, & lui mafquera bientôt le clocher *(d)*.

312. Si au contraire le Jalonneur *(a)* aperçoit le clocher *(d)* à fa droite, il appuiera un peu à droite, jufqu'à ce que le Jalonneur *(b)*, qui fuivra fon mouvement, le lui mafque.

313. Ces deux points intermédiaires étant ainfi trouvés, la ligne de bataille fera déterminée.

ARTICLE 2.

ARTICLE 2.

*Différentes manières de former la colonne avec distance entière,
la droite ou la gauche en tête, sur la ligne de bataille.*

1.° A gauche (ou à droite),
2.° Sur la droite (ou sur la gauche),
3.° En avant,
4.° Face en arrière,

} en bataille.

1.°

*Colonne avec distance entière, la droite en tête, à gauche en
bataille.*

314.   On suppose la colonne arrêtée ; le Chef de bataillon ayant
assuré la position des Guides, ainsi qu'il a été prescrit ci-devant,
commandera :

1.
A gauche en bataille.

2.
MARCHÉ.

315.   Au premier commandement, le Guide de droite du peloton de
la tête se portera vivement sur la direction des Guides de gauche
de la colonne, leur faisant face, & se plaçant de manière à
correspondre à une des trois premières files de droite de son
peloton en bataille ; l'Adjudant-major y veillera.

316.   Au commandement *marche*, vivement répété par les Chefs de
peloton, l'homme de gauche du premier rang de chaque peloton
fera à gauche, & appuiera légèrement sa poitrine contre le bras
droit de son Guide ; les pelotons converferont à gauche par le
principe des conversions de pied ferme, & en se conformant à
ce qui a été prescrit dans l'École de peloton, N.° 164. Chaque
Chef de peloton se retournera face à son peloton, pour veiller
à l'exécution du mouvement, & lorsque la droite du peloton sera
arrivée à deux pas de la ligne de bataille, il commandera :

1.
Peloton.

2.
HALTE.

317.   Le peloton étant arrêté, le Chef de peloton se portera sur la

ligne , à côté de l'homme de gauche du peloton placé à fa droite s'alignera correctement & commandera :

3.

A droite = ALIGNEMENT.

318. A ce commandement, le peloton viendra s'encadrer entre le Chef de peloton & l'homme de gauche du premier rang , & le Chef de peloton en dirigera l'alignement fur cet homme de gauche ; l'homme de droite du peloton de la tête qui fe trouvera correfpondre au Guide de droite de ce peloton , lequel s'étoit porté fur la direction des Guides de gauche de la colonne , appuiera légèrement la poitrine contre le bras gauche de fon Guide.

319. Chaque Chef de peloton ayant aligné fon peloton , commandera FIXE, & le Chef de bataillon commandera enfuite :

Guides = À VOS PLACES.

320. A ce commandement, les Guides reprendront leur place de bataille , en paffant chacun par la file du Chef de peloton le plus près d'eux , lequel s'effacera ainfi que fon Sous-officier de remplacement, pour laiffer paffer le Guide ; le Chef de bataillon fe portera à la droite pour vérifier l'alignement , & le fera rectifier , s'il y a lieu, par les Chefs de peloton.

321. Lorfque les pelotons fe formeront en bataille, les ferre-files fe placeront correctement à deux pas du dernier rang , ce qui affurera d'une manière fuffifante leur alignement.

322. Le bataillon étant correctement aligné , s'il fait partie d'une ligne de plufieurs bataillons, le Chef de bataillon , l'Adjudant-major & l'Adjudant fe porteront à leur place de bataille ; mais lorfqu'il ne s'agira que d'inftruction , ils pourront fe porter par-tout où leur préfence fera néceffaire ; ce principe fera général après toutes les formations en bataille.

323. Si la colonne avoit la gauche en tête , elle fe formeroit *à droite en bataille ,* d'après les mêmes principes : le Guide de gauche du huitième peloton exécuteroit , au premier commandement, ce qui a été prefcrit ci-deffus, N.° 315, pour le Guide de droite du peloton de la tête.

Inverfion.

324. Le Chef de bataillon fuppofant quelquefois la néceffité de

faire face au flanc oppofé à la direction , & voulant exécuter cette formation par le mouvement le plus court ; fi la colonne a la droite en tête , commandera :

1.

Par inverfion , à droite en bataille.

2.

Bataillon , Guides à droite.

325. Au premier commandement , l'Adjudant-major fe placera un peu en avant , & face au Guide de droite de la première fubdivifion , l'Adjudant fe placera de même un peu en arrière du Guide de droite de la dernière ; le Guide de gauche de la première fubdivifion fe portera en même temps fur la direction , & face aux Guides de droite de la colonne , & s'y placera comme il a été prefcrit ci-deffus , N.° 315.

326. Au deuxième commandement, l'Adjudant-major & l'Adjudant aligneront le plus promptement poffible les Guides de droite de la colonne.

327. Le Chef de bataillon commandera enfuite.

3.

MARCHE.

328. A ce commandement , l'homme de droite du premier rang de chaque fubdivifion fera à droite , appuiera légèrement fa poitrine contre le bras gauche du Guide de la fubdivifion , & le bataillon fe formera à droite en bataille d'après les principes prefcrits , ce qui étant exécuté , le Chef de bataillon commandera :

Guides = *À VOS PLACES.*

2.°

Colonne avec diftance entière , la droite en tête , fur la droite en bataille.

329. Une colonne avec diftance entière , la droite en tête devant fe former fur la droite en bataille , le Chef de bataillon indiquera un peu d'avance à l'Adjudant le point où il voudra appuyer fa droite , ainfi que le point de direction de gauche ; l'Adjudant fe détachera auffitôt avec deux Jalonneurs , & les établira fur la direction qui lui aura été indiquée , de la manière fuivante.

3 3 0. Le premier fera placé au point d'appui , & marquera la place où devra appuyer l'homme de droite du premier rang du peloton de la tête ; le fecond , celui où devra appuyer une des trois dernières files de gauche du même peloton ; ils feront placés de manière à préfenter l'épaule droite au bataillon formé.

3 3 1. La tête de la colonne étant près d'arriver à hauteur du point où le Chef de bataillon voudra appuyer fa droite , ce Chef commandera :

1.

Sur la droite en bataille.

2.

Bataillon , Guides à droite.

3 3 2. Au fecond commandement, la direction fe prendra à droite , le Guide de droite de la fubdivifion de la tête marchera droit devant lui jufqu'au point où cette fubdivifion devra tourner à droite.

3 3 3. Les Guides fuivans marcheront chacun dans la trace du Guide qui les précède.

3 3 4. La fubdivifion de la tête étant près d'arriver à hauteur du premier Jalonneur, le Chef de cette fubdivifion commandera :

Tournez à droite.

Et lorfqu'elle fera précifément à hauteur de ce Jalonneur , il commandera :

MARCHE.

3 3 5. Au commandement *marche ,* la fubdivifion tournera à droite par le principe des converfions fur le côté des Guides , & le Guide de droite fe dirigera de manière à faire arriver le Soldat qui eft à côté de lui, vis-à-vis le Jalonneur de droite ; le Chef de la fubdivifion marchera à deux pas devant le centre de fa fubdivifion.

3 3 6. La fubdivifion étant arrivée contre les deux Jalonneurs , fon Chef lui commandera :

1.

Peloton.

2.

HALTE.

3.

A droite =: ALIGNEMENT.

3 3 7. Au fecond commandement, la fubdivifion s'arrêtera.

Au

338. Au troisième commandement, la subdivision s'alignera, les deux hommes qui correspondent aux Jalonneurs, s'appuieront légèrement contre leur bras droit, le Guide de gauche rentrera en serre-file, & le Chef de la subdivision, se portant à la droite de son premier rang, en assurera l'alignement sur les deux hommes qui correspondent aux Jalonneurs, ce qui s'observera de même dans toutes les formations successives.

339. La deuxième subdivision continuera à marcher droit en avant, & lorsqu'elle sera arrivée vis-à-vis le flanc gauche de la première, elle tournera à droite au commandement de son Chef comme ci-dessus, & se portera ensuite vers la ligne de bataille, le Guide de droite se dirigeant de manière à arriver à côté de l'homme de gauche de la première subdivision, & le Chef de subdivision marchant à deux pas en avant du centre de sa subdivision.

340. Lorsqu'elle sera arrivée à deux pas de la ligne de bataille, son Chef l'arrêtera par les commandemens prescrits ci-dessus, se portera légèrement à côté de l'homme de gauche de la première subdivision, & s'alignera correctement sur le premier rang de cette subdivision.

341. Le Guide de gauche se portera en même temps en avant d'une des trois files de gauche de sa subdivision, & faisant face à droite, se placera correctement sur la direction des deux Jalonneurs de la première subdivision.

342. Le Chef de la deuxième subdivision commandera alors :

A droite = ALIGNEMENT.

343. La deuxième subdivision se portera sur la ligne ; le Chef de peloton en dirigera l'alignement sur l'homme de son premier rang qui aura appuyé contre le Guide de gauche de son peloton.

344. Les subdivisions suivantes viendront ainsi l'une après l'autre se former sur la ligne de bataille, en se conformant à ce qui est prescrit pour la deuxième subdivision, & lorsque tout le bataillon y sera correctement établi, le Chef de bataillon commandera :

Guides = À VOS PLACES.

345. A ce commandement, les Guides rentreront à leurs places de bataille, & les Jalonneurs placés devant la première subdivision se retireront ; il en sera de même après toutes les formations en bataille, les Guides passeront toujours par la file du Chef de peloton le plus près d'eux.

Z z

346 Le Chef de bataillon fuivra la formation, en fe prolongeant par devant la ligne de bataille, & toujours à hauteur de la fubdivifion qui va tourner pour fe porter fur cette ligne, d'où il pourra le mieux voir & faire réparer l'erreur d'un commandement qui auroit été fait trop tôt ou trop tard, à la fubdivifion précédente.

347. L'Adjudant-major affurera, avec le plus grand foin, la direction des Guides, à mefure qu'ils fe porteront fur la ligne de bataille, fe plaçant, à cet effet, à quelques pas en arrière d'eux fur cette ligne : ce principe fera général dans les formations fucceffives.

348. Une colonne, la gauche en tête, fe formera fur la gauche en bataille, par les commandemens & moyens inverfes. Les Chefs de fubdivifion fe porteront à la gauche pour aligner leurs fubdivifions, & au commandement de *Guides* $=$ *À VOS PLACES*, ils fe porteront à leurs places de bataille ; il en fera de même toutes les fois qu'une colonne ayant la gauche en tête fe formera en bataille.

Obfervations relatives à la formation fur la droite (ou fur la gauche) en bataille.

349. Pour que ce mouvement puiffe s'exécuter avec plus de régularité, il fera avantageux d'établir la ligne de bataille de manière à ce que chaque peloton, après avoir tourné, ait au moins quatre pas à faire pour arriver fur cette ligne.

350. Dans les premières écoles, on établira la ligne de bataille fur une direction parallèle, ou à peu-près, à celle fur laquelle la colonne marche ; mais lorfque les Chefs de peloton & Guides comprendront le mécanifme de ce mouvement, le Chef de bataillon choifira plus ordinairement des directions obliques, afin d'habituer les bataillons à fe former dans toute efpèce de direction indiftinctement.

351. Lorfque la direction de la ligne de bataille formera un angle fenfible avec la direction de la marche de la colonne *(d e)*, le Chef de bataillon indiquera au Guide de la fubdivifion de la tête, avant de commencer le mouvement, un point en avant *(f)*, dans une direction à peu-près parallèle à la ligne de bataille ; le Guide de la tête se dirigera auſſitôt ſur ce point, & la ſubdiviſion ſe conformera à ſa direction au commandement, ou bien à l'avertiſſement du Chef de la ſubdi-viſion, ſelon que le changement de direction l'exigera ; chacune des ſubdiviſions ſuivantes exécutera le même mouvement à meſure qu'elles arriveront à la place où celle de la tête l'aura exécuté ; par ce moyen, toutes les ſubdiviſions de la colonne, en arrivant chacune au point où elles devront tourner pour ſe porter ſur la ligne de bataille, auront, après avoir tourné, à peu-près le même nombre de pas à faire pour y arriver.

352. Les Chefs de ſubdiviſion doivent toujours obſerver, en ſe plaçant ſur la ligne de bataille, de ne faire le commandement *d'alignement,* qu'après que le Guide de leur peloton aura été aſſuré ſur la direction par l'Adjudant-major : ce principe ſera général dans les formations ſucceſſives.

3.°

Colonne avec diſtance entière, la droite en tête, en avant en bataille.

353. La colonne étant ſuppoſée arriver, la droite en tête, par derrière la droite de la ligne ſur laquelle le Chef de bataillon voudra la former en bataille, il indiquera un peu d'avance à l'Adjudant, le point où il voudra appuyer ſa droite, ainſi que le point de direction de gauche ; l'Adjudant ſe détachera auſſitôt avec deux Jalonneurs, & les établira ſur la direction qui lui aura été indiquée, comme il a été preſcrit dans la formation ſur la droite en bataille, N.° 330.

354. La tête de la colonne étant arrivée à environ diſtance de peloton des deux Jalonneurs établis ſur la ligne, le Chef de bataillon arrêtera la colonne, & ordonnera au Chef de la première ſubdiviſion de la porter contre les deux Jalonneurs, ce qui étant exécuté, le Chef de Bataillon commandera :

1.

En avant en bataille.

2.

Bataillon, Guides à droite.

3.

Par peloton, demi à gauche.

4.

MARCHE.

355.

PL. XVII.

Fig. 2.

Au commandement *marche,* tous les pelotons, hors celui qui eſt établi ſur la ligne de bataille, converſeront à gauche, à pivot fixe ; & au moment où le Chef de bataillon jugera qu'ils auront aſſez converſé, ſelon la direction de la ligne de bataille, il commandera :

1.

En avant.

2.

MARCHE.

356. Au commandement *marche,* le Guide de droite du peloton le plus près de la ligne de bataille, ceſſant de tourner, ſe dirigera droit devant lui.

357. Au même commandement, le Guide de droite du peloton ſuivant, ceſſant auſſi de tourner, ſe dirigera droit en avant, & ſuivra la file du peloton précédent qui ſe trouvera vis-à-vis de lui, juſqu'au moment où ce peloton tournera à droite pour ſe porter carrément ſur la ligne de bataille ; alors ce Guide ceſſant de ſuivre la file qui étoit devant lui, continuera à marcher droit en avant.

358. Le Guide de droite de chacun des pelotons ſuivans, obſervera ce qui vient d'être preſcrit pour celui du ſecond peloton.

359. A l'inſtant où le Guide de droite de chaque peloton arrivera vis-à-vis de la file de gauche du peloton qui devra précéder immédiatement le ſien ſur la ligne de bataille, le Chef de peloton commandera :

1.

Tournez à droite.

2.

MARCHE.

360. Ces deux commandemens s'exécuteront comme il a été preſcrit ci-deſſus dans la formation *ſur la droite en bataille.*

Chaque

361.   Chaque peloton fera arrêté par fon Chef à deux pas de la ligne de bataille ; le Guide de gauche de chacun fe placera auffitôt fur cette ligne, vis-à-vis l'une des trois files de gauche de fon peloton, & l'Adjudant major l'affurera fur la direction, ce qui étant exécuté, & le Chef de peloton s'étant placé à côté de l'homme de gauche du peloton qui eft à fa droite, ce Chef commandera :

à droite $=$ *ALIGNEMENT.*

362.   La formation étant achevée, le Chef de bataillon commandera :

Guides $=$ *À VOS PLACES.*

363.   Cette formation s'exécutera, la gauche en tête ; par les commandemens & moyens inverfes.

364.   Le Chef de bataillon & l'Adjudant-major rempliront dans ces formations, les mêmes fonctions qui leur ont été prefcrites dans l'article précédent.

Obfervations relatives à la formation d'une colonne, avec diftance entière, en avant en bataille.

365.   La précifion de ce mouvement dépend de la direction qu'auront les pelotons au moment où le Chef de bataillon commandera *en avant, MARCHE ;* le Chef de bataillon jugera le moment de faire ce dernier commandement, en obfervant que fi la direction de la ligne de bataille forme avec celle de la colonne un angle droit ou à peu-près, les pelotons doivent exécuter un demi-quart de converfion, & que plus l'angle que formeront ces deux directions fera aigu, plus les pelotons devront converfer avant de fe porter en avant.

366.   Il eft très-important que chaque peloton, en fe portant vers la ligne de bataille, tourne exactement au point *(e)*, vis-à-vis PL. XVII. la place où fon Chef devra fe porter fur cette ligne. Si un *Fig. 2.* peloton tournoit trop tôt, il fe trouveroit en partie mafqué par celui qui s'eft formé avant lui fur la ligne de bataille, & feroit obligé de fe démafquer par le pas oblique ; s'il tournoit trop tard, il dépafferoit le flanc du peloton auquel il doit venir s'appuyer, & feroit obligé, pour réparer cette faute, d'obliquer en

A a a

fe portant fur la ligne. Dans l'un & l'autre cas, la faute d'un peloton induifant en erreur le peloton fuivant, pourroit fe propager fucceffivement jufqu'au dernier.

367. Le Guide de chaque peloton doit avoir foin de tourner de manière que fon peloton arrive carrément fur la ligne de bataille.

368. Si l'angle que forme la ligne de bataille avec la direction primitive de la colonne, étoit tellement aigu que les fubdivi-fions, en arrivant vis-à-vis de la place qu'elles devront occuper fur la ligne de bataille, fuffent prefque parallèles à cette ligne, les Chef de fubdivifion ne feroient pas le commandement de *tournez à droite* (ou *à gauche*), ils arrêteroient feulement leur fubdivifion à deux pas de la ligne, & feroient dans cette pofition le commandement *à droite* (ou *à gauche*) = *ALIGNEMENT.*

369. Si, au contraire, l'angle que forme la ligne de bataille avec la direction primitive de la colonne étoit fenfiblement plus ouvert que l'angle droit, la formation s'exécuteroit alors, non par le mouvement de *en avant en bataille*, mais par celui de *fur la droite* (ou *fur la gauche*) *en bataille*, & d'après les principes prefcrits pour cette formation.

370. Si quelque peloton rencontroit un obftacle qui l'empêchât de marcher de front, il feroit *à droite* (ou *à gauche*) en mar-chant, & fuivroit par le flanc le peloton qui le précède ; l'obftacle étant paffé, il fe réformeroit en ligne au commandement de fon Chef.

4.°

Colonne avec diftance entière, la droite en tête, face en arrière en bataille.

371. La colonne étant fuppofée arriver, la droite en tête, par devant la droite de la ligne fur laquelle le Chef de bataillon voudra la former en bataille, il indiquera un peu d'avance à l'Adjudant le point où il voudra appuyer fa droite, ainfi que le point de direction de gauche ; l'Adjudant fe détachera auffitôt

avec deux Jaloneurs , & les établira fur la direction qui lui aura été indiquée , comme il a été prefcrit dans la formation *fur la droite en bataille.*

372. La tête de la colonne étant arrivée à environ diftance de peloton des deux Jalonneurs établis fur la ligne , le Chef de bataillon arrêtera la colonne , & ordonnera au Chef de la première fubdivifion de l'établir face en arrière , derrière & contre les deux Jalonneurs ; la fubdivifion fera *à droite* , & enfuite *par file à gauche* , au commandement de fon Chef , traverfera la ligne de bataille ; & lorfque la première file l'aura dépaffée de deux pas , elle tournera de nouveau par file à gauche , pour fe porter en arrière des deux Jalonneurs , où étant arrivée fon Chef l'arrêtera , lui fera faire *front* , & l'alignera à droite.

373. Dans cette pofition , la fubdivifion de la tête fera face à la colonne , & auffitôt qu'elle fera établie , le Chef de bataillon commandera :

I.

Face en arrière en bataille.

2.

Bataillon par le flanc droit.

3.

A DROITE.

4.

MARCHE.

374. Au troifième commandement, tous les pelotons , hors celui qui eft établi fur la ligne de bataille , feront à droite , & les Chefs de peloton fe placeront à côté de leur Guide de droite.

375. Au commandement *marche* , tous les pelotons qui ont fait à *droite* , fe mettront en marche ; le Guide de gauche *(e)* de celui qui eft le plus près de la ligne de bataille , fe détachera vivement pour aller jalonner cette ligne ; il s'y placera ainfi qu'il a été prefcrit ci-deffus pour les formations fucceffives , & indiquera ainfi au Chef de fon peloton le point à peu-près où il devra traverfer la ligne de bataille , la dépaffer de deux pas , & tourner enfuite par file à gauche de manière à diriger fon peloton parallèlement à cette ligne , comme en *(f).*

Pl. XVIII.

Fig. 1.

376. Aussitôt que la première file de ce peloton sera arrivée près de la file de gauche du peloton déjà formé sur la ligne de bataille, le Chef de peloton commandera :

1.

Peloton.

2.

H A L T E.

3.

F R O N T.

4.

'A droite = A L I G N E M E Ñ T.

377. Le premier commandement sera fait à deux pas avant d'arriver à la place où le peloton devra arrêter.

378. Au second commandement, le peloton arrêtera, & s'il y a de l'ouverture dans les files, elles se resserront promptement à leur distance.

379. Le troisième commandement étant fait, le Chef de peloton se placera aussitôt à côté de l'homme de gauche du peloton qui est à sa droite, & s'alignera sur le premier rang de peloton.

380. Le quatrième commandement s'exécutera comme il a été prescrit ci-dessus, N.° 343.

381. Tous les pelotons suivans se porteront, comme il vient d'être expliqué, sur la ligne de bataille, chacun d'eux se réglant sur celui qui doit entrer avant lui sur cette ligne ; les Guides de gauche *(e)* se détacheront à mesure que leurs pelotons arriveront à environ douze pas de la ligne de bataille, & s'y placeront de manière à correspondre à une des trois files de gauche de leur peloton en bataille.

382. La formation étant achevée, le Chef de bataillon commandera :

Guides = À V O S P L A C E S.

383. Cette formation s'exécutera, la gauche en tête, par les moyens inverses.

384. Le Chef de bataillon & l'Adjudant-major rempliront dans ces formations les mêmes fonctions qui leur ont été prescrites dans la formation, *sur la droite en bataille.*

Observation

*Obſervation relative à la formation d'une colonne avec diſtance
entière, face en arrière en bataille.*

385.   Lorſque les pelotons ſe porteront vers la ligne de bataille,
il faut que les Chefs qui les conduiſent en dirigent la marche, de
manière à traverſer cette ligne un peu en arrière de leur Guide ;
ainſi chaque Guide doit ſe détacher aſſez à temps pour ſe trouver
correctement établi ſur la direction avant que ſon peloton ſoit
arrivé à ſa hauteur.

A R T I C L E   3.

Formation en bataille compoſée de deux mouvemens.

386.   Une colonne, la droite en tête, arrivant par derrière la ligne
de bataille, & ſe prolongeant ſur cette ligne, ſi le Chef de bataillon
juge néceſſaire de la former en bataille, avant que les trois derniers
pelotons, par exemple, ne ſoient entrés dans la nouvelle direction, il l'arrêtera ; & après avoir aſſuré la direction des Guides
des pelotons qui y ſont entrés, il commandera :

1.

A gauche en bataille.

2.

Trois derniers pelotons en avant en bataille.

387.   Au ſecond commandement, le Chef de chacun des trois derniers
pelotons commandera : 1.º *Guides à droite ;* 2.º *Par peloton demi-
à gauche.*

Le Chef de bataillon commandera enſuite :

3.

M A R C H E.

388.   Au commandement MARCHE du Chef de bataillon, vivement
répété par les Chefs de peloton, les cinq premiers pelotons ſe
formeront *à gauche en bataille,* les trois derniers *en avant en bataille,*
par les moyens preſcrits pour ces deux formations : le Chef
de chacun des trois derniers pelotons commandera, *en avant* &
MARCHE, lorſque ſon peloton aura aſſez converſé.

389.   Si, au lieu d'arriver par derrière la ligne de bataille, la

colonne arrivoit par devant la ligne , le Chef de bataillon commanderoit :

1.

A gauche en bataille.

2.

Trois derniers pelotons face en arrière en bataille.

390. Au fecond commandement , le Chef de chacun des trois derniers pelotons commanderoit, 1.° *peloton par flanc droit ;* 2.° À DROITE.

Le Chef de bataillon commanderoit enfuite :

3.

M A R C H E.

391. Au commandement MARCHE du Chef de bataillon , vivement répété par les Chefs de peloton , les cinq premiers pelotons fe for-meroient *à gauche en bataille ,* & les trois derniers fe formeroient *face en arrière en bataille* par les moyens prefcrits pour ces deux formations.

392. Ces divers mouvemens s'exécuteroient dans une colonne , la gauche en tête , d'après les mêmes principes.

A R T I C L E 4.

Différens moyens de former la colonne à demi-diftance fur la ligne de bataille , la droite ou la gauche en tête.

1.° A gauche ou à droite en bataille , en prenant les diftances par la tête de la colonne.

2.° Sur la droite ou fur la gauche en bataille.

3.° En avant en bataille pour faire face du côté vers lequel la colonne marche.

4.° Face en arrière en bataille , pour faire face du côté oppofé à celui vers lequel la colonne marche.

1.°

Colonne à demi-diftance , la droite en tête , à gauche en bataille en prenant les diftances par la tête de la colonne.

393. On fuppofe la colonne fe prolongeant fur la ligne où l'on veut la former en bataille ; lorfque le dernier peloton fera arrivé au

point où le Chef de bataillon voudra appuyer la gauche, il arrêtera la colonne & commandera :

Prenez les distances par la tête de la colonne.

394. Il ordonnera au Chef du premier peloton de le mettre en marche ; le Chef de ce peloton commandera aussitôt :

1.

Peloton en avant.

2.

Guides à gauche.

3.

M A R C H E.

395. Le Chef du second peloton se voyant près d'avoir sa distance, commandera *peloton en avant, Guides à gauche* & ensuite *MARCHE*, au moment où il aura sa distance, ce qui sera exécuté successivement de peloton en peloton, jusqu'à la queue de la colonne, chaque peloton observant de prendre le pas de celui qui le précède.

396. Si le Chef de bataillon veut former la colonne à gauche en bataille, il l'arrêtera au moment où le dernier peloton aura sa distance.

397. Ces mouvemens s'exécuteront de même dans une colonne ferrée en masse, & si la colonne avoit la gauche en tête, ils s'exécuteroient par les moyens inverses.

398. Le Chef de bataillon veillera à ce que chaque peloton se mette en marche à l'instant où il aura sa distance.

399. L'Adjudant-major se tiendra à la tête de la colonne, & dirigera la marche du premier Guide.

400. L'Adjudant se tiendra à hauteur du dernier Guide.

2.°

Colonne à demi-distance, la droite ou la gauche en tête, sur la droite ou sur la gauche en bataille.

401. Ce mouvement s'exécutera comme il a été prescrit, pour une colonne à distance entière.

3.°

Colonne à demi-diflance, en avant en bataille.

402. Ce mouvement ne peut pas s'exécuter par le front des pelotons, comme dans une colonne à diftance entière, parce que l'efpace qui fépare les pelotons n'eft pas fuffifant pour exécuter le demi-quart de converfion ; il fera donc néceffaire de faire préalablement prendre les diftances par les moyens indiqués ci-deffus, à moins qu'on ne préfère de ferrer en maffe & déployer.

4.°

Colonne à demi-diflance, face en arrière en bataille.

403. Ce mouvement s'exécutera comme il a été prefcrit pour une colonne à diftance entière.

Article 5.

Déploiement des colonnes ferrées.

404. Les moyens indiqués ci-devant pour changer de direction en maffe, donnant la facilité d'établir une colonne fur telle direction qu'on voudra, les déploiemens feront toujours carrés, parce qu'on commencera par établir la colonne perpendiculairement à la ligne de bataille fur laquelle on voudra la déployer.

405. Ainfi une colonne ferrée en maffe pourra fe former en bataille :

1.° Face en avant, par le déploiement.

2.° Face en arrière, par la contre-marche & le déploiement.

3.° Face au flanc droit ou au flanc gauche, par un changement de direction en maffe & le déploiement.

406. La ligne de bataille étant déterminée, l'Adjudant établira d'avance deux Jalonneurs fur cette ligne, diftans d'un peu moins que l'étendue du front d'une des fubdivifions de la colonne l'un de l'autre ; la colonne fera dirigée fur ces Jalonneurs, arrêtée à

deux

deux pas au moins en-deçà d'eux, & établie ensuite parallèlement
à la ligne de bataille, si elle ne l'étoit pas.

407. On supposera dans l'exemple qui suit un premier bataillon *(a),* Pl. XVIII.
Fig. 2.
en colonne par division, la droite en tête, établi parallèlement à
la ligne de bataille déterminée par les deux Jalonneurs *(d e),*
& devant se déployer sur la seconde division.

408. Cette supposition embrasse tous les cas.

Le Chef de bataillon commandera :

1.

Sur la seconde division, déployez la colonne.

2.

Bataillon à droite = ET À GAUCHE.

3.

M A R C H E.

409. Au premier commandement, chaque Chef de division avertira
sa division qu'elle devra faire à droite ou à gauche, le Chef de la
seconde division l'avertira de ne pas bouger.

410. Au second commandement, les divisions qui dans l'ordre de
bataille doivent être à droite de la division désignée, c'est-à-dire,
les Grenadiers & la première division feront à droite, & les Chefs
de ces deux divisions se porteront à côté de leur Guide de droite ;
celles qui doivent être à gauche de la division désignée, c'est-à-
dire, la troisième & la quatrième feront à gauche, & les Chefs
de ces deux divisions se porteront à côté de leur Guide de gauche;
le Chef de la division des Grenadiers prendra aussitôt deux points
à terre pour assurer sa direction.

411. Au commandement *marche,* toutes les divisions qui font par
le flanc, se mettront en marche ; le Chef de celle des Grenadiers
observera de marcher bien droit devant lui, & évitera sur-tout
avec le plus grand soin de se jeter en dehors de la ligne de
bataille.

412. Les Guides de droite *(h)* des divisions qui ont fait à droite,
& les Guides de gauche *(i)* de celles qui ont fait à gauche,
conserveront exactement en marchant par le flanc, la distance de
trois pas qui doit les séparer de la division qui précède la leur

dans l'ordre de la colonne , & les Guides marcheront à même hauteur.

413. Chaque Chef de division s'arrêtera de sa personne au commandement *HALTE* , fait à la division qui doit arrêter immédiatement avant la sienne , verra filer sa division , & jugera du moment où il devra l'arrêter par la distance qu'il y aura de lui au Guide qui en conduit la marche , ainsi que par l'ouverture qu'il y aura entre les files ; cette double attention de la part des Chefs de division , les mettra en état d'estimer avec précision la distance.

414. Le Chef de la première & celui de la troisième division , placés à côté de leur Guide , ne suivront pas la marche de leur division : ils la verront filer , & le Chef de la première division jugeant sa distance , comme il vient d'être expliqué , commandera :

1.

Première division.

2.

H A L T E.

3.

F R O N T.

415. Et se portera aussitôt devant le centre de sa division.

Le Chef de la deuxième division , dès qu'il se verra au moment d'être démasqué par la première , commandera :

1.

Division en avant.

2.

Guide à gauche

3.

M A R C H E.

416. Au commandement *MARCHE ,* qui sera fait au moment où la seconde division sera démasquée , elle se portera vers la ligne de bataille , & lorsqu'elle sera arrivée contre les Jalonneurs *(d e),* établis sur cette ligne , son Chef lui fera les commandemens :

4.
Division.

5.
H A L T E.

417. Au commandement *HALTE*, la deuxième division s'arrêtera, & le Sous-officier de remplacement du quatrième peloton se portera en *(m)*, entre les deux Jalonneurs, fera à droite, & sera correctement assuré par l'Adjudant-major sur la ligne de bataille ; le Chef de la deuxième division se portant aussitôt à la gauche de sa division, commandera :

6.
A gauche = ALIGNEMENT.

418. Le Chef de la division & celui du quatrième peloton aligneront chacun le peloton qui aura les yeux tournés vers eux, & commanderont ensuite *FIXE*.

419. Pendant ce temps, les Grenadiers auront démasqué la première division, & aussitôt leur Chef qui se sera arrêté au commandement *HALTE*, fait à la première division, commandera :

1.
Grenadiers.

2.
H A L T E.

3.
F R O N T.

420. Au commandement *FRONT*, le Guide de droite de chaque peloton se portera sur la ligne de bataille, fera face à gauche, & se placera sur la direction des deux Jalonneurs établis devant la seconde division.

421. Aussitôt que le Chef de la première division *(k)* verra sa division près d'être démasquée par les Grenadiers, il commandera :

1.
Division en avant.

2.
Guide à gauche.

3.
M A R C H E.

Il prononcera ce dernier commandement à l'instant où sa division sera démasquée.

422. La première divifion fe portera vers la ligne de bataille, & lorfqu'elle fera arrivée à la diftance de deux pas de cette ligne, fon
Chef commandera :

4.

Divifion.

5.

H A L T E.

423. Le Chef de la première divifion ayant fait ce dernier commandement, fe portera à côté de l'homme de droite de la feconde
divifion ; le Guide de droite de chacun des deux pelotons de la
première divifion fe portera en même-temps fur la ligne de bataille,
fera face à gauche, & fe placera fur la direction des deux Jalonneurs établis devant la feconde divifion ; le Chef de la première
divifion commandera enfuite :

6.

à gauche = *A L I G N E M E N T.*

424. Le Chef de la divifion & celui du fecond peloton, aligneront
chacun le peloton qui aura les yeux tournés vers eux, & feront
enfuite le commandement *FIXE.*

425. Auffitôt que le Chef des Grenadiers verra la première divifion
dans l'alignement (& fans attendre que le Chef de cette divifion ait
commandé FIXE,) il fe portera à côté du premier homme de droite
de la première divifion, & commandera *à gauche* — *ALIGNEMENT*.
La divifion des Grenadiers fera alignée comme il vient d'être prefcrit pour la première divifion.

426. Le déploiement de l'aile gauche fe fera d'après les mêmes
principes.

427. Le Chef de la troifième divifion qui fera refté à hauteur du flanc
gauche de la feconde, pour voir filer fa divifion, l'arrêtera comme
il a été prefcrit pour le Chef de la première, & fe portant enfuite
légèrement devant le centre de fa divifion, commandera :

1.

Divifion en avant.

2.

Guide à droite.

3.

M A R C H E.

428. Au commandement *marche*, la troifième divifion fe portera vers

la

la ligne de bataille , & lorfqu'elle fera arrivée à deux pas de cette ligne , fon Chef commandera :

4.
Divifion.

5.
H A L T E.

429. Le Chef de la troifième divifion ayant fait ce dernier commandement, fe portera à côté de l'homme de gauche de la deuxième ; le Guide de gauche de chacun des pelotons de la troifième divifion, fe portera en même temps fur la ligne de bataille , fera face à droite , & fe placera fur la direction des deux Jalonneurs établis devant la feconde divifion ; le Chef de celle - ci reculera au fecond rang , lorfque celui de la troifième viendra prendre fa place.

430. Le Chef de la troifième divifion commandera enfuite :

6.
A droite = *A L I G N E M E N T.*

431. Le Chef de la divifion , & celui du fixième peloton aligneront chacun le peloton qui aura les yeux tournés vers eux , & feront enfuite le commandement FIXE.

432. La quatrième divifion obfervera tout ce qui vient d'être prefcrit pour la troifième.

433. Le déploiement étant achevé , le Chef de bataillon commandera :

Guides = *À VOS PLACES.*

434. A ce commandement , les Chefs de la première & de la feconde divifions , ainfi que celui des Grenadiers & les Guides fe porteront à leurs places de bataille ; le Chef de la troifième divifion s'effacera pour laiffer paffer celui de la feconde.

Les Jalonneurs fe retireront.

435. Le Chef de bataillon veillera pendant l'exécution du mouvement, à l'obfervation des principes , & particulièrement à ce que les divifions en déployant ne foient arrêtées ni trop tôt ni trop tard ; il réparera promptement, mais fans bruit, l'erreur d'un commandement fait trop tôt ou trop tard , & empêchera que cette faute ne fe propage au-delà de la divifion où elle aura eu lieu.

D d d

436. L'Adjudant-major affurera fucceffivement la direction des Guides des divifions de droite, toutes les fois que le déploiement fera central ; mais toutes les fois que le déploiement s'exécutera fur la divifion de la tête ou fur celle de la queue de la colonne, il affurera fucceffivement celle de tous les Guides.

437. L'Adjudant affurera la direction des Guides des divifions de gauche, toutes les fois que le déploiement fera central.

Réfumé des principes généraux, & obfervations relatives au déploiement.

438. Quelle que foit la divifion fur laquelle on déploie, toutes celles qui dans l'ordre de bataille doivent être à droite de la divifion défignée, font à droite, & toutes celles qui doivent être à gauche, font à gauche.

439. Toutes les divifions doivent déployer carrément, marcher à même hauteur, & conferver la diftance du côté de la ligne de bataille.

440. Chaque divifion, à l'inftant où elle eft démafquée, doit fe porter fur la ligne de bataille, & s'y aligner du côté de la divifion défignée pour bafe d'alignement, laquelle doit toujours s'aligner elle-même à gauche fi la colonne a la droite en tête, à droite fi la colonne a la gauche en tête.

441. Les Chefs de divifion doivent veiller en déployant, à ce que les principes prefcrits pour la marche de flanc foient bien obfervés; & s'il y avoit de l'ouverture dans les files, ce qui ne doit arriver que dans des terrains difficiles, ils doivent les faire ferrer à leur diftance au commandement de *halte*.

442. Si un Chef de divifion faifoit ce commandement trop tôt ou trop tard, la divifion feroit obligée d'obliquer à droite, ou à gauche, en fe portant vers la ligne de bataille, & fa faute pourroit de plus induire en erreur la divifion fuivante.

443. Dans les divifions qui déploient par le flanc gauche, c'eft toujours le Guide de gauche du peloton pair & impair de chacune qui doit fe porter fur la ligne de bataille pour jalonner la direction, au commandement *halte* fait à la divifion à deux pas de cette ligne ; dans les divifions qui déploient par le flanc droit, c'eft au contraire le Guide de droite de chaque peloton qui doit fe porter fur la ligne de bataille pour jalonner.

444. Afin de faciliter l'alignement de la divifion fur laquelle on déploie, l'Adjudant-major doit toujours établir avec foin le Sous-officier de remplacement qui eft au centre de cette divifion, entre les deux Jalonneurs placés d'avance fur la ligne de bataille, à l'inftant où la divifion arrive fur cette ligne.

445. Ces principes font également applicables à une colonne qui déploieroit toute entière par fa droite ou par fa gauche.

CINQUIÈME PARTIE.
Marche en bataille.

ARTICLE PREMIER.
Marcher en bataille en avant.

446. Le bataillon étant correctement aligné, & fuppofé être bataillon de *direction*, le Chef de bataillon voulant le faire marcher en bataille, en avertira l'Adjudant-major, & fe portera de fa perfonne à environ quarante pas en arrière de la file du drapeau, faifant face au bataillon.

447. L'Adjudant-major fe portera à pareille diftance en avant de la file du drapeau, & fera face au Chef de bataillon qui l'établira auffi correctement que poffible, par un figne de fon épée, perpendiculairement à la ligne de bataille, vis-à-vis le Porte-drapeau, & prendra enfuite par-deffus fa tête & celle de ce dernier, un point de direction en avant dans la campagne, fi le terrain en préfente un diftinct qui foit exactement fur le prolongement de ces deux premiers points.

PL. XIX.
Fig. 1.

448. Le Chef de bataillon fe portera enfuite à environ foixante pas en arrière, & établira deux Jalonneurs (*a* & *b*) fur le prolongement de la ligne droite que forme le Porte-drapeau & l'Adjudant-major ; ces Jalonneurs feront face en arrière ; le premier (*a*) fera placé à environ vingt-cinq pas derrière le troifième rang du bataillon, & le fecond (*b*) à la même diftance du premier.

449. Le Porte-drapeau prendra, dès que l'Adjudant-major fera établi fur la perpendiculaire, deux points à terre dans la ligne droite, qui partant de lui, iroit paffer entre les talons de cet Officier ; le premier de ces deux points fera pris à quinze ou vingt pas du Porte-drapeau.

450. Ces difpofitions étant faites, le Chef de bataillon commandera :

1.

Bataillon en avant.

451. A ce commandement, le premier rang de la garde du drapeau fe portera fix pas en avant, au pas ordinaire, & fera remplacé par le fecond rang de cette garde ; les deux Guides généraux *(f, g)* fe porteront en même temps à hauteur de ce rang, celui *(f)* vis-à-vis le Chef du peloton de droite, celui *(g)*, vis-à-vis le Serre-file, qui ferme la gauche du bataillon.

452. L'Adjudant-major obfervera d'établir correctement le Porte-drapeau entre lui & le Sous-officier de fa file qui l'aura remplacé au premier rang, & fe portera enfuite à la place qui lui fera indiquée ci-après, N.° 460.

453. L'Adjudant ira fe placer à quelques pas fur l'un ou l'autre flanc du rang du Porte-drapeau.

454. Le Chef de bataillon commandera enfuite :

2.

M A R C H E.

455. A ce commandement, le bataillon partira vivement ; le Porte-drapeau, chargé du pas & de la direction, obfervera fcrupuleufement la longueur & la cadence du pas ordinaire, marchera fur le prolongement des deux points qu'il avoit pris à terre entre lui & l'Adjudant-major, & en prendra fucceffivement d'autres à mefure qu'il avancera, par les moyens prefcrits dans l'École de peloton, N.° 79. Les deux Sous-officiers placés à fa droite & à fa gauche marcheront du même pas que lui, fans tourner ni la tête ni les épaules ; le Porte-drapeau portera fon drapeau à la hanche.

456. Les deux Guides généraux marcheront le même pas que le rang du Porte-drapeau, & fe maintiendront à hauteur de ce rang, ou à peu-près, fans s'occuper l'un de l'autre.

457. Les trois Sous-officiers, formant le fecond rang de la garde du drapeau & placés au centre du bataillon, marcheront bien

alignés

alignés & coude à coude, la tête directe & fans déranger la ligne de
leurs épaules ; celui des trois qui eft au centre fuivra exactement la
trace du Porte-drapeau & confervera le même pas que lui , mais
fans jamais l'alonger ni le raccourcir, que fur le commandement
ou l'avertiffement du Chef de bataillon , quand même il fe trouveroit à plus ou à moins de fix pas du rang du Porte-drapeau.

458.   Le Chef du cinquième peloton *(f)* marchera coude à coude
& fur la même ligne que les trois Sous-officiers du centre ; il aura
la tête directe.

459.   Les Chefs des quatrième & fixième pelotons devant former ,
avec les trois Sous-officiers de la garde du drapeau, placés au
centre, la bafe d'alignement du bataillon , marcheront le même pas
que le Porte-drapeau , & s'attacheront à maintenir leurs épaules
carrément ; pour cet effet , ils auront la tête directe , jetteront
feulement de temps à autre un coup d'œil fur les trois Sous-officiers
qui font au centre du bataillon , & s'ils voyent qu'ils font en avant
ou en arrière d'eux , ils alongeront ou raccourciront le pas infenfiblement, de manière à ne regagner l'alignement que dans l'efpace
de plufieurs pas , afin d'éviter des à-coups qui occafionneroient
néceffairement du flottement.

460.   L'Adjudant-major *(e)* placé à douze ou quinze pas fur la
droite du Chef du quatrième peloton , maintiendra ce Chef de
peloton & celui du fixième à hauteur des trois Sous-officiers du
centre du bataillon ; pour cet effet , il les avertira d'alonger ou de
raccourcir le pas , lorfqu'il fera néceffaire , ce qui s'exécutera peu-
à-peu , comme il vient d'être expliqué.

461.   Les Chefs des autres pelotons fe maintiendront fur le prolongement de cette bafe , & à cet effet ils regarderont vers le centre
fans trop tourner la tête & fans déranger la direction de leurs
épaules.

462.   Les Chefs de peloton furveilleront chacun la marche du peloton qui eft à côté d'eux vers le centre , & empêcheront que les
Soldats ne les débordent ; ils ne corrigeront jamais les fautes &
ne feront raccourcir ni alonger le pas , que lorfqu'il fera évidemment néceffaire de le faire , parce qu'une attention trop fcrupuleufe
à corriger de petites fautes en produit toujours de plus grandes &
trouble le calme , le filence & l'égalité de pas qu'il eft fi important
de maintenir dans le bataillon.

463.   Les Soldats conferveront toujours la tête directe , fentiront
légèrement le coude de leur voifin du côté du centre , réfifteront
toujours à la preffion qui vient de l'aile , auront la plus grande

E e e

attention à maintenir leurs épaules carrément, & à fe tenir tant
foit peu en arrière de la ligne des Chefs de peloton, afin de ne
jamais leur mafquer la bafe d'alignement ; ils jetteront de temps
en temps un coup d'œil fur le rang du Porte-drapeau ou fur l'un
des Guides généraux, afin de marcher conflamment le même pas
qu'eux.

PL. XIX.
Fig. I.

464. On prolongera, pendant la marche, la ligne déterminée par
les deux Jalonneurs *(a & b)*, en faifant placer, à mefure que
le bataillon gagnera du terrain en avant, un troifième Jalonneur
(i), à environ vingt-cinq pas en arrière du premier *(a)* ; alors le
Jalonneur *(b)* quittera fa place, & fe portera à pareille diftance
en arrière de celui *(i)* ; le Jalonneur *(a)* fera à fon tour la même
chofe, & ainfi de fuite auffi long-temps que le bataillon continuera à marcher en avant. Les Jalonneurs en fe fuccédant ainfi,
feront face en arrière, & obferveront de fe placer correctement
fur la direction des Jalonneurs déjà établis : un officier ou Sous-
officier choifi à cet effet, & qui fe tiendra toujours à quinze ou
vingt pas en arrière du Jalonneur le plus éloigné du bataillon,
les avertira chacun du moment où ils devront quitter leur place,
les affurera enfuite fur la direction à mefure qu'ils fe placeront,
& les dirigera toujours vers le point en avant, que le Chef de
bataillon aura eu foin de lui indiquer.

465. Le Chef de bataillon fe tiendra habituellement à quinze ou
vingt pas derrière le centre de fon bataillon, s'y plaçant de
manière à ne pas mafquer à l'Adjudant *(k)* la ligne des Jalonneurs : fi par l'écharpement du bataillon, ou par les indications
qui feront expliquées ci-après, N.ᵒˢ 475 & 476, il juge que la
direction que fuit le Porte-drapeau n'eft pas perpendiculaire,
il commandera promptement, *point de direction plus à droite*
(ou *à gauche*).

466. A ce commandement l'Adjudant fe portera légèrement à
trente ou quarante pas en avant du rang du Porte-drapeau, s'y
arrêtera, fera face au Chef de bataillon, & fe placera fur la direction
que ce dernier lui indiquera par un figne de fon épée ; le Sous-
officier placé au centre du bataillon fe dirigera enfuite vers l'Adjudant, à l'avertiffement du Chef de bataillon, en avançant à cet

effet l'épaule oppofée ; les deux Sous-officiers placés à fa droite & à fa gauche fe conformeront à fa direction.

467. Le Porte-drapeau fe dirigera auffi vers l'Adjudant, en avançant à cet effet l'épaule oppofée ; l'Adjudant le fera appuyer en même temps à droite ou à gauche, jufqu'à ce qu'il lui couvre exactement le Sous-officier de fa file.

468. Les deux Guides généraux fe conformeront à la nouvelle direction du rang du Porte-drapeau.

469. L'Officier ou le Sous-officier chargé de furveiller le remplacement fucceffif des Jalonneurs placés derrière le centre, les établira promptement fur la nouvelle direction, en prenant pour bafe le Porte-drapeau & le Sous-officier de fa file placé au centre du bataillon ; le Chef de bataillon vérifiera la nouvelle direction des Jalonneurs.

470. L'Adjudant-major placé comme il a été prefcrit ci-deffus, N.º 460, veillera à ce que les quatrième & cinquième pelotons, & fucceffivement tous les autres, fe conforment à la nouvelle direction du centre, mais fans précipitation ni déíordre, & s'attachera enfuite à maintenir cette bafe d'alignement du bataillon bien perpendiculairement à la ligne de direction que fuit le Porte-drapeau.

471. Il obfervera fouvent la marche des deux ailes du bataillon ; & s'il remarque que les Chefs de peloton négligent de fe conformer à la direction de la bafe d'alignement, il les en avertira par le commandement, *Chef de tel (ou tels pelotons) fur la ligne*, fans cependant s'attacher trop fcrupuleufement à corriger de petites fautes.

472. L'Adjudant placé habituellement pendant la marche, fur le flanc du rang du Porte-drapeau, fe portera fréquemment à quinze ou vingt pas en avant de ce rang, s'y arrêtera, fera face en arrière & fe placera correctement fur le prolongement des Jalonneurs établis derrière le centre, afin de vérifier fi le Porte-drapeau marche exactement fur cette ligne ; il rectifiera, s'il y a lieu, la direction de ce dernier, lequel prendra auffitôt deux nouveaux points à terre entre lui & l'Adjudant.

473. Tous les principes de la marche en bataille font les mêmes pour un bataillon *fubordonné* que pour un bataillon de *direction ;* mais lorfque le bataillon fera fuppofé *fubordonné*, on ne placera point de Jalonneurs derrière le centre.

Obfervations relatives à la marche en bataille.

474. Si dans les exercices de détail, les Officiers, Sous-officiers & Soldats n'ont pas été bien affermis dans les principes de la pofition du corps ainfi que dans la longueur & la cadence du pas, la marche du bataillon fera flottante, incertaine & fans enfemble.

475. Si le Porte-drapeau, au lieu de marcher perpendiculairement en avant fuivoit une direction oblique, le bataillon écharperoit, il furviendroit des pouffées dans une aile, de l'ouverture entre les files dans l'aile oppofée, & ces défectuofités, d'autant plus fenfibles que la direction s'éloigneroit davantage de la perpendiculaire, commenceroient près du centre.

PL. XX.
Fig. 1.

476. Si, par exemple, le Porte-drapeau avançant l'épaule gauche, fuivoit une direction plus ou moins oblique à droite de la perpendiculaire, l'aile droite du bataillon feroit obligée de raccourcir le pas, & l'aile gauche de l'alonger ; l'alignement fe perdroit, il furviendroit des pouffées dans le demi-bataillon de droite, & de l'ouverture dans les files du demi-bataillon de gauche : les mêmes effets auroient lieu dans le fens contraire, fi le Porte-drapeau, avançant l'épaule droite, fuivoit une direction oblique qui fût à gauche de la perpendiculaire.

477. Les mêmes effets auroient lieu auffi, fi la bafe d'alignement n'étoit pas perpendiculaire à la ligne de direction qui fuit le centre du bataillon ; fi, par exemple, le Chef du quatrième peloton, au lieu de fe tenir à hauteur des trois Sous-officiers de la garde du drapeau qui font au centre, étoit en arrière, & le Chef du fixième peloton en avant de ce rang, l'aile gauche du bataillon feroit forcée d'alonger le pas & l'aile droite de le raccourcir.

478. Il eft donc de la plus grande importance que le Porte-drapeau

fe

fe dirige perpendiculairement en avant, & que la bafe d'alignement du bataillon foit toujours perpendiculaire à la ligne que
fuit le Porte-drapeau.

479.   Il fera facile au Chef de bataillon de juger, après un petit
nombre de pas, par les indications rapportées ci-deffus, fi la
direction que fuit le Porte-drapeau eft perpendiculaire.

480.   Il fera auffi très-facile à l'Adjudant-major placé à douze ou
quinze pas à droite du Chef du quatrième peloton, de s'apercevoir fi les Chefs des quatrième & fixième pelotons font en
avant ou en arrière des trois Sous-officiers du centre, en obfervant fi les Chefs des pelotons des ailes font obligés d'alonger
ou de raccourcir leur pas; par cette attention, il pourra aifément
maintenir toujours la bafe d'alignement perpendiculairement à
la ligne de direction que fuit le Porte-drapeau, & prévenir ainfi
le flottement dans le bataillon.

481.   S'il fe forme des ouvertures, fi les files fe preffent, s'il fur-
vient enfin quelque défordre, on doit y remédier le plus promptement poffible, mais froidement, tranquillement, avec le moins
de paroles & de bruit que faire fe pourra.

482.   Les Guides généraux ont pour objet, dans la marche en bataille, d'indiquer aux pelotons des ailes le pas que marche le
centre du bataillon, & de procurer plus de facilité pour rétablir
les ailes fur la direction du centre, fi elles étoient trop en arrière;
il eft donc néceffaire qu'ils confervent le même pas, &
marchent à même hauteur où à peu-près, que le rang du Porte-
drapeau, ce qui leur fera facile, en jetant de temps en temps un
coup d'œil fur ce rang.

483.   Si, dans une ligne de plufieurs bataillons, le Porte-drapeau
d'un bataillon, au lieu de fuivre la perpendiculaire *(o p)*, avoit   *Pʟ. XX.*
fuivi la ligne oblique *(c h)* à droite de cette perpendiculaire,   *Fig.* 2.
& fi le bataillon s'étoit conformé à cette fauffe direction, il ne
fuffiroit pas de rétablir le bataillon parvenu en *(e)* fur une
ligne *(f g)* parallèle à la ligne primitive de bataille *(k l)*; il
faudroit de plus lui faire regagner enfuite par le pas oblique à
gauche, l'efpace *(m n)*, afin de reporter le centre du bataillon

F f f

fur la perpendiculaire *(op)*, fans quoi l'intervalle *(q)* entre ce bataillon & celui *(r)* qui eft à fa gauche, fe trouveroit agrandi, tandis qu'à la droite l'intervalle fe trouveroit refferré dans la même proportion.

484. Si un bataillon vient à perdre le pas, le Chef de bataillon doit en avertir par le commandement *au pas ;* les Chefs de peloton & les Soldats doivent auffitôt jeter un coup d'œil fur le rang du Porte-drapeau, ou bien fur l'un des Guides généraux, & fe conformer promptement à leur pas.

485. Il eft enfin de la plus grande importance, relativement à la marche en ligne, d'habituer les bataillons à exécuter avec autant d'ordre que de facilité, les mouvemens prefcrits ci-deffus, N.ºs 466 & fuivans, pour rectifier la direction, & que les Chefs de bataillon s'exercent avec le plus grand foin à former leur coup d'œil de manière à juger avec précifion celle qu'ils devront donner à leur bataillon.

A R T I C L E   2.

Paffage d'obftacle en marchant en avant ou en retraite.

486. Un bataillon marchant en bataille par le premier rang , lorfqu'un peloton ou une divifion devra fimuler le paffage d'obftacle, le Chef de bataillon avertira, *tel peloton (* ou *tels pelotons) , obftacle.*

487. Le Chef du peloton, ou de chacun des pelotons défignés ; fe portera à deux pas en avant, & fe retournant vers fon peloton, il commandera, s'il fait partie du demi-bataillon de droite.

I.

(Tel) peloton.

2.

Par le flanc gauche , par file à droite.

3.

M A R C H E.

488. Au commandement *marche ,* le peloton fera à gauche en marchant, converfera par file à droite , & fuivra , à un ou deux pas de diftance, les trois files de droite du peloton qui eft à fa gauche ;

le peloton ne marchant pas ifolé, fon Chef ne conduira pas la première file, mais marchera à côté de fon Sous-officier de remplacement qui aura paffé au premier rang.

489. Si le peloton fait partie du demi - bataillon de gauche, il fera à droite, converfera par file à gauche, & fuivra les trois files de gauche du peloton qui eft à fa droite ; le Chef de peloton conduira alors la première file en marchant à côté de fon Sous-officier de remplacement.

490. L'obftacle étant cenfé paffé, le Chef de bataillon avertira *tel peloton (ou tels pelotons) en ligne.*

Le Chef de peloton commandera :

1.

En ligne.

2.

M A R C H E.

491. Au commandement *marche*, le peloton prendra le pas accé-léré, & les files rentreront fucceffivement en ligne, en fe con-formant à ce qui a été prefcrit dans l'École de peloton, N.° 137 ; le Chef de peloton ne rentrera à fa place de bataille qu'avec la dernière file, fi fon peloton a marché par le flanc gauche.

Obfervations relatives au paffage d'obftacle.

492. Dans le demi-bataillon de droite, le Guide de gauche du peloton qui eft immédiatement à la droite de celui ou de ceux qui exécutent le paffage d'obftacle, fe portera au flanc gauche de fon peloton au premier rang, & maintiendra entre lui & la droite du peloton derrière lequel marchent les pelotons qui font par le flanc, l'efpace néceffaire pour qu'ils puiffent fe reformer en ligne ; dans le demi-bataillon de gauche, le Chef du peloton qui eft immédiatement à la gauche de celui ou de ceux qui exécutent le paffage d'obftacle, obfervera ce qui vient d'être prefcrit pour les Guides de gauche des pelotons du demi-bataillon de droite.

493. Lorfque le peloton, dont la garde du drapeau fait partie, fera

obligé d'exécuter le paſſage d'obſtacle , le rang du Porte-drapeau rentrera à l'inſtant où le peloton fera à droite ou à gauche; l'Adjudant ſe placera à ſix pas devant le peloton derrière lequel marche celui du drapeau , pour donner le pas & la direction, & prendra le pas du bataillon.

494. Auſſitôt que le peloton du drapeau ſera rentré en ligne , le premier rang de la garde du drapeau ſe portera légèrement à ſix pas en avant du bataillon , & prendra le pas de l'Adjudant, lequel ſe portera auſſitôt à quinze ou vingt pas en avant du Porte-drapeau, & fera face au Chef de bataillon placé derrière le centre , qui l'établira ſur la perpendiculaire ; ce qui étant exécuté, le Porte-drapeau prendra ſur le champ deux points à terre entre lui & l'Adjudant.

495. Lorſque plus de deux pelotons contigus les uns aux autres ſe trouveront dans le cas d'exécuter le paſſage d'obſtacle, ils ſe porteront en colonne en arrière du peloton voiſin du côté du centre, au commandement du Chef de bataillon, ainſi qu'il va être expliqué.

496. On ſuppoſe que l'obſtacle couvre les quatre pelotons de gauche, lorſque le bataillon ſera arrivé à un peu plus que diſtance de peloton de l'obſtacle, le Chef de peloton commandera :

1.

Pʟ. XXI.
Fig. 2.

Quatre pelotons de gauche , obſtacle.

2.

Par le flanc droit en arrière = *ᴇɴ* ᴄᴏʟᴏɴɴᴇ.

3.

Pas accéléré = ᴍᴀʀᴄʜᴇ.

497. Au ſecond commandement , les Chefs des quatre pelotons de gauche ſe porteront devant le centre de leurs pelotons reſpectifs , & les avertiront du mouvement qu'ils devront exécuter.

498. Au commandement *marche*, les pelotons déſignés feront à droite en marchant, chaque Chef de peloton fera auſſitôt déboîter la tête de ſon peloton en arrière , & le conduira enſuite par le flanc au pas accéléré , en arrière du quatrième peloton, en ſe conformant à ce qui a été preſcrit pour la prompte manœuvre; à

meſure

mesure que chaque peloton arrivera en arrière du quatrième, son Chef l'arrêtera, lui fera faire *FRONT*, & le remettra ensuite en marche au pas ordinaire, pour suivre à distance de peloton celui qui le précède immédiatement. Les quatre pelotons de gauche suivront ainsi en colonne, à distance entière, le quatrième peloton ; & lorsque le dernier peloton de cette colonne aura dépassé l'obsta cle, le Chef de bataillon commandera :

1.

Quatre pelotons de gauche en avant en ligne.

499.   A ce commandement, le Chef de chacun de ces pelotons commandera : 1.° *Guides à droite ;* 2.° *Par peloton demi à gauche.*

Le Chef de bataillon commandera ensuite :

2.

Pas accéléré = MARCHE.

500.   Au commandement *marche* répété par les Chefs des quatre pelotons de gauche, chacun de ces pelotons exécutera un demi-quart de conversion à gauche, & se portera ensuite vers la ligne de bataille au commandement *en avant=MARCHE*, que lui fera le Chef de peloton, lorsqu'il jugera que son peloton aura assez conversé ; chaque peloton se portera sur la ligne, d'après les principes prescrits pour la formation *en avant en bataille ;* à mesure qu'ils y arriveront, les Chefs de peloton se porteront à leur place de bataille & commanderont *au pas ;* le peloton prendra alors le pas du Porte-drapeau ou de l'Adjudant, si le drapeau n'étoit pas rentré en ligne.

501.   Dans la marche en retraite, les divers passages d'obstacle s'exécuteront d'après les mêmes principes que si le bataillon marchoit par son premier rang.

502.   Dans le cas où un bataillon marchant en bataille par son premier rang devra marcher en retraite, si un ou deux pelotons ayant rencontré un obstacle, se trouvent en potence par le flanc, & si le terrain ne leur permet pas d'entrer en ligne, ils s'arrêteront en même temps que le bataillon, mais ne feront pas demi-tour à droite ; les trois files du bataillon derrière lesquelles ces pelotons se trouvent, feront à droite (ou à gauche), à l'avertissement du Serre-file le plus près d'eux, lorsque le bataillon fera demi-tour à droite, & converseront ensuite par file pour

G g g

fuivre par le flanc les trois files voifines, quand le bataillon fe remettra en marche par fon troifième rang : elles feront fuivies par les files qui font en potence, lefquelles fe conformeront à ce qui eft prefcrit dans le paffage du défilé en retraite, N.° 652.

503. Au moyen de ce mouvement, les pelotons qui dans la marche en avant fe trouvoient par le flanc derrière le troifième rang, fe trouveront dans la marche en retraite placés dans le même ordre derrière le premier rang devenu troifième.

504. Si, dans la même fuppofition d'un bataillon marchant en bataille par fon premier rang, & obligé de s'arrêter & de faire demi-tour à droite pour marcher en retraite, il fe trouvoit des pelotons en colonne derrière le troifième rang, ces pelotons s'arrêteroient, feroient demi-tour à droite, & fe remettroient en marche par leur troifième rang en même temps que le bataillon, & précéderoient ainfi dans la marche en retraite le troifième rang devenu premier ; ils fe remettroient enfuite en ligne par le pas oblique à mefure que le terrain le permettroit.

A R T I C L E 3.

Changement de direction en marchant en bataille.

505. Un bataillon (*a*) étant en marche au pas ordinaire, le Chef de bataillon voulant lui faire changer de direction fur la droite, commandera :

1.

Changement de direction à droite.

2.

M A R C H E.

506. Au commandement *marche*, le mouvement commencera, le rang du Porte-drapeau marchera le pas d'un pied, & fe dirigera circulairement à droite, en obfervant de n'avancer que très-infenfi-blement l'épaule gauche ; l'Adjudant fe placera devant le Porte-drapeau, lui fera face, & en dirigera la marche de manière à lui faire décrire un arc de cercle qui ne foit ni trop grand ni trop petit ; il veillera auffi à ce qu'il ne faffe le pas que d'un pied feulement.

P_L. XXII.
Fig. 1 & 2.

507. Le Guide général de droite (*i*) ne fera que pivoter.

508.   Le Guide général de gauche *(g)* marchera circulairement le pas de deux pieds , & s'alignera fur le Porte-drapeau & le Guide général de droite.

509.   Le Sous-officier *(d)* , placé au centre du bataillon , fera le pas d'un pied feulement , & converfera à droite en avançant infenfiblement l'épaule gauche : le bataillon fe conformera au mouvement du centre ; pour cet effet , les Chefs des quatrième & fixième pelotons régleront attentivement leur marche , ainfi que la direction de leurs épaules fur les trois Sous-officiers qui y font placés, les autres Chefs de peloton régleront la direction de leurs épaules & la mefure de leur pas fur cette bafe.

510.   Les Soldats redoubleront d'attention pour ne pas déborder les Chefs de peloton.

511.   Dans l'aile gauche du bataillon on fera le pas d'autant plus grand , qu'on fera plus éloigné du centre ; le Serre-file *(e)* qui ferme cette aile , fera le pas de deux pieds.

512.   Dans l'aile droite , on fera le pas d'autant plus petit qu'on fera plus éloigné du centre ; le Chef de peloton *(f)* qui ferme cette aile , ne fera que pivoter , en obfervant de céder un peu de terrain s'il venoit à être pouffé.

513.   Le Chef de bataillon veillera avec le plus grand foin à ce que l'arc de cercle que décrira le centre du bataillon ne foit ni trop grand ni trop petit , à ce que les Chefs de peloton fe maintiennent en converfant à la diftance où ils doivent être l'un de l'autre , à ce que le centre ne converfe pas trop brufquement , mais de manière que les ailes puiffent fe conformer à fa marche ; il s'attachera à prévenir les fautes , à y remédier fans bruit , & veillera à ce qu'il n'y ait ni ouverture , ni fuppreffion dans les files.

514.   L'Adjudant-major , placé devant le bataillon , s'occupera des mêmes foins que le Chef de bataillon.

515.   Lorfque le Chef de bataillon voudra faire reprendre la marche directe , il commandera :

1.

En avant.

2.

M A R C H E.

Au commandement *marche* , le rang du Porte-drapeau , ainfi que les Guides généraux & le bataillon , reprendront la marche directe ; l'Adjudant fe portera auffitôt à quinze ou vingt pas en avant, fera face au Chef de bataillon placé derrière le centre, qui l'établira au moyen d'un figne de fon épée, fur la direction perpendiculaire que devra fuivre le Sous-officier du centre du bataillon ; l'Adjudant fera auffitôt appuyer, s'il eft néceffaire, le Porte-drapeau à droite ou à gauche, de manière à ce qu'il foit placé exactement vis-à-vis fa file.

517.   L'Adjudant-major s'attachera à donner aux quatrième & cinquième pelotons une direction qui foit perpendiculaire à la ligne que fuit le Sous-officier du centre, & les autres Chefs de peloton s'y conformeront fans précipitation.

A r t i c l e 4.

Marche oblique par bataillon.

518.   Le bataillon étant en marche au pas ordinaire, le Chef de bataillon commandera :

1.

Oblique à droite.

2.

M a r c h e.

519.   Au premier commandement, l'Adjudant fe portera en avant du Porte-drapeau, & lui fera face.

520.   Au commandement *marche*, tout le bataillon marchera le pas oblique à droite.

521.   Pour reprendre la marche directe, le Chef de bataillon commandera :

1.

En avant.

2..

M a r c h e.

522.   Au commandement *marche*, le bataillon reprendra la marche directe.

523.   Dans la marche oblique, comme dans la marche directe, le

bataillon doit fe mouvoir parallèlement à fa direction primitive,

ainfi

ainsi le bataillon partant de la ligne *(ſ z)*, doit arriver ſur la ligne *(x x)*, qui eſt parallèle à *(ſ z)*.

524. L'Adjudant-major aura ſoin de maintenir la baſe d'alignement ſur la parallèle.

525. Le Chef de bataillon veillera à ce que les files ne s'ouvrent ni ne ſe ſerrent; & pour cet effet, il fera dégager l'aile du côté vers lequel on oblique, lorſqu'il fera néceſſaire de le faire pour prévenir la ſuppreſſion des files; il s'attachera auſſi à maintenir le bataillon parallèlement à ſa direction primitive.

526. L'Adjudant qui eſt en avant du Porte-drapeau, doit le maintenir ſur le Sous - officier du centre, de manière qu'il n'oblique ni plus ni moins que ce Sous-officier.

527. Lorſque le bataillon reprendra la marche directe, l'Adjudant ſe portera à quinze ou vingt pas en avant du Porte-drapeau, & fera face au Chef de bataillon qui l'établira par un ſigne de ſon épée, ſur la direction que devra ſuivre le Porte-drapeau ; ce dernier prendra auſſitôt deux points à terre entre lui & l'Adjudant.

528. En reprenant la marche directe, les Soldats doivent avoir l'attention de ne reſſerrer que très-inſenſiblement les ouvertures qui pourroient ſe trouver entre les files.

Obſervations relatives à la marche oblique.

529. Si le Sous-officier placé au centre du bataillon effaçoit l'une ou l'autre épaule, l'épaule droite, par exemple, faute aſſez ordinaire lorſqu'on oblique à droite, le Chef de bataillon s'en apercevroit aiſément par les indications rapportées dans l'école de bataillon, N.° 476, & pour y remédier il ordonneroit à ce Sous-officier d'avancer l'épaule droite, ſans quoi le bataillon prendroit une fauſſe direction.

530. Des bataillons bien dreſſés marcheront le pas oblique avec la même facilité que le pas direct, même dans de mauvais terrains, pourvu qu'on empêche les files de ſe ſerrer ; c'eſt à quoi l'Adjudant-major & le Chef de bataillon doivent veiller avec attention.

H h h

ARTICLE 5.

Arrêter le bataillon marchant en avant & l'aligner.

531. Le Chef de bataillon, voulant arrêter le bataillon, commandera :

1.

Bataillon.

2.

HALTE.

532. Au commandement *halte*, le bataillon s'arrêtera, le rang du Porte-drapeau & les Guides généraux resteront devant le front, à moins que le Chef de bataillon ne leur fasse le commandement : *Drapeau & Guides=A VOS PLACES*, ce qui n'aura lieu que dans le cas où il ne voudra pas faire reprendre la marche en avant, ni donner un alignement général au bataillon.

533. Lorsque le Chef de bataillon ne voudra pas donner un alignement général, il pourra le faire rectifier, s'il le juge nécessaire, il fera alors le commandement : *Chefs de peloton, rectifiez l'alignement ;* les Chefs de peloton jetteront aussitôt les yeux vers le centre, se raccorderont sur la base d'alignement, dont l'Adjudant-major aura soin d'assurer la bonne direction, & aligneront promptement leurs pelotons respectifs. L'Adjudant-major avertira les Chefs de peloton qui ne se seroient pas raccordés exactement sur l'alignement de la base, par le commandement *Chef de tel (*ou *de tels pelotons) rentrez* ou *sortez.*

534. Lorsque le Chef de bataillon voudra donner un alignement général, soit parallèle soit oblique, il se portera à quelques pas en dehors du Guide général de l'une ou l'autre aile, les avertira ainsi que le Porte-drapeau de lui faire face, & les établira promptement par un signe de son épée sur la direction qu'il voudra donner au bataillon. Le Porte-drapeau portera son drapeau perpendiculairement entre les deux yeux, & les deux Sous-officiers du rang du Porte-drapeau rentreront à leur place de bataille.

PL. XIX.
Fig. 2.

535. Si la nouvelle direction devoit porter la position d'un ou de plusieurs pelotons d'une des ailes du bataillon en arrière du front,

le Chef de bataillon feroit d'abord marcher ces pelotons en
arrière , foit par le pas en arrière , foit en leur faifant faire demi-
tour à droite , felon que la ligne de direction tomberoit plus ou
moins en arrière de cette aile, & établiroit enfuite le Porte-drapeau & les Guides généraux, comme il vient d'être expliqué.

536.　　Cette difpofition étant faite, le Chef de bataillon commandera :

I.

Guides = *SUR LA LIGNE.*

537.　　A ce commandement , le Guide de droite de chacun des
pelotons du demi-bataillon de droite , le Guide de gauche de
chacun des pelotons du demi - bataillon de gauche , fe portera
fur la direction du Porte-drapeau & des deux Guides généraux,
fera face au Porte-drapeau , & fe placera à la diftance du front de
fon peloton du Guide qui eft immédiatement devant lui.

538.　　Les Chefs de peloton du demi-bataillon de droite fe porteront
à la gauche de leurs pelotons refpectifs, à l'exception du Chef
du quatrième, lequel reftera à la droite de fon peloton , en obfervant de fe placer au deuxième rang.

539.　　L'Adjudant-major rectifiera promptement, s'il y a lieu , la pofition des Guides du demi-bataillon de droite, l'Adjudant rectifiera de même celle des Guides du demi-bataillon de gauche ;
ce qui ayant été vérifié par le Chef de bataillon , il commandera :

2.

Sur le centre = *ALIGNEMENT.*

540.　　A ce commandement , les pelotons s'ébranleront à la fois &
au pas ordinaire, pour fe porter contre les Guides , ou étant
arrivés, chaque Chef de peloton alignera le fien d'après les principes prefcrits : l'Adjudant-major alignera le peloton du Drapeau.

541.　　Si l'alignement eft oblique , les Chefs de peloton auront foin
d'y conformer la direction de leurs pelotons en les conduifant vers
la ligne des Guides.

542.　　Le bataillon étant aligné , le Chef de bataillon commandera :

3.

Drapeau & Guides = *À VOS PLACES.*

543.　　A ce commandement, le Porte-drapeau, les Guides généraux

& les Guides des pelotons, ainſi que les Chefs des pelotons du demi-bataillon de droite, reprendront leurs places de bataille; le Porte-drapeau replacera ſon drapeau à la hanche droite;

ARTICLE 6.

Marche en retraire.

544. Le Chef de bataillon l'ayant arrêté & voulant faire marcher en retraite, commandera.

1

Bataillon DEMI-TOUR = À DROITE.

545. A l'inſtant où le bataillon exécutera ce commandement, le rang du Porte-drapeau, ainſi que les Guides généraux, s'ils ſont devant le front, reprendront leurs places de bataille ; le Porte-drapeau paſſera au troiſième rang devenu premier ; les deux Sous-officiers de ſa file s'effaceront pour le laiſſer paſſer; le Chef de bataillon ſe portera en même temps derrière le premier rang devenu troiſième; l'Adjudant-major & l'Adjudant ſe porteront devant le troiſième rang devenu premier.

546. Si c'eſt un bataillon de direction, les Jalonneurs feront diſpoſés de la même manière que pour la marche en avant, excepté qu'ils feront face au bataillon ; le Chef de bataillon ſe plaçant à environ quarante pas derrière la file du Porte-drapeau, les diſpoſera ainſi s'ils n'étoient pas déjà établis, ou bien s'ils l'étoient, l'Officier ou Sous-officier chargé de ſur-veiller leur remplacement ſucceſſif, leur feroit faire demi-tour à droite auſſitôt que le bataillon auroit exécuté ce mouvement,

547. Si c'eſt un bataillon ſubordonné, le Chef de bataillon ſe placera comme il vient d'être expliqué ; l'Adjudant-major ſe portera à environ quarante pas en avant du rang des ſerre-files, vis-à-vis le Porte-drapeau, & le Chef de bataillon l'établira ſur la perpendiculaire, comme il a été preſcrit dans la marche en bataille par le premier rang.

Ces

5 4 8. Ces difpofitions étant faites, le Chef de bataillon commandera.

Bataillon = *EN AVANT.*

5 4 9. A ce commandement, le Porte-drapeau & les deux Sous-
officiers du troifième rang de fa garde marcheront huit pas
ordinaires en avant , & feront remplacés par le fecond rang de
cette garde ; les deux Guides généraux fe porteront à hauteur
du rang du Porte-drapeau , les Sous-officiers de remplacement
fe porteront au rang des ferre-files, & les Chefs de peloton
au troifième rang devenu premier ; les trois ferre-files le plus
près du centre du bataillon fe réuniront derrière le rang du
Porte-drapeau , afin de fervir de bafe d'alignement au rang
des ferre-files.

5 5 0. Le Chef de bataillon commandera enfuite :

3.

MARCHE.

5 5 1. Le bataillon marchera par le troifième rang, d'après les mêmes
principes que par le premier rang ; fi c'eft un bataillon de direction , le Porte-drapeau fe dirigera fur les Jalonneurs, lefquels
fe porteront d'eux-mêmes fucceffivement en arrière du Jalonneur
le plus éloigné , à mefure que le bataillon approchera d'eux ;
l'Officier chargé de les furveiller, aura foin de les affurer correctement fur la direction : fi c'eft un bataillon fubordonné , le
Porte-drapeau fe maintiendra fur la perpendiculaire au moyen
des points qu'il prendra à terre ; celui des trois ferre-files réunis
qui fe trouvera derrière le Porte-drapeau , fuivra exactement fa
trace.

5 5 2. Le Chef de bataillon & l'Adjudant rempliront les mêmes
fonctions que dans la marche en avant.

5 5 3. L'Adjudant-major fe plaçant en dehors des ferre-files du
quatrième peloton , s'attachera à maintenir les ferre-files de la
bafe d'alignement perpendiculairement à la ligne de direction ;
les autres ferre-files s'aligneront fur cette bafe.

I i i ,

ARTICLE 7.

Arrêter le bataillon marchant en retraite, & le remettre face en tête.

554. Le Chef de bataillon l'ayant arrêté & voulant le remettre face en tête, commandera :

1.

Bataillon DEMI-TOUR ═ À DROITE.

555. A ce commandement, le rang du Porte-drapeau & les Guides généraux, les Chefs de peloton & Sous-officiers de remplacement reprendront leurs places de bataille ; le Porte-drapeau repaſſera au premier rang.

556. Si le Chef de bataillon veut enſuite faire prendre un alignement général, il commandera :

2.

Drapeau & Guides généraux ſur la ligne.

557. A ce commandement, le Porte-drapeau & les deux Guides généraux ſe porteront en avant du front, feront face au Chef de bataillon, placé à la droite ou à la gauche, qui les établira ſur la direction qu'il voudra donner à la ligne, & commandera enſuite :

3.

Guides ═ SUR LA LIGNE.

4.

Sur le centre ═ ALIGNEMENT.

ARTICLE 8.

558. Le Chef de bataillon exercera quelquefois le bataillon à marquer le pas, & fera quelquefois marcher au pas accéléré, lorſque la cadence du pas ordinaire ſera bien aſſurée : il l'exercera auſſi à marcher par le flanc, & à cet effet il commandera :

1.

Bataillon par le flanc droit (ou le flanc gauche)

2.

A DROITE (ou À GAUCHE.)

3.
Bataillon en avant.

4.
MARCHE.

559. Au deuxième commandement, les Chefs de peloton & Sous-officiers de remplacement fe placeront comme il a été prefcrit dans l'École de peloton, N.º 120.

560. Les deux ferre-files qui ferment la gauche du bataillon fe placeront, celui du premier rang comme les Chefs de peloton, celui du troifième rang comme les Sous-officiers de remplacement.

561. Lorfque le bataillon devra marcher par le flanc gauche, les Chefs de peloton ne fe porteront pas à leur file de gauche, ce fera alors les deux ferre-files qui ferment la gauche du bataillon qui le conduiront.

562. Soit que le bataillon marche par le flanc droit ou le flanc gauche, l'Adjudant-major fe placera à hauteur de la première file, & l'Adjudant à hauteur du drapeau, l'un & l'autre du côté du premier rang & à environ fix pas du bataillon.

563. Au quatrième commandement, le bataillon s'ébranlera vivement, le Sous-officier placé devant la première file de droite (ou de gauche), aura la plus grande attention à conferver exactement la longueur & la cadence du pas, & à fe diriger droit en avant de manière à ne pas ferpenter

564. L'Adjudant-major marchera conftamment le même pas que la tête du bataillon, & l'Adjudant marchera toujours le pas de l'Adjudant-major ; ils donneront ainfi le pas au bataillon.

565. Les Chefs de peloton & ferre-files veilleront avec foin à ce que les files ne s'ouvrent ni ne fe ferrent, & à ce qu'elles ne reprennent qu'infenfiblement la diftance, fi elles venoient à la perdre.

566. Le Chef de bataillon veillera à l'exécution de ces principes.

567. Le Chef de bataillon voulant faire converfer par file, commandera :

1.

Par file à droite (ou à gauche.)

2.
MARCHE.

568. Les files converferont fucceffivement & à la même place que la première, en fe conformant aux principes prefcrits dans l'École du peloton, N.° 126.

569. Le Chef de bataillon fera dans cette École converfer fouvent, tantôt à droite, tantôt à gauche, de manière que le front du bataillon préfente des parties qui converfent d'un côté, & d'autres parties qui converfent dans le fens oppofé, fans que le pas ni la diftance des files s'altèrent.

570. Cette leçon eft une des meilleures qu'on puiffe donner à un bataillon pour l'affermir dans la cadence du pas.

ARTICLE 9.
Former le bataillon fur la droite ou fur la gauche par file en bataille.

571. Le bataillon marchant par le flanc gauche, & devant fe former fur la gauche par file en bataille, le Chef de bataillon ayant déterminé la ligne de bataille, l'Adjudant y placera deux Jalonneurs diftans l'un de l'autre de l'étendue du front d'un peloton, & de manière à ce qu'ils préfentent l'épaule gauche au bataillon formé

572. La tête du bataillon étant près d'arriver à hauteur du premier Jalonneur, le Chef de bataillon commandera :

1.
Sur la gauche par file en bataille

2.
Chefs de pelotons à votre première file de gauche.

3.
MARCHE.

573. Au deuxième commandement, tous les Chefs de peloton fe porteront à leur première file de gauche, & fe placeront à côté de l'homme du premier rang de cette file, les deux ferre-files placés à la gauche du bataillon reprendront leurs places au premier & au troifième rang.

574. Au commandement *marche*, le ferre-file de gauche du bataillon qui eft au premier rang tournera à gauche & ira appuyer fa

poitrine

poitrine contre le bras gauche du premier Jalonneur placé fur la ligne de bataille ; le bataillon fe formera fucceffivement par file fur la gauche en bataille , en fe conformant à ce qui a été prefcrit dans l'École de peloton ; chaque Chef de peloton fe portera fur la ligne en même temps que l'homme du premier rang de fa première file de gauche , & fe placera à la gauche de cet homme.

575. Le Guide de droite de chaque peloton, hors le huitième, fe placera fur la direction des Jalonneurs , vis-à-vis la file de droite de fon peloton, à l'inftant où cette file arrive fur la ligne.

576. La formation étant achevée, le chef de bataillon commandera :

Guides = À *VOS PLACES.*

577. A ce commandement les Chefs de peloton & Guides fe porteront à leurs places de bataille, les deux Jalonneurs fe retireront.

578. Ce mouvement s'exécutera , le bataillon marchant par le flanc droit, par les moyens inverfes ; le Chef de bataillon ne fera pas alors le fecond commandement prefcrit ci-deffus , puifque les Chefs de peloton fe trouvent déjà placés à côté de leur première file de droite.

579. Les deux Jalonneurs qui auront été établis d'avance fur la ligne de bataille, y feront placés de manière à préfenter l'épaule droite au bataillon formé.

580. Le Guide de gauche de chaque peloton , hors le peloton de droite , fe portera fur la direction des Jalonneurs , à l'inftant où la dernière file de fon peloton arrive fur la ligne , & s'y placera devant cette file.

581. Le Chef de bataillon furveillera la formation fucceffive du bataillon, en fe prolongeant devant la ligne de bataille.

582. L'Adjudant-major affurera fucceffivement la direction des Guides , & veillera pour cet effet à ce que les hommes du premier rang, en fe plaçant fur la ligne , ne la débordent pas.

ARTICLE 10.

Paffage des lignes.

Mouvement de la première ligne en retraite.

583. Un bataillon cenfé être de la première ligne , marchant en

K k k

retraite, & devant exécuter le paffage des lignes, lorfqu'il fera à environ vingt pas de la feconde ligne, le Chef de bataillon commandera fans l'arrêter :

1.

Bataillon, par le flanc gauche.

2.

Par peloton, par file à droite.

3.

M A R C H E.

584. Au commandement *marche*, le bataillon fera *à gauche* en marchant, la première file de chaque peloton déboîtera & conver-fera à droite auffitôt ; le rang du Porte-drapeau, ainfi que les Guides généraux rentreront à leurs places ; le Sous-officier de remplacement de chaque peloton placé devant la première file de fon peloton, & le Chef de peloton placé à côté de lui, fe dirige-ront vers l'ouverture de la feconde ligne qui leur correfpondra.

585. Les intervalles entre les pelotons marchant par le flanc, feront confervés par la gauche, ainfi que l'alignement.

586. Le Chef de bataillon, après avoir dépaffé la feconde ligne d'environ cent pas, commandera :

1.

Bataillon.

2.

H A L T E.

3.

F R O N T.

4.

A gauche = ALIGNEMENT.

5.

A gauche en bataille.

6.

M A R C H E.

587. Au deuxième commandement qui fera répété par les Chefs de peloton, le bataillon s'arrêtera.

588. Au troifième commandement, les Chefs de peloton placés à côté de leurs Guides de droite, fe porteront devant le centre de leurs pelotons refpectifs; le Chef de bataillon placé en avant du Guide de gauche du premier peloton, affurera la direction des Guides avant de faire fon quatrième commandement.

589. Au quatrième, qui ne fera fait qu'après que le Chef de bataillon aura établi correctement les Guides de gauche de la colonne dans la direction où il voudra la former en bataille, chaque Chef de peloton fe conformera à ce qui a été prefcrit ci-deffus, N.° 221.

590. A l'inftant où le premier peloton aura traverfé la feconde ligne, le Chef de bataillon fe plaçant en arrière du Chef de ce peloton, lui indiquera un point de direction en avant dans la campagne, fi le terrain en offre un, & le Chef du premier peloton prendra auffitôt des points intermédiaires, ou bien l'Adjudant-major fe portera légèrement à trente ou quarante pas en avant de ce Chef de peloton, lequel prendra auffitôt deux points à terre entre lui & l'Adjudant-major, & fucceffivement de nouveaux points à mefure qu'il avancera.

591. Le Chef de bataillon veillera au maintien de l'ordre, à la confervation des diftances entre les pelotons, & à ce que le premier peloton ne s'écarte pas de la direction qu'il devra fuivre.

592. L'Adjudant-major *(b)* placé à quelques pas fur la gauche du Chef du premier peloton, l'Adjudant *(k)* placé de même fur la droite du huitième peloton, veilleront à ce que la première file des pelotons marche à peu-près à même hauteur.

Mouvement de la feconde ligne dans le paffage des lignes.

593. Le bataillon étant cenfé de la feconde ligne, & devant doubler les fections de pied ferme pour donner paffage à la première ligne, le Chef de bataillon commandera affez à temps pour ne pas arrêter le mouvement de celle-ci:

1.

Doublez les fections.

2.

Secondes fections par le flanc droit.

Pl. XXIII. Fig. 3.

3.

À DROITE.

4.

MARCHE.

594. Au premier commandement, tous les Chefs de peloton se porteront légèrement devant le centre de leurs pelotons respectifs.

595. Au deuxième, ils avertiront leur première section de ne pas bouger, & leur seconde section, qu'elle devra faire à droite.

596. Au troisième commandement, la seconde section de chaque peloton fera à droite, & le Chef de peloton fera déboîter aussitôt les trois premières files de droite en arrière.

597. Au quatrième, la seconde section de chaque peloton doublera derrière la première, à un pas du dernier rang, & sera arrêtée par le Chef de la seconde section, qui fera les commandemens suivans :

1.

Section.

2.

HALTE.

3.

FRONT.

4.

A gauche = ALIGNEMENT.

5.

FIXE.

598. Au commandement FIXE, les Officiers & Sous-officiers de chaque peloton se porteront sur les flancs des sections pour les appuyer, & se répartiront de manière à ce qu'il y en ait un sur le flanc droit, & un sur le flanc gauche de chaque section, & deux en Serre-file derrière la seconde, dans l'ordre suivant : le Capitaine à la droite du premier rang de la première section, le Sous-lieutenant à la gauche du même rang, le Sous-officier de remplacement à la droite du troisième rang de la seconde section, le second Sergent à la gauche du même rang, le Lieutenant & le Sergent-major en Serre-file derrière le peloton.

Si

599. Si le nombre des Serre-files d'un peloton n'étoit pas complet, on appuieroit toujours les flancs des sections comme il vient d'être prescrit, & on diminueroit le nombre des Serre-files placés derrière la seconde section. Cette disposition des Officiers & Sous-officiers a pour objet d'empêcher que la première ligne, si elle passoit en désordre, ne puisse entraîner la seconde.

600. Le bataillon de première ligne étant censé avoir passé dans les intervalles, le Chef de bataillon de seconde ligne commandera :

1.

Dédoublez les sections.

2.

Secondes sections par le flanc gauche.

3.

À GAUCHE.

4.

MARCHE.

601. Au commandement *marche*, les secondes sections marcheront par leur flanc gauche, & à l'instant où elles seront démasquées leurs Chefs commanderont :

1.

Section.

2.

HALTE.

3.

FRONT.

4.

A droite = *ALIGNEMENT.*

602. A l'instant où la seconde section de chaque peloton se mettra en marche, le Sous-officier de remplacement placé sur le flanc droit de cette section, & le Sous-lieutenant placé sur le flanc gauche de la première, reprendront leurs places de bataille.

603. Cette disposition du passage des lignes qui n'a été considérée ci-dessus que comme mouvement de retraite, peut être employée également en offensive, pour remplacer par des troupes fraîches de seconde ligne, celles de la première qui auroient souffert.

604. Dans ce dernier cas, le bataillon de seconde ligne avancera en bataille pour se rapprocher de celui de première ligne, & le Chef de bataillon commandera assez à temps pour ne pas arrêter le mouvement que devra faire le bataillon de la première ligne.

I.

Doublez les sections.

2.

Secondes sections = **MARCHE.**

605. Au second commandement, la seconde section de chaque peloton marquera le pas, & aussitôt que la première section l'aura dépassée, elle obliquera à droite pour doubler derrière celle-ci : ces mouvemens s'exécuteront à l'avertissement du Chef de section placé en serre-file; les Officiers & Sous-officiers se répartiront sur les flancs des sections, comme il a été expliqué ci-dessus, N.° 598, & le bataillon continuera à marcher en avant dans cet ordre.

606. Les Sous-lieutenans placés au flanc gauche des premières sections, maintiendront dans le demi-bataillon de droite, distance de section entre eux & le Chef du peloton qui est à leur gauche.

607. Le Sous-lieutenant placé à la gauche de la première section du peloton des drapeaux, suivra la trace du Porte-drapeau, que l'Adjudant aura soin de faire appuyer à droite, de manière à se trouver vis-à-vis de cet Officier.

608. Les Chefs de peloton dans le demi-bataillon de gauche, conserveront distance de section entre eux & le Sous-lieutenant placé au flanc gauche de la première section du peloton qui est à leur droite.

609. Les second & troisième rangs de la garde du drapeau doubleront avec la section dont ils font partie, mais le rang du Porte-drapeau & les Guides généraux resteront devant le front.

610. Le Chef du bataillon de première ligne voyant celui de seconde ligne arrivé à environ vingt pas de lui, commandera :

I.

Bataillon par le flanc droit.

2.

À DROITE.

3.

Par peloton, par file à droite.

4.
MARCHE.

6 1 1. Le bataillon de première ligne traversera celui de seconde ligne, s'arrêtera à la diftance qui fera prefcrite, & fe formera enfuite en bataille comme il a été expliqué ci-deffus.

6 1 2. Auffitôt que la première ligne aura traverfé la feconde, le Chef du bataillon de feconde ligne commandera :

1.
Dédoublez les fections.

2.
Secondes fections = MARCHE.

6 1 3. Au commandement *marche*, les fecondes fections obliqueront à gauche, le Sous-lieutenant, le Sous-officier de remplacement & le fecond Sergent reprendront leurs places de bataille, les premières fections continueront à marcher en avant.

6 1 4. Auffitôt que les fecondes fections feront démafquées, le Chef de chacune lui commandera :

1.° *En avant ;* 2.° *pas accéléré = MARCHE.*

6 1 5. Les fecondes fections fe porteront fur la ligne, & reprendront d'elles-mêmes le pas & l'alignement.

6 1 6. Le Chef du bataillon de feconde ligne pourra arrêter fon bataillon auffitôt que celui de la première l'aura traverfé, alors les fecondes fections reprendront vivement leurs places au commandement de *fecondes fections en ligne* du Chef de bataillon ; ou bien le Chef de ce bataillon pourra faire continuer à marcher en avant quelque temps avant d'arrêter fon bataillon,

Obfervations générales relatives au paffage des lignes.

6 1 7. On a fuppofé ci-deffus que les pelotons en retraite marchent par leur flanc droit, mais le Chef de bataillon de première ligne pourroit également faire exécuter ce mouvement par le flanc gauche des pelotons ; en ce cas, les pelotons obferveroient la diftance & l'alignement à droite, & fe réformeroient à droite en bataille.

6 1 8. Pour exécuter dans cette École les divers mouvemens expliqués ci-deffus, le Chef de bataillon fuppofera le bataillon, tantôt de première & tantôt de feconde ligne.

A R T I C L E   11.

Changement de front.

619. Le bataillon étant en bataille, le Chef de bataillon voulant lui faire changer de front, placera toujours deux Jalonneurs à un peu moins que distance de peloton l'un de l'autre, sur la nouvelle direction, & devant le peloton qui devra servir de base d'alignement.

620. On supposera ici que le Chef de bataillon veuille faire changer de front en avant sur le premier peloton : il placera deux Jalonneurs devant ce peloton, comme il vient d'être expliqué, & ordonnera au Chef de peloton de l'établir derrière & contre eux, ce qui étant exécuté, le Chef de bataillon commandera :

I.

Changement de front en avant sur le premier peloton.

2.

Par peloton═DEMI À DROITE.

3.

M A R C H E.

4.

En avant.

5.

M A R C H E.

6.

Guides à droite.

Pl. XXIV.
Fig. 1.

621. Au second commandement, les Chefs de peloton se porteront devant le centre de leur peloton.

622. Au troisième, les pelotons commenceront à converser à droite à pivot fixe, & dès que le Chef de bataillon jugera qu'ils auront assez conversé, il fera les trois derniers commandemens ci-dessus.

623. Au cinquième commandement, les pelotons cesseront de converser, & se porteront droit en avant.

624. Au sixième, ils prendront le tact des coudes à droite, le Guide de droite de chacun d'eux suivra la file qui se trouvera vis-à-vis de lui dans le peloton qui le précède, & marchera dans la trace de cette file jusqu'à ce que le peloton dont elle fait partie, arrivant à hauteur de la place où il devra se porter sur la ligne,

tourne

tourne à droite ; alors ce Guide se dirigera droit devant lui.

625. La droite du second peloton étant arrivée à hauteur du flanc gauche du premier, le Chef du second peloton commandera :

1.

Tournez à droite.

2.

M A R C H E.

626. Au commandement *marche*, le second peloton tournera par le principe des changemens de direction sur le côté du Guide, de manière à arriver carrément sur la ligne de bataille, sera arrêté par son Chef à deux pas de cette ligne, & aligné par les moyens déjà indiqués dans les formations successives.

627. Tous les autres pelotons se conformeront à ce qui vient d'être prescrit pour le deuxième.

628. La formation étant achevée, le Chef de bataillon commandera : *Guides* = *À V O S P L A C E S.*

629. Pour faire changer de front en arrière sur le premier peloton, le Chef de bataillon, après avoir fait établir ce peloton sur la nouvelle direction, & avoir placé deux Jalonneurs devant la file de droite & de gauche, commandera :

1.

Changement de front en arrière sur le premier peloton.

2.

Bataillon, D E M I - T O U R = À D R O I T E.

3.

Par peloton, = D E M I À G A U C H E.

4.

M A R C H E.

5.

En avant.

6.

M A R C H E.

7.

Guides à gauche.

630. Au second commandement, tous les pelotons, hors le premier, feront demi-tour à droite.

Pl. XXIV.
Fig 2.

M m m

631.   Au troisième, les Chefs des pelotons qui auront fait demi-tour à droite, se porteront derrière le centre de leur peloton, à deux pas du premier rang devenu troisième.

632.   Au quatrième, ces pelotons commenceront à converser à gauche, à pivot fixe, & par le troisième rang.

633.   Au sixième commandement, ils cesseront de converser, & se porteront droit en avant, vers la nouvelle ligne de bataille.

634.   Au septième, ils prendront tous le tact des coudes à gauche, & le Guide placé à l'aile droite de chacun, devenue l'aile gauche, se conformera à ce qui a été prescrit ci-dessus, N.° 624.

635.   La droite, devenue gauche du second peloton, étant arrivée à hauteur du flanc gauche du premier peloton déjà établi sur la nouvelle ligne, le Chef du second peloton commandera :

1.

Tournez à gauche.

2.

M A R C H E.

636.   Le second peloton tournera à gauche par le principe des changemens de direction sur le côté du Guide, se portera ensuite en avant, & sera arrêté par son Chef à hauteur des serres-files du premier peloton ; le Chef du second peloton lui fera faire ensuite demi-tour à droite, & l'alignera par les moyens déjà indiqués dans les formations successives.

637.   Tous les autres pelotons exécuteront ce qui vient d'être prescrit pour le deuxième.

638.   La formation étant achevée, le Chef de bataillon commandera : *Guides* ═══ *A V O S P L A C E S.*

639.   Le Chef de bataillon fera changer de front en avant & en arrière, sur le peloton de gauche du bataillon, par les mêmes principes.

640.   Le Chef de bataillon veillera à l'exécution générale du mouvement.

641.   L'Adjudant-major assurera la direction des Guides à mesure qu'ils se porteront sur la ligne de bataille, en se conformant à ce qui a été prescrit dans les formations successives.

642.   Le Chef de bataillon pourra également faire changer de front sur le peloton du centre, ou sur tel autre peloton du bataillon qu'il choisira, & sous tel angle qu'il voudra ; en ce cas l'une des ailes changera de front en avant , & l'autre en arrière , en se conformant à ce qui a été prescrit ci-dessus.

643. Si , par exemple , le Chef de bataillon veut faire exécuter un changement de front sur le cinquième peloton , & si l'aile gauche doit se porter en avant , & l'aile droite en arrière , il placera deux Jalonneurs sur la nouvelle direction devant le cinquième peloton , & ordonnera au Chef de ce peloton de l'établir contre les deux Jalonneurs.

644. Le cinquième peloton étant ainsi établi sur la nouvelle direction , le quatrième se jettera dans ce nouvel alignement ; au commandement de son Chef , & le Guide de droite du quatrième peloton se placera aussitôt devant la file de droite de son peloton , sur la direction des deux Jalonneurs établis devant le cinquième ; le Chef de bataillon ayant vérifié la position de ce Guide , & l'ayant rectifié , s'il y avoit lieu , commandera :

1.

Changement de front sur le cinquième peloton , l'aile gauche en avant.

2.

Pelotons de droite = *DEMI-TOUR A DROITE.*

3.

Par peloton = *DEMI À DROITE.*

4.

M A R C H E.

5.

En avant.

6.

M A R C H E.

7.

Guides à droite.

645. Au deuxième commandement tous les pelotons placés à droite du quatrième , feront *demi-tour à droite.*

646. Le mouvement s'exécutera d'après les principes prescrits ci-dessus.

647. Lorsque le mouvement sera central , comme dans cet exemple , l'Adjudant-major assurera la direction des Guides des pelotons

Pl. XXV.
Fig. 1.

de droite, à mesure qu'ils se porteront sur la ligne de bataille, &
l'Adjudant assurera celle des Guides des pelotons de gauche.

Observations relatives aux changemens de front.

648. Lorsque la nouvelle direction sera à peu-près perpendiculaire
à celle du bataillon, les pelotons doivent exécuter environ un
demi-quart de conversion avant de se porter en avant ; mais lorsque
ces deux lignes seront obliques entre elles, moins l'angle qu'elles
formeront sera ouvert, & moins les pelotons devront converser
avant de se porter en avant : lorsque l'angle sera très-aigu, le Chef
de bataillon doit laisser à peine déboîter les pelotons.

649. La précision du mouvement dépend beaucoup du coup d'œil
du Chef de bataillon, pour bien saisir l'instant où il devra commander *en avant,* MARCHE.

650. Si la nouvelle ligne forme un angle très-aigu avec celle où
le bataillon se trouve placé, les pelotons arriveront à peu-près
carrément sur cette ligne, sans que les Chefs de pelotons ayent
besoin de faire le commandement de *tournez à droite (* ou *à gauche)*
en arrivant vis-à-vis de leur place.

ARTICLE 12.

Passer le défilé en retraite par l'aile droite ou par l'aile gauche.

651. Le bataillon étant en bataille, le Chef de bataillon supposera
un défilé en arrière de l'aile gauche, & commandera :

En arrière par l'aile droite, passez le défilé.

PL. XXV.
Fig. 2.

Le Chef du peloton de l'aile droite commandera aussitôt :

1.

Grenadiers (ou *premier peloton) par le flanc droit.*

2.

À DROITE.

3.

MARCHE.

652. Au commandement de *marche,* le premier peloton se mettra
en marche ; la première file conversera à droite, marchera ensuite
en arrière jusqu'à ce qu'elle ait dépassé de quatre pas la ligne
des serre-files, conversera de nouveau à droite, & se dirigera
ensuite droit devant elle vers l'aile gauche ; toutes les autres
files

files de ce peloton iront converser successivement à la même place que la première.

653. Le second peloton s'ébranlera à son tour au commandement de son Chef, qui lui fera faire à droite, lorsque la première file du premier peloton sera arrivée à sa hauteur, & lui fera ensuite le commandement de *marche*, de manière que la première file du second peloton suive immédiatement la dernière file du premier, sans cependant s'astreindre à prendre son pas; la première file du second peloton conversera à droite à la place où elle se trouve, & toutes les autres files de ce peloton iront converser successivement à la même place que la première.

654. Les pelotons suivans exécuteront chacun à leur tour ce qui vient d'être prescrit pour le second peloton.

655. La première file du premier peloton étant arrivée vis-à-vis du défilé, supposé être derrière le flanc gauche du bataillon, conversera par file à gauche pour entrer dans le défilé, & toutes les files suivantes converseront chacune à la même place que celle de la tête.

656. Les pelotons traverseront ainsi le défilé par le flanc, & à mesure que chacun d'eux sortira du défilé, son Chef fera former le peloton par les commandemens prescrits dans l'École du peloton, N.ºs 136 & suivans.

657. On supposera aussi quelquefois le défilé en arrière de l'aile droite, alors le Chef de bataillon commandera :

En arrière par l'aile gauche, passez le défilé.

658. Le peloton de gauche commencera aussitôt le mouvement & successivement les pelotons suivans, en se conformant à ce qui vient d'être prescrit pour passer le défilé par l'aile droite, les Chefs de peloton se porteront à leur première file de gauche.

Observations relatives au passage du défilé en retraite.

659. Si la largeur du défilé permet de former les pelotons ou les sections, le Chef du premier peloton fera exécuter ce mouvement, lorsque son peloton sera entré dans le défilé.

660. Tous les pelotons suivans exécuteront ce mouvement au commandement de leurs Chefs respectifs, à la même place que le premier.

661. Dès que le premier peloton aura passé le défilé, si c'est par l'aile droite, on peut le faire tourner à gauche pour prolonger la colonne de ce côté & la former à gauche en bataille, ou bien le faire

N n n

tourner à droite pour former la colonne fur la droite en bataille.

662. Si le peu de largeur du défilé ne permet pas de former les pelotons ou les fections, le bataillon continuera à marcher par le flanc, & dès que la première file débouchera, on pourra la faire converfer à gauche, prolonger ainfi le bataillon par le flanc, & le former en bataille par un *à gauche*, ou faire converfer la première file à droite, & former enfuite le bataillon *fur la droite par file en bataille*, ou bien faire former le peloton, & le faire tourner à gauche ou à droite, comme il vient d'être expliqué ci-deffus.

ARTICLE. 13.
Colonne d'attaque.

663. Ce mouvement, qui confifte à ployer un bataillon en colonne double derrière les deux pelotons du centre, s'exécutera de la manière fuivante ; le Chef de bataillon commandera :

1.
Colonne attaque.

2.
Par peloton de droite & de gauche fur le centre⹀EN COLONNE.

3.
Bataillon à gauche⹀& À DROITE.

4.
Pas accéléré⹀MARCHE.

PL. XXVI.
Fig. 1

664. Au deuxième commandement, tous les Chefs de peloton, hors celui du quatrième & celui du cinquième, fe porteront devant le centre de leurs pelotons refpectifs, & les préviendront qu'ils devront faire à gauche ou à droite ; les Chefs des quatrième & cinquième pelotons ne bougeront.

665. Au troifième commandement, les quatrième & cinquième pelotons ne bougeront ; tous les autres pelotons feront, ceux du demi-bataillon de droite *à gauche*, ceux du demi-bataillon de gauche *à droite ;* les Chefs de peloton feront déboîter auffitôt les trois premières files de leur pèloton en arrière ; le Guide de gauche de chacun des pelotons de droite, le Guide de droite de chacun des pelotons de gauche, fe placera devant l'homme du premier rang de fa première file, & chaque Chef de peloton à côté de fon Guide pour le conduire.

666. Au commandement *marche*, le mouvement commencera, le

Chef du cinquiéme peloton fe portera légèrement au flanc gauche de fon peloton, celui du quatrième ne bougera : ces deux pelotons s'aligneront l'un fur l'autre à l'avertiffement de leurs Chefs refpectifs, s'il y a lieu.

667. Les quatrième & cinquième pelotons qui devront avoir la tête de la colonne ne bougeront ; tous les autres partiront au pas accéléré pour fe porter chacun à diftance de fection, derrière le peloton de leur demi-bataillon, de manière que dans celui de droite, le quatrième peloton précède le troifième, celui-ci le deuxième, ainfi de fuite, & que dans le demi-bataillon de gauche, le cinquième précède le fixième, celui-ci le feptième, ainfi de fuite.

668. Les pelotons correfpondans de chaque demi-bataillon fe réuniront en prenant rang dans la colonne; pour cet effet, le Chef de chacun des pelotons de droite commandera :

1.

Peloton.

2.

H A L T E.

3.

F R O N T.

4.

A gauche $=$ *ALIGNEMENT.*

669. Le Chef de chacun des pelotons de gauche fera les mêmes commandemens, à l'exception du quatrième, auquel il fubftituera celui de *à droite* $=$ *ALIGNEMENT.*

670. Le Chef de chaque peloton ayant fait le commandement *à gauche (ou à droite) ALIGNEMENT*, fe portera au flanc extérieur de fon peloton, ceux du demi-bataillon de droite, au flanc droit, ceux du demi bataillon de gauche, au flanc gauche; les deux pelotons réunis s'aligneront l'un fur l'autre; le centre des deux fera marqué par le Sous-officier de remplacement du peloton de gauche, qui aura foin de fe placer correctement derrière celui qui le précède.

671. Le peloton des Grenadiers fuivra le mouvement du demi-bataillon dont il fait partie, & fe conformera à ce qui a été prefcrit ci-deffus, avec cette feule différence qu'il fe placera derrière les deux fections intérieures de la dernière fubdivifion de la colonne, de manière à être débordée à droite & à gauche par les deux fections extérieures de cette fubdivifion.

672. Si cependant l'Officier fupérieur vouloit porter les Grena-

diers à la tête de la colonne en la formant, il en donneroit
l'ordre à leur Chef, qui feroit en conféquence déboîter
fes trois premières files en avant, au lieu de les faire déboîter
en arrière, & porteroit les Grenadiers à diftance de fection
en avant des deux pelotons de la tête, de la même manière
qui vient d'être prefcrite ci-deffus.

673. Les Tambours fe porteront à la queue de la colonne.

Déploiement de la colonne d'attaque.

674. Lorfque le Chef de bataillon voudra déployer cette colonne,
il placera deux Jalonneurs devant la file de droite & de gauche
des deux pelotons de la tête, & commandera :

Pl. XXVI.
Fig. 2.

I.

Déployez la colonne.

2.

Bataillon à droite═&* À GAUCHE.*

3.

Pas accéléré═*MARCHE.*

675. Au commandement *marche*, la colonne fe déploiera, d'après les
principes prefcrits pour le déploiement des colonnes en maffe,
fur les deux pelotons de la tête, lefquels ne bougeront ; le
Chef du cinquième fe portera à la droite de fon peloton.

676. Le Chef du quatrième peloton reculera au fecond rang,
à l'inftant où le Chef du troifième arrivant fur la ligne, fe
portera à la gauche de fon peloton pour aligner.

677. Le déploiement étant achevé, le Chef de bataillon commandera :

Guides═*À VOS PLACES.*

678. Si le Chef de bataillon jugeoit néceffaire de faire commencer
le feu pendant que le déploiement s'exécute, il donneroit l'ordre
aux Chefs des deux pelotons de la tête de faire commencer le
feu de deux rangs.

679. Les Chefs des deux pelotons de la tête feroient les
commandemens prefcrits pour le feu de deux rangs, au command-
dement de *fixe* fait au troifième & au fixième, après celui
d'*alignement* ; les Chefs de ces deux derniers pelotons obferveroient la même chofe à l'égard des deuxième & feptième pelotons,
ainfi de fuite.

Au

680.   Au commandement *feu de deux rangs*, fait aux deux pelotons de la tête, les Jalonneurs placés devant ces pelotons se retireroient ; le Guide de chaque peloton qui s'étoit porté sur la ligne de bataille pour jalonner, reprendroit de même sa place au commandement *feu de deux rangs*, fait à son peloton.

681.   Les Chefs de peloton & Sous-officiers de remplacement se porteroient pendant le feu, à la place qui leur a été indiquée ci-deſſus, N.° 35.

Oſervations relatives au déploiement de la colonne d'attaque.

682.   Cette colonne ne devant jamais avoir lieu que par bataillon, son peu de profondeur diſpenſe de la faire ſerrer en maſſe pour la déployer.

A R T I C L E. 14.
Ralliement.

683.   Le bataillon étant en bataille, le Chef de bataillon fera battre la breloque ; à ce ſignal, le bataillon ſe rompra & s'éparpillera.

684.   Lorſque le Chef de bataillon voudra le raſſembler, il placera deux Jalonneurs & le Porte-drapeau dans la direction qu'il voudra donner au bataillon, & ſera enſuite battre au drapeau.

685.   Chaque Chef de peloton raſſemblera ſes Officiers, Sous-officiers & Soldats à environ ſix pas en arrière de la place qu'il devra occuper ſur la ligne de bataille.

686.   Le Chef de bataillon fera établir promptement le peloton du drapeau contre les deux Jalonneurs ; chaque peloton ſe portera auſſitôt au commandement de ſon Chef, ſur l'alignement du peloton du drapeau, & y ſera établi d'après les principes preſcrits.

École de Bataillon claſſée par leçons, telle qu'elle doit être répétée dans les exercices par bataillon.

P R E M I È R E   L E Ç O N.

1.° Ouvrir les rangs.
2.° Maniement des armes & la charge précipitée.
3.° Serrer les rangs.

O o o

4.° La charge à volonté , & les divers feux en avant & en arrière.

D E U X I È M E   L E Ç O N.

1.° Rompre par peloton à droite ou à gauche.

2.° Marcher en colonne au pas cadencé, long-temps de fuite, le Guide de la tête fe dirigeant par des points pris à terre ; changer de direction fur le côté du Guide & fur le côté oppofé au Guide, rompre & former les pelotons en marchant.

3.° Exécuter la contre-marche & répéter les mêmes mouvemens.

4.° Changer de direction par la prompte manœuvre.

5.° Prendre le pas de route , rompre les pelotons, exécuter fucceffivement les divers mouvemens prefcrits dans l'article de la colonne en route , pour réduire les fubdivifions à quatre de front , faire rentrer les files en ligne d'après les mêmes principes, & former les pelotons.

6.° Arrêter la colonne & la former *à gauche* ou *à droite en bataille.*

7.° Former quelquefois la colonne *par inverfion, à droite* ou *à gauche , en bataille.*

T R O I S I È M E   L E Ç O N.

1.° Rompre par peloton, *en arrière à droite* ou *à gauche.*

2.° Former la colonne *en avant & face en arrière , en bataille.*

3.° Former la colonne *fur la droite* ou *fur la gauche , en bataille.*

4.° Marcher par le flanc, & former les pelotons ou les fections en marchant.

5.° La colonne arrivant par derrière ou par devant la ligne de bataille, la prolonger fur cette ligne, & la former *à gauche* ou *à droite en bataille.*

6.° Changer de front en avant & en arrière fur l'extrémité de la droite ou de la gauche, perpendiculairement & obliquement.

7.° Changer de front fur le centre , l'aile gauche ou
l'aile droite en avant , perpendiculairement & obliquement.

QUATRIÈME LEÇON.

1.° Étant en bataille , fe ployer en colonne ferrée par
divifion ou peloton , en avant ou en arrière , fur
le peloton de droite ou de gauche du bataillon , ou
bien fur le peloton du centre , la droite ou la gauche
en tête.

2.° Étant en maffe , changer de direction à droite ou à
gauche par le flanc de la colonne.

3.° Étant en maffe , exécuter la contre-marche.

4.° Marcher en colonne ferrée.

5.° Prendre les diftances par la tête de la colonne.

6.° Serrer à diftance de fection , & changer de direction ;
ferrer en maffe , arrêter la colonne , former les divifions de pied ferme & déployer.

7.° Former la colonne d'attaque & la déployer.

CINQUIÈME LEÇON.

1.° Marcher en bataille long-temps de fuite , en avant &
en retraite , & faire exécuter les divers paffages
d'obftacle.

2.° Changer de direction en bataille plufieurs fois.

3.° Marcher obliquement , fouvent & long-temps de fuite.

4.° Paffage des lignes , comme bataillon de première &
comme bataillon de feconde ligne.

5.° Marcher par le flanc droit ou par le flanc gauche ,
changer de direction par file , & fe former fur la
droite ou fur la gauche par file en bataille.

6.° Paffer le défilé en retraite.

7.° Faire battre la breloque, & rallier enfuite le bataillon.

Obfervations relatives à cette divifion de l'École de bataillon par leçons.

La première leçon, qui comprend les charges & les feux; la feconde, qui comprend la marche en colonne & tout ce qui y eft relatif; la cinquième, qui comprend la marche en bataille, & les divers mouvemens qui en dérivent, étant les parties les plus effentielles de cette Inftruction, font auffi celles dont on devra le plus s'occuper dans les exercices par bataillon.

Les bataillons qui exécuteront bien la feconde & la cinquième leçons, parviendront en très-peu de temps à exécuter parfaitement les troifième & quatrième.

On pourra faire porter l'arme au bras dans la marche par le flanc, par peloton ou divifion, ainfi qu'en colonne au pas cadencé.

On pourra auffi faire porter quelquefois l'arme au bras dans la marche en bataille, lorfque les bataillons feront biens dreffés.

On ne fera ufage du pas accéléré dans l'inftruction par bataillon, foit dans la marche en bataille, foit en colonne, foit dans les formations, que lorfque les bataillons feront folidement affermis dans la cadence du pas ordinaire.

On ne fera ufage du pas non cadencé dans cette école, que pour répéter les mouvemens relatifs à la colonne en route.

TITRE V.

Évolutions de ligne.

L'École de bataillon renfermant les principes & l'explication de tous les mouvemens que peut faire, dans quelque cas que ce foit, un feul bataillon, il refte à faire l'application de ces principes à une ligne de plufieurs bataillons.

On fuppofera dans cette inftruction une ligne de huit bataillons ; mais les règles qui y feront prefcrites, feront également applicables à un régiment, à une brigade ou à tel nombre de bataillons que ce foit.

L'École de bataillon a été divifée en cinq parties.

On fuivra ici la même divifion.

Toutes les fois qu'une ou plufieurs brigades réunies devront manœuvrer en ligne, chaque bataillon fera defigné par fon numéro, fuivant le rang qu'il occupera dans la ligne. Le bataillon de droite fera dénommé *premier*, celui qui fuit *deuxième*, le bataillon fuivant *troifième*, & ainfi de fuite jufqu'au bataillon qui ferme la gauche de la ligne.

Places de Commandant en chef, des Chefs de brigade &
de régiment, foit en ligne, foit en colonne.

En bataille, le Commandant en chef n'aura pas de place fixe, il pourra fe porter par-tout où il jugera fa préfence néceffaire.

En colonne, il fe tiendra habituellement à la tête, afin de la diriger fuivant fes vues.

Dans les évolutions, il fe portera habituellement là d'où il pourra le mieux diriger l'exécution du mouvement général.

Cependant, dans tous les cas, le Commandant en chef pourra fe porter par-tout ailleurs où il jugera fa préfence néceffaire, en obfervant alors de fe faire fuppléer par un Officier qu'il chargera de l'exécution de fes ordres.

P p p

En bataille, les Chefs de brigade fe placeront à environ cinquante pas en arrière du centre de leur brigade.

En colonne, ils fe placeront fur le flanc du côté où fe prendra la direction, à hauteur du centre de leur brigade, & à douze ou quinze pas en dehors des Guides.

En bataille, les Colonels fe placeront à environ trente pas en arrière du centre de leur régiment.

En colonne, ils fe placeront comme les Chefs de brigade, à hauteur du centre de leur régiment.

Les Chefs de brigade & de régiment veilleront, foit en bataille, foit en colonne, ou dans les divers mouvemens, à l'exécution exacte & régulière de tout ce qui fera commandé; ils pourront en conféquence fe porter par-tout où ils jugeront leur préfence néceffaire, dans l'étendue de leur brigade ou régiment.

Les places des Chefs de bataillon, des Adjudans-majors & Adjudans, foit en bataille, foit en colonne, ont été fixées dans l'École de bataillon.

Règles générales pour les commandemens.

Lorfque tous les bataillons de la ligne devront exécuter un même mouvement, le Commandant en chef fera au bataillon le plus près de lui les commandemens généraux relatifs à ce mouvement, qui feront répétés auffitôt par le Chef de ce bataillon.

Chaque chef de bataillon répétera toujours, avec la plus grande rapidité, tous les commandemens généraux qu'il entendra faire au bataillon immédiatement voifin à fa droite ou à fa gauche, felon le côté d'où partira le commandement, à moins que le Commandant en chef ne lui ait donné ou envoyé un ordre contraire.

Les Chefs de bataillon ayant répété les commandemens généraux, comme il vient d'être prefcrit, commanderont & feront exécuter auffitôt après, fans fe régler les uns fur les autres, les mouvemens préparatoires qui devront précéder dans leur bataillon l'exécution du mouvement général; les Chefs de régiment & de brigade veilleront à la prompte exécution de ces mouvemens préparatoires dans leur régiment & brigade , & à ce que les Chefs de bataillon ne commettent point d'erreur à cet égard.

Le Commandant en chef fera toujours le commandement qui devra déterminer l'exécution du mouvement général.

Les Adjudans-majors, & les Adjudans placés derrière la droite & la gauche de leur bataillon en ligne , répéteront les commandemens généraux, foit d'avertiffement, foit d'exécution, toutes les fois que l'étendue du front des bataillons , le vent ou le bruit des armes à feu, pourroient empêcher que ces commandemens ne fuffent facilement entendus d'un bataillon à l'autre.

Dans le cas où un Chef de bataillon n'ayant pas entendu le commandement général, verroit le bataillon immédiatement voifin exécuter un mouvement , il feroit auffitôt exécuter le même mouvement à fon bataillon.

Lorfque des régimens étrangers fe trouveront en ligne avec des régimens françois, les Chefs des bataillons de nation étrangere répéteront d'abord les commandemens généraux en françois , & feront enfuite les mêmes commandemens dans leur langue.

Lorfque la ligne devra exécuter un mouvement central , le Commandant en chef fe portera au point qu'il choifira pour centre du mouvement, & donnera ou enverra au Chef de chacun des bataillons voifins de droite & de gauche , l'ordre de faire le commandement général relatif au mouvement que chaque portion de la ligne devra exécuter, ainfi qu'il fera expliqué ci-après.

En colonne , la répétition des commandemens aura lieu d'après les mêmes principes.

Toutes les fois qu'on rompra une ligne en plufieurs colonnes, l'Officier, le premier ou le plus ancien en grade de chacune la commandera, & remplira près de fa colonne les fonctions de Commandant en chef.

Formation des Régimens en bataille devant leur quartier.

Lorfqu'un régiment devra fe former en bataille devant fon quartier, le Chef du régiment fera porter la compagnie du centre de l'un ou de l'autre bataillon à quelques pas en avant, l'établira fur la direction qu'il voudra donner au régiment, & fera placer deux Jalonneurs devant cette compagnie; il fera avertir en même temps le Chef de l'autre bataillon d'établir celle du centre de fon bataillon fur la même direction.

Ces deux compagnies étant ainfi établies à diftance de bataillon, plus un intervalle, l'une de l'autre, fur la même direction, le Chef du régiment fera battre un roulement très-court à la fin duquel les compagnies de chaque bataillon fe porteront fucceffivement, & au commandement de leurs Chefs refpectifs, fur l'alignement de celle du centre de leur bataillon; les Chefs de bataillon veilleront à ce que les Guides des deux bataillons fe placent exactement fur la même ligne.

Les bataillons étant formés, fi le régiment doit manœuvrer, le Chef du régiment ordonnera aux Adjudans de divifer les bataillons, ce qui fera promptement exécuté, en commençant par la droite de chacun; la compagnie de Grenadiers du fecond bataillon ira fe réunir à la première, à la droite du régiment.

On égalifera, autant que poffible, les pelotons; les Sous-officiers qui devront compofer la garde du drapeau de chaque bataillon, iront fe former à la gauche du quatrième peloton, & feront nombre dans les files de ce peloton, qui aura ainfi trois files de Soldats de moins que les autres.

L'intervalle entre les bataillons fera de huit toifes.

Compofition & marche du détachement qui ira chercher les Drapeaux.

Lorfqu'on rappellera pour faire prendre les armes au régiment, fi les drapeaux doivent fortir, l'une des deux compagnies de Grenadiers à tour de rôle, ou fi elles font détachées, une compagnie de Fufiliers fe mettra en marche pour les aller chercher, dans l'ordre fuivant.

Le

Le Tambour-major, les Tambours du bataillon dont fera le détachement, suivis de la musique ;

Le détachement formé en colonne par section, l'arme au bras ;

Les deux Sergens-majors désignés pour porter les drapeaux, à côté l'un de l'autre, entre les deux sections.

Le détachement marchera dans cet ordre, sans bruit de caisse ni de musique. Arrivé au logement du Commandant du régiment, il se formera en bataille vis-à-vis la porte d'entrée ; les tambours & la musique se formeront à la droite du détachement.

Aussitôt que le détachement sera en bataille, les deux Sergens-majors, qui devront porter les drapeaux, iront les prendre, accompagnés du Lieutenant & d'un Sergent du détachement.

Lorsqu'ensuite les deux Sergens-majors sortiront avec les drapeaux, suivis du Lieutenant & du Sergent, ils s'arrêteront devant la porte.

A l'instant où les drapeaux sortiront, le Commandant du détachement lui fera présenter les armes, & les Tambours battront *le drapeau.*

Après trois ou quatre reprises, le Commandant du détachement fera cesser de battre ; il fera ensuite porter les armes & rompre par section : les deux Sergens-majors qui portent les drapeaux iront se placer entre les deux sections, à côté l'un de l'autre ; le Lieutenant & le Sergent reprendront leurs places.

Le Commandant du détachement le remettra ensuite en marche dans le même ordre que ci-dessus, pour se rendre au lieu de l'assemblée du régiment ; les Tambours battront.

Honneurs qui seront rendus aux Drapeaux.

A l'arrivée des drapeaux, le Chef du régiment fera porter les armes ; les Tambours cesseront de battre, & iront au pas accéléré reprendre, ainsi que le détachement, leurs places de bataille, paffant pour cet effet derrière le régiment : les Chefs de bataillon fe placeront à fix pas en avant de la file du centre de leur bataillon.

Les Porte-drapeaux fileront à côté l'un de l'autre, au pas accéléré, à dix pas devant le front, s'arrêteront chacun devant le centre de leur bataillon & lui feront face ; le Chef de bataillon fera alors préfenter les armes, & faluera enfuite lui-même de l'épée ; le Porte-drapeau ira auffitôt fe placer au centre du bataillon, & le Chef de bataillon fera porter les armes.

Les drapeaux feront reconduits au logement du Commandant du régiment, dans l'ordre prefcrit ci-deffus.

PREMIÈRE PARTIE.

ARTICLE PREMIER.

Ouvrir les rangs.

I. Le Commandant en chef, voulant faire ouvrir les rangs, commandera :

I.

Garde à vous pour ouvrir vos rangs.

2. Ce commandement ayant été répété, les Chefs de bataillon commanderont auffitôt après *en arrière ouvrez vos rangs*, ce qui fera exécuté comme il a été prefcrit dans l'École de bataillon ; le Commandant en chef commandera enfuite :

2.

MARCHE.

3. A ce commandement vivement répété, les deux derniers rangs fe porteront en arrière, en fe conformant à ce qui a été prefcrit dans l'École de bataillon.

4. Chaque bataillon exécutera ce mouvement comme s'il étoit ifolé ; en conféquence, on ne cherchera point à aligner les deux derniers rangs des divers bataillons de la ligne les uns fur les autres.

ARTICLE 2.
Maniement des armes.

5. Le maniement des armes ne fera jamais exécuté en ligne, lorſqu'elle ſera de plus d'un bataillon.

ARTICLE 3.
Charge & feux.

6. On n'exécutera en ligne que la charge à volonté.

7. Le Commandant en chef voulant faire charger les armes, commandera :

1.

Garde à vous pour charger vos armes.

Ce commandement ayant été répété, le Commandant en chef commandera :

2.

Chargez vos armes.

8. Ce commandement qui ſera répété auſſitôt, s'exécutera comme il a été preſcrit dans l'École de bataillon.

9. Le Commandant en chef voulant faire exécuter les feux de pied ferme, commandera :

1.

*Feu de bataillon (*ou *de demi-bataillon) (*ou *de peloton).*

Ce commandement ayant été répété, le Commandant en chef commandera :

2.

Commencez le feu.

10. Le feu de bataillon commencera dans les bataillons impairs ; le Chef de chacun de ces bataillons ayant répété le commandement *commencez le feu*, fera auſſitôt après ceux qui ſont preſcrits dans l'École de bataillon pour l'exécution de ce feu.

11. Les Chefs des bataillons pairs ne feront leur premier commandement, que lorſqu'ils verront quelques armes portées dans le bataillon impair qui eſt immédiatement à leur droite ; les Chefs des bataillons impairs obſerveront à leur tour la même règle à

l'égard du bataillon pair qui eſt immédiatement à leur gauche, & le feu ſe continuera ainſi alternativement.

1 2. Le feu de demi-bataillon s'exécutera dans chaque bataillon, comme il a été preſcrit dans l'École de bataillon, chaque Chef de bataillon ayant répété le commandement *commencez le feu*, fera auſſitôt après ceux qui ont été preſcrits pour l'exécution de ce feu, ſans ſe régler ſur le bataillon voiſin.

1 3. Le feu de peloton s'exécutera comme il a été preſcrit dans l'École de bataillon ; les Chefs des pelotons impairs feront leur premier commandement auſſitôt après que le Chef de leur bataillon aura fait celui *commencez le feu.*

1 4. Le feu de deux rangs s'exécutera de la manière ſuivante ; le Commandant en chef commandera :

1.

Feu de deux rangs.

Ce commandement ayant été répété, les Chefs de bataillon commanderont auſſitôt après, 1.° *Bataillon ;* 2.° ARMES.

Le Commandant en chef commandera enſuite :

2.

Commencez le feu.

1 5. A ce commandement répété par les Chefs de bataillon, le feu de deux rangs commencera, & s'exécutera comme il a été preſcrit dans l'École de bataillon.

1 6. Le Commandant en chef fera ceſſer tous les feux par un roulement très-court, qui ſera répété par les Tambours de chaque bataillon à l'inſtant où il leur parviendra ; dès que chaque bataillon aura chargé ſes armes, ſon Chef fera donner le ſignal du coup de baguette pour faire rentrer les Chefs de peloton & Sous-officiers de remplacement à leurs places de bataille.

1 7. Le Commandant en chef voulant faire exécuter les feux en arrière, commandera :

1.

Feu en arrière.

Ce commandement ayant été répété, les Chefs de bataillon
commanderont

commanderont auſſitôt après : 1.° *Bataillon ;* 2.° DEMI-TOUR =
à DROITE.

18.   Le Commandant en chef fera enſuite exécuter les divers feux
par les mêmes commandemens & moyens preſcrits ci-deſſus.

19.   Le Commandant en chef ayant fait ceſſer le feu en arrière, &
voulant remettre la ligne face en tête, commandera :

1.

Face en tête.

Les Chefs de bataillon ayant répété ce commandement,
commanderont auſſitôt après : 1.° *Bataillon ;* 2.° DEMI-TOUR =
à DROITE.

20.   Le Commandant en chef voulant faire repoſer la ligne,
commandera :

1.

Garde à vous pour repoſer.

Ce commandement ayant été répété, le **Commandant** en chef
commandera :

2.

*Repoſez-vous ſur vos armes (*ou *l'arme au bras.)|*

Ce commandement ayant été répété & **exécuté**, il fera le
commandement :

3.

*Repos (*ou *en place repos.)*

Ce commandement ſera exécuté comme il a été preſcrit dans
l'École de bataillon.

21.   Le Commandant en chef voûlant faire ceſſer le repos, fera
faire un roulement très-court, qui ſera répété par tous les
Tambours de la ligne à l'inſtant où ils l'entendront.

22.   Le roulement ayant ceſſé, les Chefs de bataillon commanderont BATAILLON ; les Soldats reprendront la poſition &
l'immobilité.

23.   Le Commandant en chef commandera enſuite :

R r r

Portez vos armes.

Ce commandement ayant été répété , la ligne portera les armes.

DEUXIÈME PARTIE.

Différentes manières de passer de l'ordre en bataille à l'ordre en colonne.

ARTICLE PREMIER.

Rompre à droite (ou *à gauche.)*

24. Le Commandant en chef voulant faire rompre la ligne par peloton, commandera :

I.

Par peloton , à droite (ou *à gauche.)*

Ce commandement ayant été répété , le Commandant en chef commandera :

2.

MARCHE.

25. A ce commandement vivement répété , la ligne rompra d'après les principes prescrits dans l'École de bataillon.

26. Il a été prescrit dans l'École de bataillon , que les pelotons ayant rompu , aucun Guide ne devra plus bouger après le commandement *FIXE* du Chef de son peloton , quand même il ne seroit pas dans la direction des Guides précédens ; cette règle s'observera de même d'un bataillon à l'autre dans les colonnes composées de plusieurs bataillons ; ainsi le Guide de la subdivision de la tête d'un bataillon ne bougera plus après le commandement FIXE de son Chef de peloton , quand même il ne seroit pas dans la direction des Guides du bataillon qui le précède : c'est lorsque la colonne se mettra en marche , que les Guides qui ne sont pas dans la direction devront la reprendre insensiblement, en se dirigeant de manière à marcher chacun dans la trace du Guide précédent.

27. Si cependant le Commandant en chef vouloit remettre la colonne immédiatement en bataille , il auroit soin de rectifier préalablement la position des Guides par l'un des moyens qui feront indiqués ci-après, N.ᵒˢ 89 & fuivans, ou 94 & fuivans.

A R T I C L E 2.

Rompre en arrière , à droite (ou à gauche.)

28.   Le Commandant en chef voulant faire rompre la ligne par peloton en arrière, commandera :

I .

Par peloton en arrière , à droite (ou à gauche.)

Les Chefs de bataillon , ayant répété ce commandement, commanderont auffitôt après : 1.° *Bataillon par le flanc droit (* ou *gauche ;)* 2°. *A DROITE (* ou *A GAUCHE.)*

Le Commandant en chef commandera enfuite :

2.

M A R C H E.

29.   A ce commandement vivement répété , chaque bataillon rompra comme il a été prefcrit dans l'École de bataillon.

A R T I C L 3.

Rompre par la droite pour marcher vers la gauche.

30.   Le Commandant en chef voulant faire exécuter ce mouvement , commandera :

I .

Rompre par la droite pour marcher vers la gauche.

31.   Ce commandement ayant été répété , le Chef du bataillon de droite fera commencer le mouvement qui s'exécutera comme il a été prefcrit dans l'École du bataillon.

32.   Les Chefs des bataillons fuivans feront commencer le mouvement chacun à leur tour ; le peloton de droite de chacun marchera en avant deux fois l'étendue de fon front, pendant que les autres rompront à droite.

33.   Les Chefs de bataillon jugeront le moment où ils devront faire rompre leur bataillon & le mettre en marche , de manière

à laiſſer entre leur première ſubdiviſion & la dernière du bataillon qui devra les précéder dans la colonne, diſtance de peloton, plus huit toiſes.

34. Le Commandant en chef fera rompre par la gauche pour marcher vers la droite, d'après les mêmes principes.

ARTICLE 4.

Ployer la ligne en colonne ferrée.

Pl. XXVII.

35. On ſuppoſe que le Commandant en chef veut ployer la ligne en colonne ferrée par diviſion, la droite en tête, ſur la deuxième diviſion du quatrième bataillon ; cette ſuppoſition embraſſe tous les cas.

36. Le Commandant en chef ſe portant au quatrième bataillon, commandera :

I.

Colonne ferrée par diviſion.

37. Ce commandement ayant été répété, le Commandant en chef enverra au Chef du cinquième bataillon, l'ordre de faire le commandement ſuivant, qui ſera vivement répété par le Chef de chacun des bataillons qui ſont à ſa gauche.

Sur le quatrième bataillon en arrière en colonne.

38. Le Commandant en chef enverra en même temps l'ordre au Chef du troiſième bataillon de faire le commandement ſuivant, qui ſera vivement répété par le Chef de chacun des bataillons qui ſont à ſa droite.

Sur le quatrième bataillon en avant en colonne.

39. L'ordre du Commandant en chef ayant été rendu aux Chefs des troiſième & cinquième bataillons, il ordonnera à celui du quatrième de commander :

Sur la ſeconde diviſion, la droite en tête, en colonne.

40. Le Chef du quatrième bataillon ayant fait ce commandement, fera auſſitôt après ceux qui ſuivent : 1.° *Bataillon par flanc gauche & le flanc droit ;* 2.° *à gauche* ＝ *& À DROITE.*

41. Les Chefs des cinquième, ſixième, ſeptième & huitième bataillons ayant fait le commandement preſcrit ci-deſſus, N.° 37,

feront auffitôt après, chacun à leur bataillon, ceux qui fuivent :
1.° *Bataillon par le flanc droit* ; 2.° *A DROITE.* Les trois files de
droite de chaque divifion déboîteront en arrière.

42.   Les Chefs des troifième, deuxième & premier bataillons ayant
fait le commandement prefcrit ci-deffus, N.° 38, feront auffitôt
après, chacun à leur bataillon, ceux qui fuivent : 1.° *Bataillon par
le flanc gauche* ; 2.° *A GAUCHE.* Les trois files de gauche de chaque
divifion déboîteront en avant.

43.   Les Chefs de bataillon ayant fait ces divers commandemens,
le Commandant en chef commandera :

MARCHE (ou *pas accéléré* = *MARCHE.*)

44.   A ce commandement vivement répété, le quatrième bataillon fe
ploiera en colonne ferrée, en fe conformant à ce qui a été prefcrit
dans l'École de bataillon.

45   Les cinquième, fixième, feptième & huitième bataillons exécuteront ce qui fuit : la première divifion de chacun de ces bataillons conduite par l'Adjudant-major, fe dirigera dès les premiers
pas en arrière, & par la ligne la plus courte, vers la place qu'elle
devra occuper dans la colonne ; elle marchera le pas d'un pied,
jufqu'à ce que les autres divifions de fon bataillon foient arrivées à fa hauteur, après quoi elle prendra le pas de deux pieds,
& chaque bataillon ainfi formé en maffe, fe portera vers le point
où il devra entrer dans la colonne. Arrivée à douze ou quinze pas
de ce point, la première divifion de chaque bataillon fe dirigera de
manière à y entrer carrément, & à fix pas en arrière de la dernière
divifion du bataillon qui précède ; les autres divifions fe dirigeront
parallèlement à la première, entreront fucceffivement, & à trois pas
en arrière l'une de l'autre dans la colonne. Les Chefs de divifion
étant arrivés à hauteur des Guides de gauche de la colonne, s'arrêteront de leur perfonne, verront filer leurs divifions refpectives,
& fe conformeront pour les arrêter, leur faire faire *front* & les
aligner, à ce qui a été prefcrit dans l'École de bataillon.

46.   Les troifième deuxième & premier bataillons exécuteront ce
qui fuit : la quatrième divifion de chacun de ces bataillons, conduite par l'Adjudant - major, fe dirigera dès les premiers pas en
avant, & par la ligne la plus courte, vers le point où elle devra
entrer dans la colonne ; elle marchera le pas d'un pied jufqu'à ce
que les autres divifions de fon bataillon foient arrivées à fa hauteur, après quoi elle prendra le pas de deux pieds, & chaque bataillon

S ff

formé ainsi en masse, se portera vers le point où il devra entrer dans la colonne. Arrivée à douze ou quinze pas de ce point, la quatrième division de chaque bataillon se dirigera de manière à y entrer carrément, & à six pas en avant de la première division du bataillon qu'elle devra précéder immédiatement dans la colonne; les autres divisions se dirigeront parallèlement à la quatrième, entreront successivement & à trois pas en avant l'une de l'autre dans la colonne. Le Guide de gauche de chaque division étant près d'arriver à hauteur des Guides de gauche de la colonne, le Chef de division arrêtera sa division, lui fera faire *front* & l'alignera, en se conformant à ce qui a été prescrit dans l'École de bataillon : le Guide de gauche de chaque division fera face en arrière.

47. Les Chefs de bataillon maintiendront pendant l'exécution du mouvement, le plus grand ordre dans leurs bataillons respectifs, veilleront à ce que les divisions marchent à même hauteur, & à trois pas de distance l'une de l'autre, en se réglant sur celle qui doit entrer la première dans la colonne, & à ce qu'elles y entrent carrément, & parallèlement à celles qui y auront déjà pris rang.

48. Les Adjudans-majors veilleront à ce que la division de leur bataillon qui devra prendre rang la première dans la colonne, **y** entre à six pas en arrière ou en avant du bataillon qui devra la précéder, ou qu'elle devra précéder immédiatement dans l'ordre de la colonne; ils assureront avec soin la direction des Guides de leur bataillon, à mesure que chaque division prendra rang dans la colonne.

49. Le Commandant en chef, ou celui qu'il aura chargé de l'exécution de ses ordres, se placera en avant du Guide de gauche de la division de direction, pour veiller à la formation de la colonne, & à ce que les Guides de gauche se placent correctement à leur Chef de file.

50. A mesure que chacun des bataillons qui doivent se porter dans la colonne en avant de la division de direction y aura pris rang, le Chef de bataillon commandera : *Guides*, DEMI-TOUR = À DROITE.

51. A ce commandement, les Guides de gauche du bataillon se remettront face en tête.

52. On ploiera une ligne en colonne serrée, la gauche en tête d'après les mêmes principes, en appliquant aux bataillons qui sont à la gauche de celui dont la division de direction fait partie, ce qui vient d'être prescrit ci-dessus pour les bataillons qui sont à sa droite, & réciproquement.

53. On pourra ployer la ligne en colonne fur telle autre divifion & bataillon qu'on voudra choifir, d'après les mêmes principes.

54. Si, au lieu de prendre pour divifion de direction une divifion de l'intérieur de la ligne, le Commandant en chef vouloit la ployer en colonne fur la divifion de l'aile droite ou de l'aile gauche de la ligne, ce mouvement s'exécuteroit de la manière fuivante :

55. On fuppofe que le Commandant en chef veuille prendre pour divifion de direction les Grenadiers du bataillon de droite de la ligne, il fe portera à ce bataillon, & commandera :

1.

Colonne ferrée par divifion.

56. Ce commandement ayant été répété, il enverra ordre au Chef du deuxième bataillon de faire le commandement fuivant, qui fera répété par le Chef de chacun des bataillons qui font à fa gauche : *Sur le premier bataillon en arrière (ou en avant) en colonne.*

57. L'ordre du Commandant en chef ayant été rendu au Chef du fecond bataillon, il ordonnera à celui du premier bataillon de commander : *Sur les Grenadiers en arrière (ou en avant) en colonne.*

58. Les Chefs de bataillon ayant fait le commandement qui vient de leur être prefcrit, commanderont auffitôt après : 1.° *Bataillon par le flanc droit ;* 2.° À DROITE.

59. Le Commandant en chef commandera enfuite :

2.

M A R C H E.

A ce commandement vivement répété, le mouvement général commencera.

60. Si enfin le Commandant en chef vouloit prendre pour divifion de direction la divifion de l'aile gauche de la ligne, il fe porteroit au bataillon dont elle fait partie, & commanderoit :

1.

Colonne ferrée par divifion.

61. Ce commandement ayant été répété, il enverroit ordre au

Chef du feptième bataillon de faire le commandement fuivant, qui fera répété par le Chef de chacun des bataillons qui font à fa droite :

Sur le huitième bataillon en arrière (ou en avant) en colonne.

Il ordonneroit au Chef du huitième bataillon de commander :
Sur la quatrième divifion en arrière (ou en avant) en colonne.

62.   Le mouvement s'exécutera d'après les principes prefcrits ci-deffus.

Obfervations relatives au mouvement de ployer une ligne en colonne ferrée.

63.   Cette méthode de ployer une ligne en colonne, réunit le double avantage de maintenir les bataillons dans toute leur force pendant l'exécution du mouvement, puifque chacun d'eux forme une maffe féparée, & de n'exiger que le moins de temps poffible, puifque chaque bataillon fe porte par la ligne la plus courte à la place qu'il doit occuper dans la colonne.

TROISIÈME PARTIE.

ARTICLE PREMIER.

Marcher en colonne avec diftance entière.

64.   Le Commandant en chef voulant faire marcher la colonne, indiquera au Chef du bataillon de la tête la direction que devra fuivre le premier Guide, & le Chef de bataillon prefcrira auffitôt à ce Guide les moyens qu'il devra employer pour affurer la direction de fa marche, d'après les principes établis dans l'École de bataillon, N.ᵒˢ 112, 113 & 114.

65.   Cette difpofition étant faite, le Commandant en chef commandera :

I.

Colonne en avant.

Les Chefs de bataillon ayant répété ce commandement, feront immédiatement après celui : *Guide à gauche ,* fi la colonne a la droite en tête : celui *Guide à droite ,* fi elle a la gauche en tête.

Le Commandant en chef commandera enfuite :

2.

M A R C H E.

66. A ce commandement qui fera répété avec la plus grande rapidité, la colonne fe mettra en marche.

67. Le Guide de la première fubdivifion fe maintiendra dans la direction qui lui aura été indiquée par les moyens prefcrits dans l'École de bataillon, & les Guides fuivans marcheront chacun dans la trace de celui qui les précède immédiatement, fans s'occuper de la direction générale.

68. L'Adjudant-major du bataillon de la tête veillera à ce que le Guide de la première fubdivifion ne s'écarte pas de la direction qu'il devra fuivre, & l'Adjudant-major de chacun des bataillons fuivans, à ce que le Guide de la première fubdivifion de fon bataillon conferve entre lui & le Guide de la dernière fubdivifion du bataillon précédent, un efpace égal à l'étendue du front de fa fubdivifion, plus, l'intervalle de huit toifes qui doit féparer les bataillons.

69. Lorfqu'une colonne devra fe prolonger fur une ligne donnée, pour s'y former *à gauche (ou à droite) en bataille,* le Commandant en chef fera toujours jalonner cette ligne par l'un des moyens prefcrits dans l'École de bataillon, N.ᵒˢ 143 & 144.

70. Si, dans ce cas, la colonne arrive par devant ou par derrière la ligne, le commandant en chef enverra d'avance deux Aides-de-camp ou deux Officiers à cheval chercher des points intermédiaires entre les points de direction de droite & de gauche qu'il aura choifis ; les points intermédiaires étant trouvés, l'un des deux fe placera fur la ligne au point où la tête de la colonne devra y arriver, & la colonne fe conformera à ce qui a été prefcrit dans l'École de bataillon, N.ᵒˢ 123 & fuivans, ou N.ᵒˢ 131 & fuivans.

71. Les moyens de trouver des points intermédiaires entre deux points de direction donnés, ont été expliqués dans l'École de bataillon, N.ᵒˢ 305 & fuivans.

A R T I C L E   2.

Colonne en route.

72. La colonne étant de pied ferme, fi le Commandant en chef veut la mettre en marche au pas de route, il fera les commandemens preſcrits pour la faire marcher au pas cadencé, avec cette ſeule différence, que le commandement *MARCHE* ſera précédé par celui *pas de route*, que répéteront les Chefs de bataillon.

73. Si, la colonne étant en marche au pas cadencé, le Commandant en chef veut lui faire prendre le pas de route, il commandera :

1.

Pas de route.

2.

MARCHE.

74. Tous les principes relatifs à la marche des colonnes en route ayant été développés dans l'École de bataillon, il reſte ſeulement à ajouter ici que, lorſqu'une colonne de pluſieurs bataillons rencontrera un défilé qui l'oblige de diminuer le front des ſubdiviſions, ce mouvement ne doit s'exécuter qu'à meſure que chaque bataillon arrivera à la même place où le bataillon précédent l'aura exécuté, les colonnes en route ne devant jamais diminuer leur front que lorſque le défaut d'eſpace l'exigera ; ainſi, par exemple, une colonne formée par pelotons venant à rencontrer un défilé qui ne permet de marcher que par ſections, le Chef du bataillon de la tête ſera rompre tous les pelotons de ſon bataillon à la fois, lorſqu'il ſera près d'entrer dans le défilé ; mais le Chef du bataillon ſuivant ne répétera les commandemens du Chef qui le précède, que lorſque ſon bataillon ſera arrivé à la même place, & ainſi de ſuite.

ARTICLE 3.

Changemens de direction en colonne à diſtance entière.

75. Le Commandant en chef voulant faire changer de direction ; en donnera un peu d'avance l'ordre au Chef du bataillon de la tête de la colonne, & lui indiquera le point où ce mouvement devra s'exécuter, ou y fera placer un Aide-de-camp.

76. Le changement de direction s'exécutera d'après les principes preſcrits dans l'École de bataillon, N.ᵒˢ 191 & ſuivans.

77. Ces règles auront lieu dans les colonnes en manœuvre, quand même elles marcheroient au pas de route ; mais dans les colonnes en route, les changemens de direction s'exécuteront à l'avertissement feulement des Chefs de fubdivifions, à mefure que les finuofités du chemin l'exigeront, & d'après les règles prefcrites dans l'École de bataillon, N.° 163.

ARTICLE 4.

Changemens de direction par la prompte manœuvre.

78. La colonne étant fuppofée en marche, la droite en tête, le Commandant en chef voulant lui faire changer de direction à gauche par la prompte manœuvre, indiquera au Chef du bataillon de la tête le point où la première fubdivifion de la colonne devra exécuter ce mouvement, ainfi que le point de vue en avant fur lequel le Guide de la tête devra enfuite fe diriger ; & lorfque les deux premières fubdivifions de la colonne, au moins, feront entrées dans la nouvelle direction, le Commandant en chef commandera :

I.

Prompte manœuvre par le flanc droit.

79. Les Chefs de bataillons ayant répété ce commandement, celui du bataillon de la tête commandera auffitôt après : *fix derniers pelotons par le flanc droit.*

Le Chef de chacun des bataillons fuivans commandera :

Bataillon par le flanc droit.

Le Commandant en chef commandera enfuite :

2.

Pas accéléré = *MARCHE.*

80. A ce commandement vivement répété, le mouvement s'exécutera d'après les principes prefcrits dans l'École de bataillon, N.°⁵ 203 & fuivans.

81. Les Chefs de bataillons veilleront à ce que les fubdivifions de leurs bataillons refpectifs appuient vers le point où celle de la tête de la colonne aura changé de direction, de manière qu'elles ayent leur diftance en prenant rang dans la colonne.

82. La fubdivifion de la tête de chaque bataillon doit entrer dans la colonne, à 8 toifes en arrière de la dernière fubdivifion du bata llon précédent, afin qu'après avoir pris rang dans la colonne, elle foit féparée du bataillon qui la précède de cet intervalle, plus, l'étendue de fon front.

83. Si le Commandant en chef vouloit arrêter la colonne avant qu'elle ne fût entrée toute entière dans la nouvelle direction, les Chefs des bataillons qui n'y feroient pas encore entrés ne répéteroient pas les commandemens *colonne*, HALTE, du Commandant en chef ; ces bataillons continuero ent à marcher, & les Chefs de bataillons feroient appuyer les fubdivifions en arrière, de manière à les faire entrer dans la colonne chacune à la diftance où elle devra être de la fubdivifion qui la précède immédiatement.

84. Si, au moment où le Commandant en chef arrêtera la colonne, un ou plufieurs pelotons feulement d'un bata llon n'étoient pas encore entrés dans la nouvelle direction, ces pelotons continueroient à marcher, nonobftant le commandement HALTE que devra répéter le Chef de leur bataillon pour arrêter ceux qui auroient déjà pris rang dans la colonne, & ils appuieroient auffitôt en arrière pour reprendre leur diftance, ainfi qu'il vient d'être expliqué ci-deffus.

85. Enfin, le Commandant en chef pourra, lorfqu'il jugera néceffaire d'affurer avec plus de précifion la marche de la colonne fur la nouvelle direction, faire porter les Guides généraux fur cette direction à mefure que le peloton de la tête, celui du drapeau & celui de la queue de chaque bataillon prendront rang dans la colonne. Les guides généraux du bataillon de la tête doivent être maintenus avec foin fur la ligne que la colonne devra fuivre.

ARTICLE 5.

ARTICLE 5.

Arrêter la colonne à diſtance entière.

86. Le Commandant en chef voulant arrêter la colonne, commandera :

1.

Colonne.

Ce commandement ayant été répété , le Commandant en chef commandera :

2.

HALTE.

87. Ce commandement ſera répété avec la plus grande rapidité , de la tête à la queue de la colonne.

88. La colonne étant arrêtée, ſi le Commandant en chef veut la former à *gauche (*ou *à droite) en bataille* , il aſſurera préalablement la direction des Guides, de la manière ſuivante :

89. Si les Guides généraux ſont ſur le flanc, le Commandant en chef ſe portera d'abord en arrière du Porte-drapeau du bataillon de la tête de la colonne, examinera ſi ce Porte-drapeau & le Guide général qui le précède ſont placés ſur le prolongement des deux points en avant ſur leſquels ils avoient dû ſe diriger en marchant, & rectifiera leur poſition ſi elle n'eſt pas exacte ; il ſe portera enſuite en avant du Guide général de la tête , lui fera face , & fera rectifier, s'il eſt néceſſaire , la direction du Porte-drapeau du bataillon ſuivant. Les Adjudans-majors auront ſoin de raccorder promptement la direction des Guides généraux de leur bataillon ſur les Drapeaux qui les précèdent ; ce qui étant exécuté, le Commandant en chef commandera :

3.

Guides ſur la ligne.

90. A ce commandement vivement répété, les Guides de gauche , ſi la colonne a la droite en tête, les Guides de droite , ſi elle a la gauche en tête, de toutes les ſubdiviſions de la colonne, ſe porteront légèrement ſur la direction des drapeaux, faiſant face vers la tête de la colonne : l'Adjudant major de chaque bataillon, placé à quelques pas en avant & face au Guide de la ſubdiviſion de

la tête de fon bataillon, affurera la direction des Guides du demi-
bataillon de la tête ; l'Adjudant placé de même en arrière & face
au Guide de la dernière fubdivifion de fon bataillon, affurera
celle des Guides du demi-bataillon de la queue.

91.
Les Guides des fubdivifions, en fe portant fur la direction des
drapeaux de la colonne, s'aligneront correctement chacun fur les
bâtons des drapeaux qui les précèdent, & non fur les Guides qui
font devant eux; ils auront toutefois la plus grande attention à
fe placer exactement à la diftance de leurs fubdivifions refpectives,
les uns derrière les autres; les Porte-drapeaux auront foin de
porter leurs drapeaux bien perpendiculairement devant le milieu
du corps.

92.
Les Guides des fubdivifions étant établis fur la direction,
le Commandant en chef commandera :

4.

A gauche (ou à droite) $=$ *ALIGNEMENT.*

93.
A ce commandement vivement répété, chacune des fubdivifions
de la colonne ira légèrement appuyer à fon Guide, & fera promptement alignée par fon Chef. Si la nouvelle direction étoit telle
qu'une fubdivifion eût plufieurs pas à faire pour y arriver, elle s'y
porteroit par le flanc au commandement de fon Chef.

94.
Si les Guides généraux ne font pas fur le flanc de la colonne,
le Commandant en chef fe portera à quinze ou vingt pas en
avant de la tête, & fe plaçant de fa perfonne, face en arrière, fur
la direction qu'il voudra donner aux Guides, choifira en arrière
de la colonne le fecond point qui détermine cette direction.

95.
Le Commandant en chef commandera enfuite :

I.

Drapeaux & Guides généraux fur la ligne.

96.
A ce commandement, le Porte-drapeau & les Guides généraux de chacun des bataillons de la colonne fe porteront légèrement
fur le flanc, ceux du bataillon de la tête fixeront les yeux fur le
Commandant en chef, qui les établira promptement, par des fignes
de fon épée, fur la ligne droite qui partant de lui, iroit aboutir au
point en arrière qu'il aura choifi ; ceux du bataillon fuivant
s'aligneront fur les Guides généraux du bataillon de la tête, &
ceux de tous les autres bataillons de la colonne s'aligneront fur les
bâtons des drapeaux qui les précèdent : les Adjudans-majors &
Adjudans affureront promptement la direction des Guides généraux
de leurs bataillons refpectifs.

97. Le Commandant en chef voyant tous les drapeaux de la colonne correctement établis sur la direction, commandera aussitôt : 1.° *Guides sur la ligne.*

98. Ce commandement ayant été répété & exécuté comme il a été prescrit ci-dessus, N.°ˢ 90 & 91, le Commandant en chef commandera : *à gauche* (ou *à droite*) ⹀ *ALIGNEMENT.*

Observation relative à ce mouvement.

99. Le Commandant en chef pourra se dispenser, lorsque la direction générale de la colonne se trouvera être à peu-prés conforme à ses vues, de faire porter les Guides généraux sur le flanc, & se borner simplement à faire rectifier la position des Guides de peloton qui se trouveroient trop en dehors ou en dedans, par le commandement de *Guides à vos Chefs de file.*

A ce commandement, les Adjudans-majors & Adjudans feront promptement appuyer en dedans ou en dehors, les Guides qui ne seroient pas sur la direction.

ARTICLE 6.

Serrer la colonne à distance de section ou en masse.

100. La colonne étant en marche à distance entière, le Commandant en chef voulant la faire serrer à distance de section ou en masse, commandera :

1.

A distance de section (ou *en masse) serrez la colonne.*

Ce commandement ayant été répété, le Commandant en chef commandera :

2.

MARCHE (ou *pas accéléré* ⹀ *MARCHE).*

101. Le Chef de la subdivision de la tête de la colonne l'arrêtera à l'avertissement du Commandant en chef ; les subdivisions suivantes continueront à marcher au pas ordinaire, ou prendront le pas accéléré, pour serrer à distance de section ou en masse, chacune sur la subdivision qui les précède, & seront arrêtées & alignées par leurs Chefs respectifs, comme il a été prescrit dans l'École de bataillon.

102. Si la colonne, au lieu d'être en marche, étoit de pied ferme, le Commandant en chef, voulant la faire serrer à distance de

section ou en maffe, feroit les mêmes commandemens que fi elle étoit en marche, la fubdivifion de la tête de la colonne ne bougeroit point, les fubdivifions fuivantes partiroient au commandement *MARCHE (ou pas accéléré = MARCHE)* pour ferrer chacune fur la fubdivifion qui les précède, en fe conformant à ce qui a été prefcrit dana l'École de bataillon.

103. Lorfque la colonne devra ferrer à diftance de fection, la fubdivifion de la tête de chaque bataillon fera arrêtée à diftance de peloton de la queue du bataillon qui la précède; fi c'eft en maffe, cet intervalle ne fera que de fix pas feulement.

L'Ajudant-major du bataillon de la tête fe placera en avant & face au Guide de la première fubdivifion, pour affurer la direction des Guides fuivans de fon bataillon, à mefure qu'ils ferreront, foit à diftance de fection ou en maffe; l'Adjudant-major de chacun des bataillons fuivans fe placera en arrière de fes Guides, pour les affurer fur la direction des Guides précédens à mefure qu'ils auront ferré.

A R T I C L E 7.

Marcher en colonne à diftance de fection ou en maffe.

104. Une colonne à diftance de fection ou en maffe, étant de pied ferme, le Commandant en chef voulant la mettre en marche, fera les commandemens prefcrits ci-deffus pour faire marcher une colonne à diftance entière.

105. Les moyens de direction indiqués pour une colonne à diftance entière, feront les mêmes pour une colonne à diftance de fection ou en maffe, avec cette feule différence, que celui de porter les Guides généraux fur le flanc, n'aura lieu que dans les colonnes à diftance entière.

106. La colonne à diftance de fection ou en maffe, fera arrêtée par les mêmes commandemens que fi elle étoit à diftance entière.

107. La colonne à diftance de fection ou en maffe étant arrêtée, fi le Commandant en chef veut donner une direction générale aux Guides, il établira fimplement les deux Guides de la tête de la colonne fur la direction qu'il voudra faire prendre, & commandera enfuite:

1. *Guides*

1.

Guides à vos Chefs de file.

2.

'A gauche ou *à droite, ALIGNEMENT.*

108. Au premier commandement, tous les Guides de la colonne se placeront légèrement au Chef de file, l'Adjudant-major & l'Adjudant de chaque bataillon les y affureront promptement.

109. Le fecond commandement s'exécutera comme il a été prefcrit ci-deffus, N.° 93.

ARTICLE 8.

Changement de direction en colonne à diftance de fection.

110. Une colonne à diftance de fection étant en marche & devant changer de direction, exécutera ce mouvement de la même manière qui a été prefcrite pour une colonne à diftance entière, il n'y aura de différence que celle indiquée dans l'École de bataillon, N.° 243, relativement à la longueur du pas des pivots, lorfque les fubdivifions changent de direction fur le côté oppofé au Guide.

ARTICLE 9.

Changement de direction en colonne ferrée en maffe.

111. Les changemens de direction en maffe s'exécuteront par le flanc de la colonne, d'après les principes prefcrits dans l'École de bataillon.

112. On fuppofe une colonne en maffe, la droite en tête & devant changer de direction à gauche; lorfque la tête de la colonne fera arrivée au point de converfion, le Commandant en chef arrêtera la colonne, & établira promptement deux Jalonneurs fur la nouvelle direction où devra fe porter la fubdivifion de la tête, par les moyens indiqués dans l'École de bataillon N.° 245, ce qui étant exécuté, il commandera :

1.

Changement de direction par le flanc droit.

Ce commandement ayant été répété, chaque Chef de bataillon commandera auffitôt après : *Bataillon* = *À DROITE.*

Le Commandant en chef commandera enfuite :

2.

MARCHE (ou *pas accéléré = MARCHE).*

113. Au commandement *MARCHE*, la colonne fe portera par le flanc droit fur la nouvelle direction, en fe conformant aux principes prefcrits dans l'École de bataillon.

114. Les Chefs de bataillon veilleront, pendant l'exécution du mouvement, à ce que les files ne s'ouvrent point, à ce que les fubdivifions entrent carrément fur la nouvelle direction, & à ce que l'intervalle des fix pas qui doit féparer les bataillons les uns des autres, foit confervé.

115. L'Adjudant-major du bataillon de la tête fe placera à quelques pas en avant, & face au Guide de gauche de la première fubdivifion de la colonne, pour affurer la direction des Guides de fon bataillon ; l'Adjudant-major de chacun des bataillons fuivans fe placera en arrière des Guides de gauche de fon bataillon, à mefure qu'ils arriveront fur la nouvelle direction, & les affurera correctement fur la direction des Guides précédens.

116. Pour changer de direction à droite, la colonne étant ferrée en maffe, on exécutera l'inverfe ; la colonne fe portera par fon flanc gauche fur la nouvelle direction.

117. La colonne ayant achevée fon changement de direction, le Commandement en chef pourra la remettre en marche.

A R T I C L E 10.

Contre-marche.

118. La colonne étant à diftance entière, ou à diftance de fection, la droite en tête, le Commandant en chef voulant lui faire exécuter la contre-marche, commandera :

1.

Contre-marche.

Les Chefs de bataillon ayant répété ce commandement, commanderont auffitôt après : 1.° *Bataillon par le flanc droit :* 2.° *À DROITE :* 3.° *par file à gauche.*

Le Commandant en chef commandera enfuite :

2.

M A R C H E.

119.   A ce commandement vivement répété, toutes les subdivisions de la colonne exécuteront la contre-marche comme il a été prescrit dans l'École de bataillon.

120.   Lorsqu'une colonne, la droite en tête, sera serrée en masse, & qu'elle devra exécuter la contre-marche, le Commandant en chef commandera comme ci-dessus :

1.

Contre-marche.

Les Chefs de bataillon ayant répété ce commandement, commanderont aussitôt après : 1.° *Bataillon par le flanc droit ;* 2.° *À DROITE ;* 3.° *Divisions paires (* ou bien, *pelotons pairs)* en avant.

Le Commandant en chef commandera ensuite :

2.

M A R C H E.

121.   A ce commandement vivement répété, les divisions paires se mettront en marche pour déboîter de la colonne ; & lorsqu'elles auront démasqué les impaires, les Chefs de bataillon commanderont : 1.° *Divisions paires & impaires, par file à gauche ;* 2.° *MARCHE.* La contre-marche s'exécutera alors comme il a été expliqué dans l'École de bataillon ; les Grenadiers se conformeront à ce qui a été prescrit, N.° 274.

A R T I C L E   II.

Étant en colonne par pelotons de pied ferme, former les divisions.

122.   Une colonne par pelotons, la droite en tête, étant de pied ferme, le Commandant en chef voulant faire former les divisions, commandera :

I

Formez les divisions.

Les Chefs de bataillon ayant répété ce commandement, commanderont aussitôt après : 1.° *Pelotons pairs par le flanc gauche ;* 2.° *A GAUCHE.*

Le Commandant en chef commandera enfuite :

2.

M A R C H E.

123. A ce commandement vivement répété, le mouvement s'exécutera comme il a été prefcrit dans l'École de bataillon.

124. Chaque Chef de bataillon commandera : *Guides = À vos places*, auffitôt que les divifions de fon bataillon feront formées.

QUATRIÈME PARTIE.

ARTICLE PREMIER.

Manière de déterminer la ligne de bataille.

125. Les diverfes manières de déterminer la ligne de bataille, ont été expliquées dans l'École de bataillon.

ARTICLE 2.

Différentes manières de paffer de l'ordre en colonne à l'ordre en bataille.

1.° A gauche (*ou* à droite.)
2.° Sur la droite (*ou* fur la gauche.)
3.° En avant.
4.° Face en arrière.
5.° Déploiement.

$\left.\vphantom{\begin{array}{c}1\\2\\3\\4\\5\end{array}}\right\}$ en bataille.

126. Ces diverfes formations ayant été expliquées dans l'École de bataillon, il refte à faire l'application des principes qu'on y a développés, à une colonne de plufieurs bataillons, à diftance entière & à diftance de feðion, & à expliquer enfuite tout ce qui eft relatif aux déploiemens.

1.°

Colonne avec diftance entière à gauche (ou à droite) en bataille.

127. La colonne étant fuppofée avoir la droite en tête, le Commandant en chef voulant la former à gauche en bataille, affurera d'abord la direðion des Guides de gauche de la colonne, par l'un des moyens prefcrits ci-deffus, N.ᶜˢ 89, 94 & 99.

La

128. La direction des Guides de gauche étant assurée, le Commandant en chef commandera :

1.

A gauche en bataille.

129. Les Chefs de bataillon ayant répété ce commandement, le Guide de droite du peloton de la tête de chacun des bataillons de la colonne, se portera sur la direction des Guides de gauche de la colonne, en se conformant à ce qui a été prescrit dans l'École de bataillon, N.° 315.

Le Commandant en chef commandera ensuite :

2.

M A R C H E.

130. A ce commandement vivement répété, la ligne se formera à gauche en bataille.

La ligne étant formée, le Commandant en chef commandera :

3.

Guides, (ou drapeaux & Guides) = À VOS PLACES.

131. A ce commandement, les Guides reprendront leur places de bataille, ainsi que les Porte-drapeaux, s'ils sont devant le front.

132. Si la colonne avoit la gauche en tête, elle se formeroit *à droite en bataille*, d'après les mêmes principes.

Inversion.

133. Si les circonstances exigeoient qu'une colonne, la droite en tête, se formât promptement *à droite en bataille*, le Commandant en chef, sans s'occuper de rectifier la direction des Guides de droite de la colonne, commanderoit :

1.

Par inversion à droite en bataille.

134. A ce commandement, l'Adjudant-major & l'Adjudant, ainsi que le Guide de gauche du peloton de la tête de chaque bataillon, se conformeront à ce qui a été prescrit dans l'École de bataillon, N.° 325.

Les Chefs de bataillon ayant répété le commandement ci-dessus, feront aussitôt après celui de *bataillons, Guides à droite*; les Adjudans-majors & Adjudans, rectifieront le plus prompte-

Y y y

ment poffible, la direction des Guides de droite de leurs bataillons refpectifs, fans s'occuper de la direction générale de la colonne.

Le Commandant en chef commandera enfuite :

2.

M A R C H E.

135. A ce commandement vivement répété, la colonne fe formera à droite en bataille, en fe conformant à ce qui a été prefcrit dans l'École de bataillon.

La ligne étant formée, le Commandant en chef commandera auffitôt :

3.

Guides = à V O S P L A C E S.

136. Si la colonne avoit la gauche en tête, & qu'il fût nécef-faire de la former promptement *à gauche en bataille*, ce mou-vement s'exécuteroit d'après les mêmes principes.

Règles générales pour les formations fucceffives.

137. On comprend fous ce nom toutes les formations où les diverfes fubdivifions d'une colonne arrivent l'une après l'autre fur la ligne de bataille ; telles font les formations *fur la droite, fur la gauche, en avant* & *face en arrière en bataille*, ainfi que le déploiement des colonnes en maffe : dans ces diverfes for-mations, on obfervera les règles générales fuivantes.

138. L'Adjudant-major de chaque bataillon précédera toujours fon bataillon fur la ligne de bataille, & s'y placera au point où devra s'appuyer la droite ou la gauche de fon bataillon, en obfervant de laiffer un intervalle de huit toifes entre lui & le flanc du bataillon voifin.

139. Auffitôt que la fubdivifion de chaque bataillon dont la garde du drapeau fait partie, fera arrivée fur la ligne de bataille, le Porte-drapeau fortira du rang, & fe placera vis-à-vis de fa file, fur l'alignement des Guides déjà établis fur cette ligne, auxquels il fera face, en obfervant de porter fon drapeau perpendiculairement devant le milieu du corps.

140. Lorfqu'il y aura deux drapeaux établis fur la ligne de bataille, les Chefs de bataillon feront rentrer les Guides de leurs bataillons refpectifs, par le commandement *Guides, à vos places*, après que la dernière fubdivifion de leur bataillon fera arrivée & établie fur cette ligne ; mais les Porte-drapeaux refteront devant le front jufqu'à ce que la ligne entière étant formée , le Commandant en chef les faffe rentrer par le commandement de *Drapeaux , à vos places.*

141.   Les Adjudans-majors affureront avec le plus grand foin les deux premiers Guides de leur bataillon fur la ligne de bataille , en prenant pour bafe d'alignement les drapeaux , dès qu'il y en aura deux d'établis fur cette ligne , & affureront enfuite avec la même précifion la direction des Guides fuivans , ainfi que du Porte-drapeau , à mefure qu'ils arriveront fur la ligne de bataille.

2.°

*Colonne avec diftance entière fur la droite (ou fur la gauche)
en bataille.*

142.   La colonne étant fuppofée avoir la droite en tête , le Commandant en chef voulant la former fur la droite en bataille , indiquera d'avance à un Aide-de-camp ou à l'Adjudant du bataillon de la tête , le point où il voudra appuyer la droite de la ligne , ainfi que le point de direction de gauche ; l'Aide-de-camp ou l'Adjudant fe détachera auffitôt avec deux Jalonneurs , fe portera légèrement au point d'appui , & y établira les deux Jalonneurs , conformément à ce qui a été prefcrit dans l'École de bataillon , N.° 330.

143.   Si la direction de la ligne de bataille n'étoit pas parallèle , ou à peu-près , à celle de la colonne , le Commandant en chef auroit foin de diriger un peu d'avance la marche de la fubdivifion de la tête , à peu-près parallèlement à cette ligne , par les moyens prefcrits dans l'École de bataillon , N.° 351 , & de manière que cette fubdivifion ait quatre pas à faire au moins , après avoir tourné à droite , pour y arriver.

144.   La fubdivifion de la tête ayant pris une direction à peu-près parallèle à la ligne fur laquelle la colonne devra fe former en bataille , le Commandant en chef voulant faire commencer le mouvement , commandera :

Sur la droite en bataille.

145.   Les Chefs de bataillon ayant répété ce commandement , celui

du bataillon de la tête feulement , commandera auffitôt après : *Bataillon , Guide à droite.*

146. La fubdivifion de la tête de la colonne étant arrivée à hauteur du Jalonneur placé au point d'appui , tournera à droite , & la formation en bataille s'exécutera comme il a été prefcrit dans l'École de bataillon.

147. Lorfque la tête du fecond bataillon fera arrivée derrière la droite de la ligne , le Chef de ce bataillon fera le commandement de *bataillon , Guide à droite ,* & le Chef de chacun des bataillons fuivans fera à fon tour ce commandement lorfque fon bataillon fera arrivé à cette même place.

148. Lorfque l'Adjudant-major du fecond bataillon verra la dernière fubdivifion du premier tourner à droite pour fe porter fur la ligne de bataille , il fe détachera légèrement pour aller fe placer fur cette ligne , à huit toifes du flanc gauche du premier bataillon , & s'alignera fur les Guides de ce bataillon.

149. La fubdivifion de la tête du fecond bataillon étant arrivée vis-à-vis de fon Adjudant-major placé fur la ligne de bataille , tournera à droite , & fera arrêtée par fon Chef à deux pas de cette ligne ; les Guides de droite & de gauche de la fubdivifion fe porteront auffitôt en avant , feront face à droite , fe placeront correctement fur la direction des Guides du premier bataillon , & y feront affurés par l'Adjudant-major ; ce qui étant exécuté , le Chef de fubdivifion commandera *à droite* — *ALIGNEMENT.*

150. La fubdivifion de la tête de chacun des bataillons fuivans fera établie fur la ligne de bataille , comme il vient d'être prefcrit pour celle du fecond bataillon.

151. La ligne étant formée , & correctement établie fur la direction , le Commandant en chef commandera ;

Drapeaux = *à VOS PLACES.*

152. A ce commandement , les Porte-drapeaux rentreront à leurs places de bataille.

153. Le Commandant en chef placé au point d'appui , veillera à ce que les drapeaux des deux bataillons de droite fe placent correctement fur la direction qu'il aura déterminée pour la ligne de bataille.

154. Les Chefs de bataillon fe conformeront , pendant la formation en bataille de leurs bataillons refpectifs , à ce qui leur a été prefcrit dans l'École de bataillon , N.° 346.

155. Les Adjudans-majors fe conformeront également , pendant

la

la formation en bataille de leurs bataillons refpectifs, à ce qui leur a été prefcrit dans l'École de bataillon, N.º 347.

156.   Si la colonne avoit la gauche en tête, elle fe formeroit *fur la gauche en bataille*, d'après les mêmes principes.

3.º

Colonne avec diflance entière, en avant en bataille.

157.   Une colonne avec diftance entière, la droite en tête, étant fuppofée arriver par derrière la droite de la ligne fur laquelle le Commandant en chef voudra la former en bataille, il indiquera un peu d'avance à un Aide-de-camp ou à l'Adjudant du bataillon de la tête, le point où il voudra appuyer fa droite, ainfi que le point de direction de gauche ; l'Aide-de-camp ou l'Adjudant fe détachera auffitôt avec deux Jalonneurs, & les établira fur la direction qui lui aura été indiquée, comme il a été expliqué dans l'École de bataillon, N.º 330.

Pl. XXVIII.
Fig. 1.

158.   La tête de la colonne étant arrivée à environ diftance de peloton des deux Jalonneurs établis fur la ligne de bataille, le Commandant en chef arrêtera la colonne, & ordonnera auffitôt au Chef de la première fubdivifion de la porter contre les deux Jalonneurs ; ce qui étant exécuté, le Commandant en chef commandera :

1.

En avant en bataille.

Ce commandement ayant été répété, le Chef du bataillon de la tête de la colonne commandera auffitôt après : 1.º *Bataillon, Guides à droite ;* 2.º *par peloton demi à gauche.*

Le Chef de chacun des autres bataillons de la colonne commandera : *Bataillon, tête de colonne à gauche.*

Le Commandant en chef commandera enfuite :

2.

MARCHE (ou pas accéléré) = MARCHE.

159.   A ce commandement vivement répété, le bataillon de la tête de la colonne fe formera en avant en bataille, par les moyens expliqués dans l'École de bataillon, N.ºˢ 355 & fuivans.

Z z z

160. Les bataillons fuivans fe porteront diagonalement en colonne par bataillon vers la ligne de bataille ; pour cet effet la fubdivifion de la tête de chacun d'eux déboîtera de la colonne par un mouvement de converfion à gauche , & fe dirigera enfuite diagonalement en avant.

161. La tête de chacun de ces bataillons étant arrivée à environ diftance de peloton de fon Adjudant-major , qui l'aura devancée fur la ligne de bataille, ainfi qu'il fera expliqué ci-après, le Chef de bataillon arrêtera fon bataillon ; les deux Guides de la première fubdivifion fe porteront au même inftant fur la ligne de bataille ; l'Adjudant-major les y établira correctement, & la première fubdivifion fe portera auffitôt , au commandement de fon Chef, contre fes deux Guides , ce qui étant exécuté ;

162. Le Chef de bataillon commandera : 1.° *En avant en bataille ;* 2.° *Guides , à droite ;* 3.° par *peloton demi à gauche ;* 4.° *MARCHE,* & enfuite *en avant = MARCHE.*

163. La ligne étant formée , le Commandant en chef commandera : *Drapeaux = À VOS PLACES.*

164. La précifion dans l'exécution de ce mouvement, dépend de la direction que fuivront les bataillons en fe portant par la diagonale vers la ligne de bataille ; pour mieux affurer cette direction, le Commandant en chef, les Chefs de bataillon & les Adjudans-majors obferveront les règles fuivantes.

165. Avant de faire commencer le mouvement , le Commandant en chef chargera deux Aides-de-camp , ou deux Officiers à cheval *(a & b)* , de déterminer les points où les différens bataillons de la colonne devront fe porter fur la ligne de bataille , ce qui s'exécutera de la manière fuivante.

Pl. XXVIII. Fig. 1.

166. L'Officier *(a)* fe portera légèrement à diftance de bataillon , plus huit toifes du Commandant en chef placé au point d'appui , & lui fera face ; le Commandant en chef l'alignera, par un figne de fon épée, fur le point de direction de gauche *(b)*, ira en même temps fe placer à pareille diftance derrière *(a)*, fera face à droite, & s'alignera fur *(a)* & le Commandant en chef.

167. Les deux Officiers *(a & b)* étant ainfi établis fur la ligne de bataille , le Commandant en chef fera commencer le mouvement ; le fecond bataillon fe dirigera fur l'Officier *(a)*, & le

troifième fur *(b)* : lorfque l'Adjudant-major du fecond bataillon fera arrivé fur la ligne *(a)*, partira légèrement pour aller
fe placer à diftance de bataillon, plus huit toifes derrière *(b)* ,
& s'alignera fur ce dernier & le drapeau de la droite : le Chef
du quatrième bataillon dirigera auffitôt fon bataillon fur l'Officier *(a)* ; l'Officier *(b)* partira à fon tour dès que l'Adjudant-
major du troifième bataillon fera arrivé fur la ligne de bataille, fe
portera à diftance de bataillon, plus huit toifes derrière *(a)* , &
s'alignera fur ce dernier & les drapeaux de la droite ; le Chef du
cinquième bataillon dirigera auffitôt fon bataillon fur l'Officier *(b)* ;
les deux Aides-de-camp partiront ainfi tour-à-tour, pour aller fe
placer à diftance de bataillon & un intervalle l'un derrière l'autre ,
dès que l'Adjudant-major du bataillon, qui fe dirige fur chacun
d'eux, fera venu prendre leur place ; ils auront la plus grande
attention à ne laiffer entre eux ni trop ni trop peu d'efpace , &
à fe placer correctement fur la ligne de bataille.

168.   Le Commandant en chef, ou l'Officier qu'il chargera de fes
ordres, fe placera, dès que le mouvement commencera, au point
d'appui, comme dans la formation *fur la droite en bataille*, & s'y
occupera des mêmes foins.

169.   Les Chefs de bataillon fe tiendront à hauteur de leur première
fubdivifion du côté du Guide, pendant que leur bataillon fe portera vers la ligne de bataille ; & lorfqu'enfuite il commencera à fe
former fur cette ligne, ils rempliront les fonctions qui leur ont
été indiquées dans l'École de bataillon , N.º 346.

170.   Les Adjudans-majors fe détacheront légèrement pour aller fe
porter fur la ligne de bataille à la place de l'Aide-de-camp, lorfque la tête de leur bataillon fera arrivée à environ cent pas de
cette ligne, & rempliront enfuite pendant la formation en bataille
de leur bataillon, les fonctions qui leur ont été prefcrites dans
l'École de bataillon N.º 347.

171.   Une colonne, la gauche en tête, arrivant par derrière la gauche
de la ligne de bataille, fe formeroit *en avant en bataille ,* d'après les
les mêmes principes & par les moyens inverfes.

4.°
Colonne avec diſtance entière , la droite en tête , face en arrière en bataille.

172. Une colonne avec diſtance entière , la droite en tête , étant ſuppoſée arriver par devant la droite de la ligne ſur laquelle le Commandant en chef voudra la former en bataille , il indiquera un peu d'avance à un Aide-de-camp , ou à l'Adjudant du bataillon de la tête , le point où il voudra appuyer ſa droite , ainſi que le point de direction de gauche ; cet Aide-de-camp ou Adjudant ſe détachera auſſitôt avec deux Jalonneurs , & les établira ſur la direction qui lui aura été indiquée , comme il a été expliqué dans l'École de bataillon , N.° 330.

173. La tête de la colonne étant arrivée à environ diſtance de peloton des deux Jalonneurs établis ſur la ligne de bataille , le Commandant en chef arrêtera la colonne , & ordonnera auſſitôt au Chef de la première ſubdiviſion de l'établir face en arrière , derrière & contre les deux Jalonneurs , ce qui ſera exécuté comme il a été preſcrit dans l'École de bataillon , N.° 372.

174. Cette diſpoſition étant faite , le Commandant en chef commandera :

1.
Face en arrière en bataille.
Les Chefs de bataillon ayant répété ce commandement , celui du premier bataillon de la colonne commandera auſſitôt après : 1.° *Bataillon , par le flanc droit :* 2.° *A DROITE.*

Le Chef de chacun des bataillons ſuivans commandera : *Bataillon , tête de colonne à droite.*

Le Commandant en chef commandera enſuite :

2.
MARCHE (ou pas accéléré) $=$ *MARCHE.*

175. A ce commandement vivement répété , le premier bataillon de la colonne ſe formera face en arrière en bataille ſur la ſubdiviſion de la tête , comme il a été preſcrit dans l'École de bataillon , N.ºs 375 & ſuivans.

176. Les bataillons ſuivans ſe porteront diagonalement en colonne par bataillon vers la ligne de bataille ; pour cet effet , la
ſubdiviſion

PL. XXVIII. Fig. 2.

fubdivifion de la tête de chacun d'eux déboîtera de la colonne par un mouvement de converfion à droite , & fe dirigera enfuite diagonalement vers la ligne de bataille , comme dans la formation *en avant en bataille.*

177.   La tête de chaque bataillon étant arrivée à environ diftance de peloton de fon Adjudant-major qui fe fera détaché d'avance pour aller fe placer fur la ligne , comme il a été prefcrit dans la formation en avant en bataille , le Chef de bataillon arrêtera fon bataillon ; les deux Guides de la première fubdivifion fe porteront au même inftant fur la ligne de bataille , l'Adjudant-major les y établira correctement , & la première fubdivifion fe portera auffitôt , au commandement de fon Chef , face en arrière contre fes deux Guides ; ce qui étant exécuté , le Chef de bataillon fera les commandemens prefcrits dans l'École de bataillon , N.° 373 , pour fe former face en arrière en bataille.

178.   La ligne étant formée , le Commandant en chef commandera : *Drapeaux , à vos places.*

179.   Le Commandant en chef chargera deux Aides-de-camp , ou deux Officiers à cheval , de déterminer dans cette formation , les points où les différens bataillons de la colonne devront fe porter fur la ligne de bataille , comme il a été expliqué ci-deffus , N.ᵒˢ 166 & fuivans.

180.   Le Commandant en chef , ou celui qu'il chargera de fes ordres , fe placera pendant l'exécution du mouvement , au point d'appui de la ligne ; comme dans la formation *fur la droite en bataille ,* & s'y occupera des mêmes foins.

181.   Les Chefs de bataillon fe tiendront à hauteur de leur première fubdivifion , du côté oppofé au Guide , pendant que leur bataillon fe portera vers la ligne de bataille , afin de régler la direction de fa marche ; lorfqu'enfuite leur bataillon commencera à fe former fur la ligne de bataille , ils rempliront les fonctions qui leur ont été prefcrites dans la formation *en avant en bataille.*

182.   Les Adjudans - majors exécuteront dans cette formation tout ce qui leur a été prefcrit dans la formation *en avant en bataille.*

183.   Une colonne , la gauche en tête , arrivant par devant la

gauche de la ligne de bataille, fe formera face en arrière en bataille, d'après les mêmes principes & par les moyens inverfes.

A R T I C L E   3.

Formations qui s'exécutent par la réunion de deux mouvemens.

184. Il eft quelquefois néceffaire d'employer la réunion de deux mouvemens pour former une colonne en bataille, ainfi qu'il va être expliqué.

185. Lorfque, par exemple, une colonne avec diftance entière devra fe former en bataille fur une fubdivifion de l'intérieur de la colonne, fi la ligne doit faire face en avant, toute la portion de la colonne qui précède la fubdivifion indiquée pour bafe d'alignement, exécutera la contre-marche, & fe formera enfuite *face en arrière en bataille* fur cette fubdivifion ; toute la portion de la colonne qui fuit la fubdivifion défignée, fe formera, au contraire, *en avant en bataille* fur cette fubdivifion.

186. Le Commandant en chef prendra toujours dans ce cas pour fubdivifion d'alignement, celle de la queue d'un bataillon.

187. Ainfi la colonne étant par pelotons à diftance entière, la droite en tête, le Commandant en chef voulant la former en bataille fur le quatrième bataillon, arrêtera la colonne fi elle eft en marche, fe portera de fa perfonne au huitième peloton de ce bataillon, & placera deux Jalonneurs devant la file de droite & de gauche de ce peloton, lequel fervira de bafe d'alignement.

Pl. XXIX. Fig. 1.

188. Le Commandant en chef ordonnera au Chef du quatrième bataillon de faire exécuter la contre-marche, & enverra le même ordre aux Chefs des trois bataillons qui précèdent le quatrième : le huitième peloton de celui-ci n'exécutera point la contre-marche.

189. Pendant que ce mouvement s'exécute, le Commandant en chef fera établir le premier peloton du cinquième bataillon fur l'alignement du huitième peloton du quatrième bataillon, & à huit toifes de fon flanc gauche.

190.   Les quatre bataillons de la tête de la colonne, à l'exception du huitième peloton du quatrième, ayant exécuté la contre-marche, le Commandant en chef enverra au Chef du troiſième bataillon l'ordre de faire les commandemens ſuivans qui feront répétés par les Chefs des ſecond & premier bataillons : 1.º *Face en arrière en bataille ;* 2.º *bataillon, tête de colonne à gauche.*

191.   Le Commandant en chef devra en même temps envoyer au Chef du ſixième bataillon l'ordre de faire les commandemens ſuivans, qui feront répétés par les Chefs des ſeptième & huitième bataillons : 1.º *En avant en bataille ;* 2.º *bataillon, tête de colonne à gauche.*

192.   Le Commandant en chef donnera lui-même au Chef du quatrième bataillon l'ordre de commander : 1.º *Face en arrière en bataille ;* 2.º *Bataillon par le flanc gauche ;* 3.º *À GAUCHE.*

Et au Chef du cinquième bataillon, l'ordre de commander : 1.º *En avant en bataille ;* 2.º *Bataillon, Guides à droite ;* 3.º *par peloton, demi à gauche.*

Le Commandant en chef commandera enſuite :

MARCHE.

193.   A ce commandement vivement répété, le mouvement général commencera & s'exécutera d'après les principes preſcrits pour les formations *en avant en bataille,* & *face en arrière en bataille.*

194.   Le huitième peloton du quatrième bataillon, & le premier peloton du cinquième établis d'avance ſur la ligne de bataille, ne bougeront, & formeront la baſe d'alignement général.

195.   Si, dans la même ſuppoſition, la ligne, au lieu de faire face en avant, doit faire face en arrière, le Commandant en chef prendra pour baſe d'alignement le premier peloton du cinquième bataillon, fera exécuter la contre marche à ce peloton, & placera deux Jalonneurs devant ſa file de droite & de gauche.

196.   Il enverra aux Chefs des trois premiers bataillons de la colonne, l'ordre de faire exécuter la contre-marche à leurs bataillons reſpeétifs, & le donnera lui-même au Chef du quatrième.

197. Les quatre bataillons de la tête ayant exécuté la contremarche, le Commandant en chef fera établir le huitième peloton du quatrième bataillon fur l'alignement du premier peloton du cinquième, à huit toifes du flanc droit de ce dernier.

198. Cette difpofition étant faite, le Commandant en chef enverra au chef du troifième bataillon l'ordre de faire les commandemens fuivans, qui feront répétés par les Chefs des fecond & premier bataillons : 1.ᵒ *En avant en bataille ;* 2.ᵒ *bataillon, tête de colonne à droite.*

199. Le Commandant en chef devra en même temps envoyer au Chef du fixième bataillon l'ordre de faire les commandemens fuivans, qui feront répétés par les Chefs des feptième & huitième bataillons : 1.ᵒ *Face en arrière en bataille :* 2.ᵒ *bataillon, tête de colonne à droite.*

Il donnera lui-même au Chef du quatrième bataillon l'ordre de commander : 1.ᵒ *En avant en bataille ;* 2.ᵒ *Guides à gauche ;* 3.ᵒ *par peloton,* DEMI À DROITE.

Et à celui du cinquième bataillon, de commander : 1ᵒ. *Face en arrière en bataille ;* 2.ᵒ *bataillon par le flanc droit ;* 3.ᵒ À DROITE.

Le Commandant en chef commandera enfuite :

M ᴀ ʀ ᴄ ʜ ᴇ.

200. A ce commandement vivement répété, le mouvement général commencera, & s'exécutera d'après les principes prefcrits pour les formations *en avant en bataille* , & *face en arrière en bataille.*

201. Le premier peloton du cinquième bataillon & le huitième peloton du quatrième, établis d'avance fur la ligne de bataille, ne bougeront, & formeront la bafe d'alignement général.

202. Lorfqu'une colonne, la droite en tête, arrivant par derrière la ligne de bataille, & fe prolongeant fur cette ligne, devra fe former en bataille, avant que la totalité de la colonne ne foit arrivée fur la nouvelle direction, la formation s'exécutera de la manière fuivante :

203. Le Commandant en chef ayant arrêté la colonne à l'inftant où le quatrième peloton, par exemple, du quatrième bataillon fera entré fur la nouvelle direction : ayant enfuite vérifié la direction des Guides généraux qui, d'après les principes établis ci-devant,

Pʟ. XXIX.
Fig. 2.

ci-devant, doivent fe trouver fur le flanc dans la portion de la colonne qui eft fur la nouvelle direction, & ayant établi la colonne fur cette direction, par les moyens prefcrits ci-deffus, N.ºs 89 & fuivans, enverra promptement un Aide-de-camp avertir le Chef du bataillon de la colonne le plus près de la nouvelle direction, (c'eft dans cet exemple le cinquième bataillon) que ce bataillon devra déboîter à gauche pour fe former en avant en bataille; & lorfque le Commandant en chef jugera que fon ordre lui aura été rendu, il commandera :

I.

A gauche en bataille.

204.   Les Chefs des quatre premiers bataillons de la colonne répéteront ce commandement, & le Chef du quatrième, dont la moitié feulement eft arrivée fur la nouvelle direction, commandera auffitôt après : *Quatre derniers pelotons en avant en bataille.*

Le Chef du cinquième bataillon ayant été prévenu du mouvement que devra exécuter fon bataillon, fera les commandemens fuivans, qui feront répétés par le Chef de chacun des trois derniers bataillons de la colonne.

I.

En avant en bataille.

2.

Bataillon, tête de colonne à gauche.

Le Commandant en chef commandera enfuite :

3.

MARCHE.

205.   A ce commandement qui fera vivement répété, la formation s'exécutera.

206.   Si la colonne, au lieu d'arriver par derrière la ligne de bataille, arrivoit par devant cette ligne, la formation s'exécuteroit de la manière fuivante.

Bbbb

207.

Le Commandant en chef ayant arrêté la colonne, & affuré la direction des Guides qui font entrés dans la nouvelle direction, fera prévenir le Chef du cinquième bataillon, que fon bataillon devra déboîter à droite pour fe former face en arrière en bataille, & commandera enfuite :

I.

A gauche en bataille.

Ce commandement ayant été répété par le Chef de chacun des quatre bataillons de la tête de la colonne, celui du quatrième commandera immédiatement après : *Quatre derniers pelotons face en arrière en bataille.*

Le Chef du cinquième bataillon ayant été prévenu du mouvement que devra exécuter fon bataillon, fera le commandement fuivant, qui fera répété par le Chef de chacun des trois derniers bataillons de la colonne.

I.

Face en arrière en bataille

2.

Bataillon, tête de la colonne à droite.

Le Commandant en chef commandera enfuite :

3.

M A R C H E.

A ce commandement vivement répété, la formation s'exécutera.

208. Tous ces divers mouvemens s'exécuteront dans une colonne, la gauche en tête, d'après les mêmes principes & par les moyens inverfes.

Obfervations relatives à ce mouvement.

209. Si la tête du cinquième bataillon fe trouvoit plus près que de cinquante pas au moins de la ligne de bataille à l'inftant où le Commandant en chef arrêtera la colonne arrivant par derrière cette ligne, ce bataillon fe formeroit en avant en bataille par le demi-quart de converfion, au lieu de déboîter en colonne par bataillon diagonalement, comme il eft prefcrit pour les bataillons fuivans : Si au contraire la colonne arrivoit par-devant la ligne de bataille, le cinquième bataillon, dans le même cas, fe porteroit fur cette ligne par le flanc droit, au lieu de déboîter diagonalement de la colonne.

ARTICLE 4.

Différentes manières de former une colonne à demi-diftance en bataille, la droite ou la gauche en tête.

Les colonnes à demi-diftance pourront fe former comme celles avec diftance entière;

1.° A gauche (ou à droite),
2.° Sur la droite ou fur la gauche),
3.° En avant,
4.° Face en arrière,
} en bataille.

1.°

2 1 0. Pour former une colonne à demi-diftance *à gauche* (ou *à droite*) *en bataille*, il eft indifpenfable de faire prendre préalablement diftance entière entre les fubdivifions, ce qui s'exécutera par la tête de la colonne, de la manière fuivante.

2 1 1. Une colonne à demi-diftance, la droite en tête, étant fuppofée fe prolonger fur la direction où le Commandant en Chef voudra la former à gauche en bataille, il arrêtera la colonne, dès que la dernière fubdivifion fera arrivée au point où il voudra appuyer la gauche de la ligne, & commandera enfuite:

Prenez les diftances par la tête de la colonne.

Ce commandement ayant été répété, le Chef de la fub-divifion de la tête commandera, à l'avertiffement du Commandant en chef: 1.° *Peloton en avant ;* 2.° *Guide à gauche ;* 3.° MARCHE.

2 1 2. Les fubdivîfions fuivantes fe mettront fucceffivement en marche, en fe conformant à ce qui a été prefcrit dans l'École de bataillon.

2 1 3. Les Chefs de bataillon veilleront à ce que la fubdivifion de la tête de leur bataillon ne fe mette en marche, que lorfque la dernière fubdivifion du bataillon qui la précède immédiatement, lui aura laiffé, outre l'étendue de fon front, les huit toifes d'intervalle qui doivent féparer les bataillons en ligne, les uns des autres.

2 1 4. Si le Commandant en chef veut former immédiatement la colonne *à gauche en bataille,* il l'arrêtera au moment qu'il verra ou qu'il jugera que la dernière fubdivifion aura fa diftance; il affurera alors, s'il le juge néceffaire, la direction des Guides par les moyens prefcrits ci-deffus, & formera enfuite la colonne *à gauche en bataille.*

2 1 5. Le Commandant en chef indiquera, avant de commencer le mouvement, à l'Adjudant-major du bataillon de la tête, le point de direction en avant, & cet Adjudant-major veillera avec foin à ce que le Guide de la tête fe dirige, fans varier, fur le point en avant qui lui aura été indiqué.

2 1 6. Si la colonne, au lieu d'être à demi-diftance, étoit ferrée en maffe, & fi le Commandant en chef vouloit faire prendre les diftances, pour la former enfuite *à gauche en bataille,* il feroit le commandement prefcrit ci-deffus, & le mouvement s'exécuteroit par les mêmes principes.

2.°

Colonne à demi-diftance fur la droite (ou *fur la gauche*) *en bataille.*

2 1 7. Les colonnes à demi-diftance fe formeront *fur la droite* (ou *fur la gauche*) *en bataille,* par les mêmes commandemens & moyens que celles avec diftance entière.

3.°

Colonne à demi-diftance en avant en bataille.

2 1 8. Une colonne à demi-diftance étant arrêtée, fi le Commandant en chef veut la former *en avant en bataille,* il fera préalablement prendre au bataillon de la tête diftance entière entre les pelotons, & l'arrêtera auffitôt, ce qui étant exécuté, il fera les commandemens prefcrits pour former une colonne avec diftance entière *en avant en bataille.*

2 1 9. Chacun des bataillons de la colonne exécutera ce qui a été expliqué pour une colonne avec diftance entière; les Chefs

des

des bataillons qui déboîteront diagonalement de la colonne, obferveront de faire converfer davantage la fubdivifion de la tête en déboîtant, & de faire prendre, en fe portant vers la ligne de bataille, diftance entière d'une fubdivifion à l'autre, afin qu'en arrivant près de la ligne, elles ayent l'efpace néceffaire pour exécuter leur demi-quart de converfion.

Le Commandant en chef, au lieu de faire prendre les diftances au bataillon de la tête, pourroit le faire ferrer en maffe d'abord, & le faire déployer enfuite fur la fubdivifion de la tête, pendant que les bataillons fuivans déboîteroient & fe porteroient diagonalement vers la ligne de bataille.

4.°

Colonne à demi-diftance, face en arrière en bataille.

2 2 O. Une colonne à demi-diftance fe formera *face en arrière en bataille,* par les commandemens & moyens prefcrits pour une colonne à diftance entière.

2 2 I. Il ne fera point néceffaire pour l'exécution de ce mouvement, de faire prendre diftance entière entre les fubdivifions.

A R T I C L E 5.

Colonnes en maffes.

2 2 2. Une colonne en maffe, de quelque nombre de bataillons qu'elle foit compofée, peut être formée en bataille par le déploiement, 1.° face en avant, 2.° face en arrière, 3.° face à gauche, 4.° face à droite, ainfi qu'il va être expliqué.

I.

Face en avant.

2 2 3. On fuppofe une colonne de huit bataillons en marche par pelotons, à diftance entière, la droite en tête, le Commandant en chef voulant la former en bataille, face en avant, par le déploiement, appellera d'avance près de lui deux Aides-de-camp ou deux Officiers à cheval, & leur indiquera les points de direction de droite & de gauche de la ligne fur laquelle il voudra déployer la colonne; il fera enfuite ferrer à diftance de fection.

C c c c

224. Les deux Aides-de-camp partiront auſſitôt pour aller chercher des points intermédiaires entre les deux points de direction donnés, & ces points étant trouvés, l'un d'eux reſtera en
place, pendant que l'autre ira ſe placer ſur la ligne au point
où la tête de la colonne devra ſe porter.

A défaut d'objets ſaillans qui puiſſent ſervir de points de direction de droite & de gauche, le Commandant en chef fera établir
d'avance deux Aides-de-camp, diſtans l'un de l'autre d'environ
le front d'un bataillon, ſur la ligne de bataille qu'il choiſira ;
ces deux Aides-de-camp formeront la baſe d'alignement général ;
l'un des deux ſera placé au point où devra arriver la tête de la
colonne, & ils feront face l'un à l'autre.

225. Lorſque la tête de la colonne approchera de la ligne de
bataille, le Commandant en chef fera ſerrer en maſſe, ,&
arrêtera le premier peloton à deux pas de l'Aide-de-camp
placé ſur cette ligne.

226. La colonne étant ſerrée en maſſe, le Commandant en chef
fera former les diviſions de pied ferme, & puis ſerrer en
maſſe de nouveau, à moins que des circonſtances particulières
ne l'engagent à faire déployer par pelotons.

227. Les déploiemens devant toujours s'exécuter carrément, le
Commandant en chef établira la colonne perpendiculairement
à la ligne de bataille, ſi elle ne l'étoit pas, par les moyens
preſcrits pour changer de direction en maſſe.

228.
Pl. XXX.
Fig. 1 & 2.
Le Commandant en chef fera enſuite placer deux Jalonneurs
ſur la ligne de bataille, vis-à-vis la file de droite & la file de
gauche de la diviſion de la tête, & les y aſſurera correctement.

229. Ces diſpoſitions étant faites, le Commandant en chef pourra
faire déployer par bataillons en maſſe, ſur tel bataillon de la
colonne qu'il voudra choiſir, de la manière ſuivante.

230. On ſuppoſera ici que le déploiement doive ſe faire ſur le
quatrième bataillon ; cette ſuppoſition embraſſe tous les cas.

231. Le Commandant en chef voulant faire commencer le
mouvement, commandera :

I.

Par bataillons en masse sur le quatrième bataillon, déployez la colonne.

232. Ce commandement ayant été répété, le Chef du bataillon désigné avertira son bataillon de ne pas bouger ; le Chef de chacun des bataillons qui le précédent commandera : 1.° *Bataillon par le flanc droit ;* 2.° À DROITE.

233. Le Chef de chacun des bataillons qui suivent le bataillon désigné, traversera la colonne, en passant par l'intervalle qui sépare son bataillon de celui qui le précède, pour aller se placer sur le flanc droit de son bataillon, & commandera aussitôt : 1.° *Bataillon par le flanc gauche ;* 2.° À GAUCHE.

234. A l'instant où le Commandant en chef aura désigné le bataillon sur lequel devra s'exécuter le déploiement, un Aide-de-camp partira légèrement pour aller se placer sur la ligne de bataille, un peu au-delà du point où devra arriver le bataillon de droite ; cet Aide-de-camp fera face au point de direction de gauche, & s'alignera exactement sur les deux Jalonneurs placés devant la tête de la colonne.

Le Commandant en chef commandera ensuite :

2.

MARCHE.

235. A ce commandement vivement répété, le mouvement commencera, les bataillons marcheront par le flanc à hauteur l'un de l'autre, en se réglant chacun sur le bataillon qui les précède dans l'ordre de la colonne, & en conservant entre eux l'intervalle de six pas.

236. Le Chef de la division de la tête de la colonne, placé à côté de son Guide de droite, se dirigera un peu en arrière de l'Aide-de-camp placé sur la ligne, au-delà du point où devra se porter son bataillon.

237. A l'instant où le mouvement commencera, l'Adjudant-major du troisième, & celui du cinquième bataillon se détacheront légèrement pour aller se placer chacun au point où leur bataillon devra s'arrêter, & ils prendront, outre l'étendue du front d'une division, l'espace de six pas qui devra séparer les masses l'une de l'autre après le déploiement.

238. Lorsque la première file de ces bataillons sera arrivée à hauteur de leur Adjudant-major, le Chef de bataillon commandera : 1.° *Troisième (ou cinquième) bataillon ;* 2.° *HALTE ;* 3.° *FRONT.*

239. S'il y avoit dé l'ouverture dans les files, elles serreroient à leur distance au commandement *halte,* & le Chef de bataillon ne feroit le commandement *FRONT,* qu'après qu'elles auroient repris leur distance.

240. Au commandement *halte,* fait à chacun de ces bataillons, l'Adjudant-major du deuxième & celui du sixième bataillon se détacheront à leur tour, pour aller marquer le point où leur bataillon devra arrêter ; l'Adjudant-major du premier, & celui du septième bataillon exécuteront la même chose au commandement *halte,* fait aux deuxième & sixième bataillons, ainsi de suite.

241. Le Chef du quatrième bataillon le voyant près d'être démasqué, commandera : 1.° *Bataillon en avant ;* 2.° *Guides à gauche ;* 3.° *MARCHE.*

242. Au commandement *MARCHE,* qui sera fait par le Chef du quatrième bataillon, à l'instant où il verra son bataillon démasqué, ce bataillon se portera vers la ligne de bataille ; & lorsque sa première division sera arrivée contre les deux Jalonneurs établis sur cette ligne, le Chef de bataillon arrêtera son bataillon ; l'Adjudant-major établira aussitôt le Sous-officier de remplacement qui est au centre de la première division, sur la direction vis-à-vis de sa file, l'alignera correctement sur les deux Jalonneurs placés d'avance ; ce qui étant exécuté, le Chef de bataillon commandera : *à gauche, alignement.*

243. A ce commandement, la division de la tête du quatrième bataillon s'alignera, le Guide de gauche de chacune des autres divisions de ce bataillon se placera à la distance du Guide précédent & au Chef de file, & les divisions s'aligneront à gauche ; les Chefs de division se porteront à deux pas en dehors de leur Guide de gauche, pour vérifier & rectifier, s'il y a lieu, l'alignement de leur division.

244. Le Chef du troisième bataillon le voyant démasqué, commandera :

1.° *Bataillon en avant ;* 2.° *Guides à gauche ;* 3.° *MARCHE.*

245. Au commandement *MARCHE,* fait au troisième bataillon, il se portera vers la ligne de bataille, & sera arrêté par son Chef à deux pas de cette ligne indiquée par l'Adjudant-major, qui s'y placera un peu d'avance à six pas du flanc droit du quatrième bataillon ; le Guide de droite, celui de gauche & le Sous-officier de remplacement

cement

cement du centre de la division de la tête de ce bataillon, se porteront aussitôt sur la ligne de bataille, feront face aux Jalonneurs placés devant le quatrième bataillon, & l'Adjudant-major les assurera correctement sur la direction, ce qui étant exécuté, le Chef de bataillon commandera: *À gauche, ALIGNEMENT.*

246. A ce commandement, la division de la tête se portera contre ses Guides; le Guide de gauche de chacune des divisions suivantes se placera à sa distance & au Chef de file, & les divisions s'aligneront promptement à gauche.

247. Le deuxième & le premier bataillon exécuteront à leur tour ce qui vient d'être prescrit pour le troisième.

248. Le déploiement s'exécutera par la gauche d'après les mêmes principes; à l'instant où le cinquième bataillon aura fait *FRONT*, le Chef de ce bataillon commandera: 1.° *Bataillon en avant;* 2.° *Guides à droite;* 3.° *MARCHE.*

249. Au commandement *MARCHE*, fait au cinquième bataillon, il se portera vers la ligne de bataille, & sera arrêté par son Chef à deux pas de cette ligne indiquée par l'Adjudant-major, qui s'y placera un peu d'avance, à six pas du flanc gauche du quatrième bataillon; le Guide de droite, celui de gauche & le Sous-officier de remplacement du centre de la division de la tête de ce bataillon, se porteront aussitôt sur la ligne de bataille, feront face aux Jalonneurs placés devant le quatrième bataillon, & l'Adjudant-major les assurera correctement sur la direction; ce qui étant exécuté, le Chef de bataillon commandera: *à droite = ALIGNEMENT.*

250. Les sixième, septième & huitième bataillons exécuteront à leur tour ce qui vient d'être prescrit pour le cinquième.

251. Le déploiement étant achevé, le Commandant en chef commandera: *Guides à vos places.*

252. A ce commandement, les Guides placés devant chaque masse, ainsi que les deux Jalonneurs placés devant la quatrième, reprendront leurs places.

253. Le Commandant en chef déterminera ensuite le bataillon & la division sur laquelle il voudra faire déployer, selon qu'il se proposera d'étendre sa ligne plus ou moins sur la droite ou sur la gauche.

Pʟ. XXX. *Fig. 3 & 4.*

254. On supposera ici que ce soit la deuxième division du quatrième bataillon.

D d d d

2 5 5. Le Commandant en chef fe portera à ce bataillon, fera placer deux Jalonneurs devant & contre la file de droite & celle de gauche de la première divifion, & commandera enfuite :

I.°

Sur la feconde divifion du quatrième bataillon, déployez les maffes.

2 5 6. Ce commandement ayant été répété, le Chef du quatrième bataillon avertira la divifion défignée de ne pas bouger, & commandera auffitôt après : 1.° *Bataillon par le flanc droit & le flanc gauche ;* 2.° *à droite* ═ & À *GAUCHE.*

2 5 7. Les Chefs des bataillons qui font à la droite du quatrième, commanderont :

1°. *Bataillon par le flanc droit ;* 2.° À *DROITE.*

2 5 8. Les Chefs des bataillons qui font à la gauche du quatrième, commanderont :

1.° *Bataillon par le flanc gauche ;* 2.° A *GAUCHE.*

2 5 9. Les bataillons étant ainfi par le flanc, les Chefs de bataillons fe placeront fur le flanc droit de leurs bataillons refpectifs, à environ huit à dix pas ; pour cet effet, les Chefs des bataillons qui ont fait à gauche, pafferont par les intervalles des bataillons, pour aller fe placer fur le flanc en dehors de la ligne de bataille.

2 6 0. A l'inftant où le Commandant en chef aura défigné le bataillon fur lequel le déploiement devra s'exécuter, un Aide-de-camp ou un Officier à cheval partira légèrement par la droite, & un autre par la gauche, pour aller fe placer chacun au-delà du point où il eftimera que devra aboutir l'extrémité de la ligne ; où étant arrivés, ils feront face l'un à l'autre, & s'établiront correctement entre les points de direction de droite & de gauche par les moyens prefcrits dans l'École de bataillon, N.ᵒˢ 3 1 1 & fuivans.

2 6 1. Lorfque le Commandant en chef verra les Aides-de-camp ainfi établis à la droite & à la gauche, il commandera :

MARCHE (ou pas accéléré ═ MARCHE).

2 6 2. A ce commandement vivement répété, le déploiement commencera ; le Chef de la divifion de la tête du bataillon de droite de la ligne droite, placé à côté de fon Guide de droite, fe dirigera tant foit peu en arrière de l'Aide-de-camp placé à la droite, pour éviter de couper la ligne de bataille. La divifion de la tête de chacun des autres bataillons qui déploient par leur flanc droit, marchera dans la trace de celle du bataillon de droite.

263.   Le Chef de la première divifion du bataillon de gauche de la ligne, placé à côté du Guide de gauche de fa divifion, fe dirigera de même un peu en arrière de l'Aide-de-camp placé à la gauche.

264.   Le quatrième bataillon déploiera le premier, en fe conformant à ce qui a été prefcrit dans l'École de bataillon.

265.   Le Chef du troifième bataillon voyant la première divifion du quatrième s'arrêter, commandera, lorfque fon bataillon aura pris l'intervalle de huit toifes qui devra le féparer du quatrième : 1.° *Quatrième divifion ;* 2.° *HALTE ,* & le Chef de la divifion commandera : *FRONT.*

266.   Les troifième, deuxième & première divifions, ainfi que les Grenadiers, continueront à marcher, & feront arrêtés chacun à leur tour par leurs Chefs refpectifs, comme il a été prefcrit dans l'École de bataillon.

267.   Le Chef du deuxième bataillon, voyant la première divifion du troifième s'arrêter, commandera de même, lorfque fon bataillon aura pris l'intervalle de huit toifes : 1.° *Quatrième divifion ;* 2.° *HALTE ,* & le Chef de divifion commandera : *FRONT.*

268.   Le Chef du premier bataillon fera à fon tour les mêmes commandemens.

269.   Auffitôt que la quatrième divifion de chacun de ces bataillons fera démafquée, le Chef de cette divifion commandera : 1.° *Divifion en avant ;* 2.° *Guides à gauche ;* 3.° *MARCHE.*

270.   Au commandement *MARCHE ,* la quatrième divifion fe portera vers la ligne de bataille, & fera arrêtée par fon Chef, à deux pas de l'Adjudant-major qui fe fera détaché un inftant auparavant pour aller fe placer fur cette ligne.

271.   Auffitôt que la quatrième divifion fera arrêtée, le Guide de droite, celui de gauche & le Sous-officier de remplacement du centre de cette divifion, fe porteront fur la ligne de bataille,

feront face aux Guides du bataillon qui eſt à leur gauche, & feront aſſurés ſur la direction par l'Adjudant-major ; ce qui étant exécuté, le Chef de diviſion commandera : *À gauche* ═ *ALIGNEMENT.*

Les troiſième, deuxième & première diviſions de chaque bataillon, ainſi que les Grenadiers, ſe porteront ſucceſſivement ſur la ligne de bataille, en ſe conformant à ce qui a été preſcrit dans l'École de bataillon.

272. Les bataillons qui marchent par leur flanc gauche, ſe déploieront d'après les mêmes principes.

273. Le Chef du cinquième bataillon voyant la quatrième diviſion du quatrième s'arrêter, commandera, lorſque ſon bataillon aura pris l'intervalle de huit toiſes : 1.º *Première diviſion;* 2.º *HALTE ;* le Chef de la diviſion commandera enſuite : *FRONT.*

274. La première diviſion ayant fait *front*, le Guide de droite, celui de gauche, & le Sous-officier de remplacement du centre de cette diviſion ſe placeront ſur la ligne de bataille, feront face aux Guides du bataillon qui eſt à leur droite, & feront aſſurés ſur la direction par l'Adjudant-major de leur bataillon ; ce qui étant exécuté, le Chef de diviſion commandera : *À droite* ═ *ALIGNEMENT.*

275. Les deuxième, troiſième & quatrième diviſions du cinquième bataillon ſe déploieront d'après les principes preſcrits dans l'École de bataillon.

276. Les Chefs des ſixième, ſeptième & huitième bataillons arrête-ront, chacun à leur tour, la première diviſion de leur bataillon, comme il vient d'être preſcrit pour le Chef du cinquième, & les diviſions ſuivantes ſe conformeront à ce qui a été preſcrit dans l'École de bataillon.

277. La ligne étant déployée, le Commandant en chef comman-dera : *Drapeaux, à vos places.*

278. Le Commandant en chef veillera à ce que les Guides & Drapeaux du quatrième bataillon, & du bataillon voiſin de droite & de gauche, ſe placent correctement ſur la direction.

279. Les Chefs de bataillon ayant arrêté la diviſion de la tête ou celle de la queue de leur bataillon, comme il a été preſcrit ci-deſſus, ſuivront le déploiement des autres diviſions ; & dans le cas où un Chef de diviſion auroit fait la faute d'arrêter ſa diviſion trop tôt ou trop tard, ils la répareront à la diviſion ſuivante, & empêcheront ainſi qu'elle ne ſe propage.

Les

280.   Les Adjudans-majors des bataillons qui déploient sur leur dernière division, précéderont de quelques pas cette division, arrivant sur la ligne de bataille, afin d'indiquer au Chef de division le moment où il devra l'arrêter.

281.   Si la colonne n'étoit composée que de deux, ou même de quatre bataillons, le Commandant en chef pourroit se dispenser de faire déployer par bataillons en masse; alors le déploiement s'exécuteroit d'après les principes indiqués dans l'École de bataillon, en observant ce qui suit.

282.   On suppose une colonne de quatre bataillons, la droite en tête, devant se déployer sur la quatrième division du deuxième bataillon.

283.   Le Commandant en chef placera deux Jalonneurs devant la division de la tête de la colonne, & commandera :

I.

Sur la quatrième division du second bataillon, déployez la colonne.

284.   Ce commandement ayant été répété, le Chef du second bataillon avertira la division désignée de ne pas bouger, & commandera : 1.° *Bataillon par le flanc droit;* 2.° À DROITE.

285.   Le Chef du premier bataillon fera les mêmes commandemens que celui du second.

286.   Les Chefs des troisième & quatrième bataillons traverseront la colonne pour aller se placer sur le flanc droit de leurs bataillons respectifs, & commanderont aussitôt : 1.° *Bataillon par le flanc gauche;* 2.° À GAUCHE.

287.   A l'instant où le Commandant en chef aura désigné la division d'alignement, il partira un Aide-de-camp par la droite pour aller se placer au-delà du point où devra aboutir l'extrémité de la droite de la ligne, & il s'alignera sur les Jalonneurs placés devant la tête de la colonne.

288.   Cet Aide-de-camp étant ainsi établi, le Commandant en chef commandera :

Marche (ou pas accéléré) = MARCHE,

289.   A ce commandement vivement répété, le déploiement com-

E e e e

CINQUIÈME PARTIE.

ARTICLE PREMIER.

Marche en bataille.

304. On suppofe une ligne de huit bataillons correctement alignée; le Commandant en chef voulant la faire marcher en bataille, commandera :

1.

Quatrième bataillon (ou cinquième bataillon) de direction.

305.
PL. XXXI.
Fig. 1.

Ce commandement ayant été répété, le Chef & l'Adjudant-major de chacun des bataillons de la ligne fe placeront en avant & en arrière de la file du drapeau de leur bataillon, comme il a été prefcrit dans l'École de bataillon, N.ºs 446 & 447.

306. Le Chef du bataillon de direction ayant affuré fon Adjudant-major fur la perpendiculaire, établira promptement deux Jalonneurs derrière fon bataillon, comme il a été prefcrit dans l'École de bataillon, N.° 448.

307. Le Commandant en chef vérifiera la direction de ces Jalonneurs, & chargera un Aide-de-camp d'en furveiller pendant la marche en bataille, le remplacement fucceffif; cet Aide-de-camp fe portera auffitôt en arrière des Jalonneurs.

308. Le Commandant en chef ayant vérifié la direction des Jalonneurs, & l'ayant rectifiée, s'il y avoit lieu, fe portera en avant du bataillon de direction, & commandera :

2.

Bataillon en avant.

309. Ce commandement ayant été répété, le rang du Porte-drapeau de chaque bataillon marchera fix pas ordinaires en avant, & les deux Guides généraux fe porteront à hauteur de ce rang ; l'Adjudant du bataillon les y affurera, & fe placera enfuite fur le flanc du Porte-drapeau, du côté oppofé au bataillon de direction, & à fix ou huit pas de diftance.

310. Dans cette pofition, on ne s'occupera point d'aligner les Drapeaux, ni les Guides généraux des différens bataillons les

uns

uns fur les autres; il fuffira que dans chaque bataillon ils fe conforment à ce qui vient d'être prefcrit.

311.   Ces difpofitions étant faites, le Commandant en chef commandera:

3.
MARCHE.

312.   A ce commandement, qui devra été répété avec la plus grande rapidité, la ligne s'ébranlera vivement; chaque bataillon obfervera avec le plus grand foin les principes prefcrits pour la marche en bataille, dans l'École du bataillon.

313.   Le Chef & l'Adjudant-major de chaque bataillon fe conformeront pour le maintien de la direction & de l'alignement de leur bataillon, aux principes prefcrits dans l'École de bataillon.

314.   Le bataillon de direction devant être réputé infaillible par tous les autres, & ayant ainfi la plus grande influence fur le refte de la ligne, fa marche doit être furveillée avec le plus grand foin; en conféquence, le Commandant en chef placé en avant de ce bataillon, (ou celui qu'il aura chargé de le fuppléer,) s'attachera à maintenir conftamment le centre du bataillon fur la perpendiculaire; & pour cet effet, il fe portera fréquemment à trente ou quarante pas en avant du Porte-drapeau, fera face en arrière, & s'alignera correctement fur les Jalonneurs placés derrière le bataillon; dans cette pofition il rectifiera, s'il y a lieu, la direction du Sous-officier placé au centre du bataillon, ainfi que celle du Porte-drapeau.

315.   Si la ligne de direction de ce bataillon avoit été mal choifie d'abord, ce qui peut arriver aifément par la difficulté dont il eft de juger avec précifion la perpendiculaire, le Commandant en chef, ainfi que le Chef de bataillon, s'en appercevront au bout de quelques pas, parce que le bataillon écharpera fur la ligne, & refferrera fon intervalle d'un côté, tandis qu'il s'agrandira de l'autre.

316.   Si, par exemple, la ligne de direction, au lieu d'être perpendiculaire à la ligne primitive de bataille, avoit été prife à

gauche de la perpendiculaire, le bataillon de direction s'écharperoit à gauche, refferreroit de plus en plus fon intervalle à gauche, tandis qu'il s'agrandiroit dans la même proportion à la droite, ce qui forceroit tous les bataillons de la ligne d'obliquer à gauche pour regagner leur intervalle; le Commandant en chef verra, en fe plaçant un inftant dans la ligne à la droite du bataillon de direction, que les bataillons de gauche font trop en avant, & ceux de la droite trop en arrière, relativement à la fauffe direction de ce bataillon.

317. Pour réparer promptement cette faute, le Commandant en chef ordonnera à un Aide-de-camp, ou à l'Adjudant du bataillon de direction, de fe porter légèrement à trente ou quarante pas en avant du centre de ce bataillon, & de faire face en arrière; il fe portera en même temps de fa perfonne, à pareille diftance derrière le centre du bataillon, & placera par un figne de fon épée, l'Aide-de-camp ou l'Adjudant fur la nouvelle direction qu'il jugera devoir donner; le Chef de bataillon avertira auffitôt le Sous-officier placé au centre du bataillon, ainfi que le Porte-drapeau, de fe conformer à cette nouvelle direction, & l'Officier chargé de furveiller le remplacement fucceffif des Jalonneurs, les y conformera également.

318. Si, au bout de quelques pas, le Commandant en chef s'appercevoit que la nouvelle direction ne fût pas exacte, il en donneroit promptement une autre, mais s'il a du coup-d'œil & l'habitude de conduire une ligne, il fera rarement dans le cas de changer la direction plus d'une fois.

319. Tous les autres bataillons de la ligne obferveront leur intervalle du côté du bataillon de direction.

320. La confervation de l'intervalle étant le point le plus effentiel dans la marche en ligne, c'eft auffi celui dont les Chefs de bataillon devront s'occuper avec le plus de foin.

321. La perte de l'intervalle peut provenir de différentes caufes, ainfi qu'il va être expliqué.

322.   1.° De ce que le Porte-drapeau & le bataillon auront pris une fausse direction; dans ce cas, le Chef de bataillon pourra aisément s'en apercevoir après un petit nombre de pas, par les indications détaillés dans l'École de bataillon, N.ᵒˢ 475 & suivans, & il y remédiera promptement par les moyens qui y ont été prescrits, N.ᵒˢ 465 & suivans, après quoi il fera reprendre, s'il y a lieu, l'intervalle, ainsi qu'il a été également expliqué dans l'École de bataillon, N.° 483.

323.   2.° La perte de l'intervalle peut aussi avoir lieu, sans que le bataillon écharpe sur la ligne, soit parce que le Porte-drapeau aura obliqué sans s'en apercevoir & sans effacer l'épaule, soit par la faute du bataillon voisin; dans le premier cas, le Chef de bataillon fera obliquer pour reprendre son intervalle; dans le dernier cas, c'est au bataillon voisin à réparer la faute.

324.   3.° Enfin, l'intervalle peut se resserrer momentanément par le trop d'ouverture des files, & il suffira alors de les faire appuyer insensiblement vers le centre de leur bataillon.

325.   Les Chefs de brigade & de régiment, placés plus en arrière de la ligne, pouvant voir à la fois plusieurs bataillons, il leur sera facile de juger d'où proviendra la perte des intervalles, & ils en avertiront les Chefs de bataillon.

326.   Lorsque la perte de l'intervalle sera peu considérable, & que le bataillon n'écharpera point sur la ligne, le Chef de bataillon pourra se borner à avertir le Porte-drapeau d'appuyer insensiblement à droite ou à gauche au lieu de faire obliquer au commandement; par ce moyen l'intervalle se rétablira sans qu'on s'en aperçoive.

Quant à l'alignement général de la ligne, on observera ce qui suit:

327.   On ne s'attachera pas scrupuleusement à maintenir les diffé- Pʟ. XXXI.
rens drapeaux de la ligne à même hauteur; en conséquence, *Fig.* 2.
l'Adjudant de chaque bataillon placé sur le flanc du rang du Porte-drapeau de son bataillon, du côté opposé à la direction, ne lui fera ni raccourcir ni alonger le pas, que lorsque cela sera évidemment nécessaire pour la conservation d'un certain ensemble.

328. Les deux Guides généraux de chaque bataillon fe conformeront toujours à la direction du rang du Porte-drapeau de leur bataillon, & fe tiendront pendant la marche, à hauteur de ce rang, fans s'occuper aucunement des autres drapeau x ni Guides généraux de la ligne.

329. Rien ne contribuant davantage à fatiguer les Soldats & à déranger l'ordre intérieur des bataillons, que de fréquentes variations de pas, les trois Sous-officiers placés au centre de chaque bataillon obferveront imperturbablement la longueur & la cadence du pas, fans s'attacher à fe maintenir exactement à la diftance de fix pas du rang du Porte-drapeau; en conféquence, ils n'alongeront ni ne raccourciront jamais leur pas, que fur l'avertiffement du Chef ou de l'Adjudant-major de leur bataillon.

330. Par une fuite du même principe, les Chefs de bataillon ne doivent pas s'attacher fcrupuleufement à maintenir leurs bataillons à hauteur les uns des autres; en conféquence, ils ne feront alonger ni raccourcir, marquer ni accélerer les pas, que lorfqu'il fera évidemment néceffaire de le faire pour conferver de l'enfemble dans la ligne; s'il arrive qu'un bataillon fe trouve de quelques pas feulement, en avant ou en arrière des bataillons voifins, cette légère imperfection fe réparera le plus fouvent d'elle-même, & fans qu'il foit befoin de s'en occuper.

331. Les Chefs de bataillon veilleront avec le plus grand foin à la direction & à l'ordre intérieur de leur bataillon, & les Adjudans-majors à l'alignement.

332. Les Chefs de régiment & de brigade furveilleront la marche de leur régiment ou brigade, & s'occuperont effentiellement de la confervation des intervalles.

333. Le Commandant en chef s'occupera effentiellement de la marche du bataillon de direction, mais fa furveillance doit embraffer auffi l'enfemble de la ligne.

Obfervations générales relatives à la marche en bataille.

334. La marche en bataille ne peut s'effectuer avec l'ordre & l'enfemble néceffaires, fi les différens bataillons de la ligne n'ont pas été exercés

exercés préalablement & individuellement sur les mêmes principes.

335.   Quoique l'uniformité du pas soit le premier moyen de perfection dans la marche en bataille, il faut aussi que les Porte-drapeaux ayent bien acquis l'habitude de se prolonger, sans varier, sur une ligne donnée, & les Chefs de bataillon, celle de conduire leur bataillon avec adresse & intelligence.

336.   C'est par l'uniformité du pas que les différens bataillons pourront se maintenir sans aucun effort, à hauteur les uns des autres, ou à peu-près, pendant la marche.

337.   C'est en exerçant d'avance les Porte-drapeaux à se prolonger correctement sur une ligne donnée, que l'on préviendra le mieux la perte des intervalles.

338.   Enfin, c'est en se formant le coup-d'œil par un exercice suivi, que les Chefs de bataillon acquerront la facilité de bien juger la ligne de direction, & de conduire leur bataillon dans toutes espèces de terrain, avec l'intelligence & l'adresse nécessaires pour prévenir les fautes, ou pour les réparer promptement.

339.   Le Commandant en chef pourra toujours prendre pour bataillon de direction, celui qu'il jugera être placé le plus favorablement pour diriger la ligne d'après ses vues ; mais toutes choses égales à cet égard, il prendra de préférence celui du centre de la ligne.

ARTICLE 2.

Changement de direction en marchant en bataille.

340.   La ligne marchant en bataille, si le Commandant en chef veut lui faire exécuter un changement de direction, de manière à faire avancer l'une ou l'autre aile, le mouvement s'exécutera de la manière suivante.

341.   On suppose que le Commandant en chef veuille faire avancer l'aile gauche, il se portera en avant du bataillon de droite, & établira deux Aides-de-camp, ou deux Jalonneurs à quarante ou cinquante pas de distance l'un de l'autre, sur la nouvelle direction qu'il voudra donner à la ligne ; ces Jalonneurs seront placés devant le bataillon de droite, & le premier *(a)* sera établi à la place où devra appuyer la droite de la ligne.   Pl. XXXII. *Fig. 2.*

Gggg

342. Ces difpofitions étant faites, le Commandant en chef fera prévenir le Chef du bataillon de droite, qu'il devra établir fon bataillon fur l'alignement des deux Jalonneurs, & commandera:

1.

Changement de direction à droite.

Ce commandement ayant été vivement répété, le Commandant en chef commandera :

2.

MARCHE.

343. A ce commandement vivement répété, chacun des bataillons de la ligne commencera fon changement de direction, d'après les principes prefcrits dans l'École du bataillon, N.ᵒˢ 506 & fuivans, & auffitôt que chaque bataillon aura débóité, fon Chef commandera :

3.

En avant = *MARCHE.*

344. A ce commandement, chaque bataillon reprendra la marche directe.

345. Le bataillon de droite continuera à converfer jufqu'à ce que fa direction foit parallèle à celle que forment les deux Jalonneurs : alors le Chef de ce bataillon commandera, *en avant, MARCHE,* arrêtera enfuite le bataillon à quatre pas en deçà des Jalonneurs, & commandera auffitôt après : *Drapeau & Guides généraux fur la ligne.*

346. Le Porte-drapeau & les deux Guides généraux feront face au Commandant en chef placé à la droite, qui les établira correctement fur la nouvelle direction ; ce qui étant exécuté, le Chef de bataillon commandera : 1.° *Guides fur la ligne ;* 2.° *Sur le centre*=*ALIGNEMENT.*

347.
PL. XXXII.
Fig. 2 & 3.

Le Chef du deuxième bataillon dirigera fon bataillon de manière à le faire arriver à peu-près carrément fur la nouvelle ligne, & pour cet effet il lui fera changer de direction fucceffivement, à mefure qu'il approchera de la ligne.

348. L'Adjudant-major *(m)* fe portera d'avance fur la nouvelle ligne, & s'y placera à huit toifes du flanc gauche du premier bataillon, afin d'indiquer ainfi au Chef du fecond le point où il devra appuyer la droite de fon bataillon ; l'Adjudant-major fera face à droite, & s'alignera fur les Jalonneurs placés devant le bataillon de droite.

349. Le Chef du fecond bataillon l'arrêtera à quatre pas en deçà

de la nouvelle ligne, & commandera auffitôt après : *Drapeau &*
Guides généraux fur la ligne.

350   A ce commandement, le Porte-drapeau & les deux Guides
généraux du fecond bataillon feront face à droite, & fe placeront
promptement fur la ligne de bataille.

351.   L'Adjudant fe plaçant en arriére du Guide général de gauche,
les alignera correctement fur ceux du premier bataillon ; ce qui étant
exécuté, le Chef de bataillon commandera : 1.° *Guides fur la ligne ;*
2.° *Sur le centre* = *ALIGNEMENT.*

352.   Chacun des bataillons fuivans fe conformera à ce qui vient d'être
prefcrit pour le deuxième.

353.   L'Adjudant-major de chaque bataillon précédera fon bataillon
fur la ligne d'environ cent pas, & s'y placera, comme il a été
prefcrit pour celui du deuxième.

354.   Le Commandant en chef placé à la droite de la ligne, veillera
avec foin à ce que les drapeaux des deux premiers bataillons foient
établis exactement fur la nouvelle direction ; & lorfque le dernier
bataillon fera établi fur ligne, il commandera :

Drapeaux, à vos places.

355.   Les changemens de direction à gauche pour faire avancer
l'aile droite, s'exécuteront par les moyens inverfes.

ARTICLE 3.

Arrêter la ligne & l'aligner.

356.   Le Commandant en chef voulant arrêter la ligne, commandera :

1.

Bataillon.

Ce commandement ayant été répété, le Commandant en chef
commandera :

2.

HALTE.

357.   A ce commandement qui fera répété avec la plus grande
rapidité, la ligne s'arrètera ; le rang du Porte-drapeau, ainfi que
les Guides généraux de chaque bataillon, s'arrêteront en même
temps, & refteront devant le front.

358.   La ligne étant arrêtée, le Commandant en chef voulant faire P_{L.} XXXI.
prendre un alignement général, fe portera à quelques pas fur *Fig. 3.*

la droite du drapeau de *direction*, pour mieux voir l'enfemble de la ligne, afin de déterminer en conféquence la nouvelle direction qu'il devra donner aux drapeaux ; cette direction devra paffer en avant de tous les bataillons, à moins que des raifons particulières n'engagent le Commandant en chef à en donner une qui coupe la ligne.

359. Le Commandant en chef ordonnera enfuite au Porte-drapeau & au Guide général de gauche de ce bataillon de lui faire face, & les placera, en leur faifant figne de fon épée, fur la direction qu'il aura choifie; le Porte-drapeau baiffera fon drapeau, le Guide général de droite fera face à gauche, & s'alignera fur le Porte-drapeau & l'autre Guide général de fon bataillon ; l'Adjudant-major l'affurera fur cette direction, les deux Sous-officiers du rang du Porte-drapeau rentreront à leurs places de bataille.

360. Ces trois points étant ainfi placés, le Commandant en chef fe portera à quelques pas derrière le Porte-drapeau, s'alignera fur lui & fur le Guide général de droite de ce bataillon, afin de pouvoir juger où paffera la nouvelle direction à l'aile droite de la ligne, & il rectifiera cette direction fi elle ne remplit pas l'objet qu'il fe propofe.

361. Le Commandant en chef ayant ainfi affuré la bafe de l'alignement général, il ordonnera au Porte-drapeau de relever fon drapeau, & commandera auffitôt après :

I.

Drapeaux fur la ligne.

362. Ce commandement ayant été répété, les Porte-drapeaux & Guides généraux de tous les autres bataillons de la ligne feront face au drapeau du bataillon de direction ; ceux du bataillon voifin de droite & de gauche s'aligneront correctement fur le drapeau & Guides généraux de ce bataillon; ceux des autres bataillons s'aligneront fur les drapeaux ; l'Adjudant-major & l'Adjudant de chaque bataillon affureront promptement le Porte-drapeau & les Guides généraux de leur bataillon fur la nouvelle direction ; tous les Porte-drapeaux de la ligne porteront leur drapeau perpendiculairement entre les deux yenx, les deux Sous-officiers du rang de chacun rentreront à leur place de bataille.

Le

363. Le Commandant en chef voyant tous les drapeaux de la ligne établis correctement fur la nouvelle direction, commandera :

2.

Guides fur la ligne.

364. Ce commandement ayant été répété, le Guide de droite des pelotons de droite, le Guide de gauche des pelotons de gauche de chaque bataillon fe porteront fur la ligne, feront face au drapeau de leurs bataillons refpectifs, s'aligneront promptement fur ce drapeau, & le drapeau le plus près de lui du côté où ils font face, & feront affurés fur la direction, ceux du demi-bataillon de droite par l'Adjudant-major, ceux du demi-bataillon de gauche par l'Adjudant ; ce qui étant exécuté, chaque Chef de bataillon commandera auffitôt, & fans fe régler les uns fur les autres : *fur le centre* $=$ *ALIGNEMENT.*

365. A ce commandement, chaque bataillon fe portera contre fes Guides, & fera aligné comme il a été prefcrit dans l'École de bataillon.

366. Le Commandant en chef voyant tous les bataillons fur la ligne, commandera :

3.

Drapeaux & Guides à vos places.

367. Ce commandement ayant été répété, les Porte-drapeaux, Guides généraux & Guides de pelotons, ainfi que les Chefs des pelotons de droite de chaque bataillon, fe reporteront à leurs places de bataille.

368. Si la nouvelle direction devoit porter la pofition d'un ou plufieurs bataillons d'une des ailes de la ligne, en arrière de la place où ils fe trouvent, le Chef de chacun de ces bataillons devroit s'en apercevoir par la direction des drapeaux, alors il feroit faire demi-tour à droite à fon bataillon, le feroit marcher en arrière, & le remettroit face en tête auffitôt qu'il auroit dépaffé la nouvelle direction.

ARTICLE **4.**

Feu en avançant.

369. Le feu en avançant s'exécutera par les bataillons impairs &

pairs alternativement; le Commandant en chef voulant faire exécuter ce feu, commandera:

1.

Feu de bataillon en avançant.

Ce commandement ayant été répété, le Commandant en chef commandera:

2.

Bataillons impairs commencez le feu.

370. Ce commandement ayant été répété, les Chefs des bataillons impairs feulement, commanderont: 1.ᵉ *Bataillon, pas accéléré; 2.° MARCHE.*

371. Au commandement *marche,* les bataillons impairs prendront le pas accélére, & feront arrêtés par leurs Chefs refpectifs lorfqu'ils auront marché ainfi trente pas; chaque bataillon exécutera fur le champ le feu de bataillon au commandement de fon Chef, qui le remettra en marche au pas accéléré auffitôt quil aura rechargé fes armes, & lui fera reprendre enfuite le pas ordinaire lorfqu'il aura rejoint les bataillons pairs.

372. Les bataillons pairs continueront pendant ce temps à marcher en avant au pas ordinaire; le Chef de chacun de ces bataillons ne lui fera prendre le pas accéléré, que lorfque le bataillon impair, placé dans l'ordre de bataille immédiatement à fa droite, fera arrivé à fa hauteur; chaque bataillon pair marchera à fon tour trente pas accélérés en avant, s'arrêtera & exécutera le feu de bataillon au commandement de fon Chef, qui le remettra en marche au pas accéléré, auffitôt qu'il aura rechargé fes armes, & lui fera reprendre le pas ordinaire à l'inftant où il arrivera à hauteur des bataillons impairs, lefquels auront continué pendant ce temps à marcher en avant au pas ordinaire.

373. Chacun des bataillons impairs exécutera à fon tour ce qui vient d'être prefcrit pour les bataillons pairs, lorfque celui de ces bataillons qui eft placé dans l'ordre de bataille immédiatement à fa gauche, fera arrivé à fa hauteur, & ainfi de fuite alternativement.

374. Au commandement *HALTE,* qui fera fait à chaque bataillon pour l'arrêter lorfqu'il devra faire feu, le rang du Porte-drapeau rentrera à fa place de bataille; les deux Guides généraux fe placeront, celui de droite à côté du Chef de peloton de l'aile droite, celui de gauche à côté du Serre-file qui ferme la gauche

du premier rang, & auſſitôt que le bataillon aura fait feu, le rang
du Porte-drapeau & les deux Guides généraux reprendront d'eux-
mêmes & fans commandement leurs places en avant du bataillon;
les Chefs de peloton, les Sous-officiers de remplacement & les
deux derniers rangs de la garde du drapeau reprendront auſſi
leurs places de bataille; le Chef de bataillon ne fera point battre
de roulement après le feu.

375. Lorſque le Commandant en chef voudra faire ceſſer le feu
en avançant, il fera battre un roulement très-court, qui fera
répété à l'inſtant par les tambours de tous les bataillons de la
ligne; à ce ſignal, tous les bataillons, ſoit pairs ou impairs, ſe
raccorderont ſur celui de direction, lequel marchera le pas ordinaire, & pour cet effet les Chefs des divers bataillons leur feront
prendre le pas accéléré, s'ils ſont en arrière, ou marquer le pas s'ils
ſont en avant; les bataillons qui auront fait feu, achèveront de
recharger leurs armes avant de ſe reporter en ligne.

Obſervations relatives à l'exécution du feu en avançant.

376. Il eſt de la plus grande importance que pendant l'exécution de
ce feu les Porte-drapeaux ſe dirigent, ſans varier, perpendiculairement en avant, ſans quoi les bataillons ſe jeteroient ſur le
terrain les uns des autres, d'où il s'enſuivroit néceſſairement
du déſordre dans la ligne; ainſi les Chefs de bataillon doivent
y veiller avec un extrême ſoin.

377. Pour conſerver le plus d'enſemble que faire ſe pourra pendant
l'exécution de ce feu, il faut que les bataillons impairs ſe règlent
les uns ſur les autres; en conſéquence, le Chef de chacun de ces
bataillons obſervera de ne faire le commandement de *pas accéléré* =
MARCHE, qu'en même-temps que le Chef du bataillon impair
voiſin du côté de la direction, & d'arrêter enſuite ſon bataillon
à même hauteur que ce dernier, quand même l'obſervation
de ce principe le mettroit dans le cas de faire marcher plus
de trente pas accélérés, ou moins; les bataillons pairs obſerveront à leur tour le même principe.

ARTICLE 5.

Marcher en retraite.

378. La ligne étant arrêtée, le Commandant en chef voulant la faire marcher en retraite, commandera:

1.

Bataillons, demi-tour à droite.

379. Ce commandement ayant été répété, la ligne fera demi-tour à droite; le Chef, l'Adjudant-major & l'Adjudant, ainsi que le rang du Porte-drapeau & les Guides généraux de chaque bataillon se conformeront à ce qui a été prescrit dans l'École de bataillon. Les Jalonneurs placés derrière le bataillon de direction, feront face à ce bataillon, sur l'avertissement de l'Officier chargé de surveiller leur remplacement successif.

Le Commandant en chef commandera ensuite:

2.

Bataillons en avant.

380. Ce commandement ayant été répété, le rang du Porte-drapeau, ainsi que les Guides généraux de chaque bataillon, les Chefs de peloton, Sous-officiers de remplacement & Serre-files, se conformeront à ce qui a été prescrit dans l'École de bataillon.

Le Commandant en chef commandera ensuite:

3.

MARCHE.

381. La ligne marchera en retraite par les mêmes principes qui ont été prescrits pour marcher en bataille par le premier rang.

ARTICLE 6.

Changement de direction en retraite.

382. La ligne marchant en retraite, si le Commandant en chef veut lui faire exécuter un changement de direction, pour refuser l'une ou l'autre aile, ce mouvement s'exécutera de la manière suivante:

383. On suppose que le Commandant en chef veuille refuser l'aile gauche devenue droite, il se portera en avant du bataillon de droite;

droite, devenu bataillon de gauche, établira deux Jalonneurs à quarante ou cinquante pas de diftance l'un de l'autre, fur la nouvelle direction qu'il voudra donner à la ligne, comme il a été prefcrit pour changer de direction en marchant en bataille par le premier rang.

384. Ces difpofitions étant faites, le Commandant en chef fera prévenir le Chef du bataillon de droite, devenu bataillon de gauche, qu'il devra établir fon bataillon fur l'alignement des deux Jalonneurs, & commandera :

1.

Changement de direction à gauche.

Ce commandement ayant été vivement répété, le Commandant en chef commandera :

2.

MARCHE.

385. A ce commandement vivement répété, chacun des bataillons de la ligne commencera fon changement de direction d'après les principes prefcrits dans l'École de bataillon, N.ºs 506 & fuivans, & auffitôt que chaque bataillon aura déboîté, fon Chef commandera :

3.

En avant = MARCHE.

386. A ce commandement, chaque bataillon reprendra la marche directe.

387. Le bataillon de droite devenu gauche feulement, continuera à converfer jufqu'à ce que fa direction foit parallèle à celle des deux Jalonneurs, alors le Chef de ce bataillon commandera *en avant ; MARCHE :* à ce commandement le bataillon fe portera droit en avant, traverfera la nouvelle ligne, la dépaffera de quatre pas, & fera arrêté par le Chef de bataillon, qui lui fera faire *demi-tour à droite,* & l'établira fur la direction des deux Jalonneurs par les commandemens & moyens prefcrits ci-deffus, N.ºs 345 & 346.

388. Le Chef du deuxième bataillon le dirigera de manière à le faire arriver carrément fur la nouvelle ligne, en fe conformant à ce qui a été prefcrit ci-deffus, N.° 347.

389. Le deuxième bataillon dépaffera la nouvelle ligne de quatre pas, & fera enfuite arrêté par fon Chef, qui lui fera faire auffitôt

I i i i

demi-tour à droite, fera porter enfuite le drapeau & les deux Guides généraux en avant, & les fera aligner fur ceux du bataillon de droite; ce qui étant exécuté, le Chef de bataillon commandera: 1.º *Guides fur la ligne*; 2.º *Sur le centre* ═ ALIGNEMENT.

390.

L'Adjudant-major du deuxième bataillon devra précéder fon bataillon fur la nouvelle ligne, s'y placer à huit toifes du flanc gauche du bataillon de droite, afin d'indiquer ainfi le point où devra appuyer la droite de fon bataillon.

391.

Chacun des bataillons fuivans fe conformera à ce qui vient d'être prefcrit pour le deuxième; l'Adjudant-major de chacun d'eux précédera fon bataillon fur la ligne d'environ cent pas, & s'y placera, comme il a été prefcrit pour celui du deuxième bataillon.

392.

Le Commandant en chef placé à la droite de la ligne, dirigera les deux premiers drapeaux fur le point de gauche qu'il aura choifi, & lorfque le dernier bataillon fera établi fur la ligne, il commandera: *Drapeaux, à vos places.*

393.

Les changemens de direction à droite, pour refufer l'aile droite devenue gauche, s'exécuteront par les moyens inverfes.

Obfervations relatives aux changemens de direction en marchant en bataille.

394.

Les moyens prefcrits pour faire changer de direction à une ligne marchant en bataille, foit pour avancer, foit pour refufer une des ailes, offrent les avantages fuivans:

395.

Ils donnent la facilité de redreffer la ligne parallèlement à celle de l'ennemi, fans la morceler; les bataillons marchant en échelon fe protègent mutuellement, & pourroient, en cas de befoin, fe former en ligne pleine très-promptement, au moyen d'un changement de direction par bataillon, en fens contraire de celui qu'ils auroient exécuté d'abord; enfin, des bataillons déployés donnent moins de prife à l'artillerie ennemie que des bataillons en colonne.

396.

Si, avant d'achever le mouvement, il devenoit néceffaire de faire face à l'ennemi, les bataillons qui ne feroient pas encore arrivés fur la nouvelle direction, pourroient fe former en ligne pleine, en potence fur le flanc des bataillons déja établis fur cette nouvelle direction.

A R T I C L E 7.
Feu en retraite.

397. La ligne marchant en retraite, lorſque le Commandant en chef voudra faire exécuter le feu en retraite, il commandera :

I.
Feu de bataillon en retraite.

Ce commandement ayant été répété, le Commandant en chef commandera :

2.
Bataillons impairs, commencez le feu.

398. Ce commandement ayant été répété, les Chefs des bataillons impairs feulement, arrêteront fur le champ leurs bataillons reſpectifs, & leur feront faire demi-tour à droite ; chacun de ces bataillons exécutera enſuite le feu de bataillon au commandement de ſon Chef, qui lui fera faire demi-tour à droite de nouveau, auſſitôt qu'il aura rechargé ſes armes, & le remettra immédiatement après en marche, au pas accéléré, pour rejoindre les bataillons pairs, où étant arrivé, il lui fera reprendre le pas ordinaire.

399. Les bataillons pairs continueront pendant ce temps à marcher au pas ordinaire ; le Chef de chacun de ces bataillons arrêtera ſon bataillon & lui fera faire demi-tour à droite, après que le bataillon impair, placé dans l'ordre de bataille immédiatement à ſa droite devenue ſa gauche, ſera arrivé à ſa hauteur ; les bataillons pairs exécuteront alors à leur tour le feu de bataillon au commandement de leurs Chefs reſpectifs, qui leur feront faire demi-tour à droite de nouveau, dès qu'ils auront rechargé leurs armes, & les remettront immédiatement après en marche, au pas accéléré, pour rejoindre les bataillons impairs, où étant arrivés, ils leur feront reprendre le pas ordinaire.

400. Les bataillons impairs exécuteront enſuite à leur tour ce qui vient d'être preſcrit pour les bataillons pairs, & ainſi de ſuite alternativement.

401. Dans le feu de bataillon en retraite, le rang du Porte-drapeau & les Guides généraux ne rentreront pas au commandement *HALTE*, qui ſera fait à leur bataillon, pour l'arrêter lorſqu'il devra faire feu, & ne feront pas demi-tour à droite lorſque leur bataillon exécutera ce mouvement.

402.   Le principe prefcrit ci-deffus, N.ᵉ 377, pour conferver de l'enfemble dans le feu en avançant, fera obfervé de même dans le feu de bataillon en retraite.

403.   Le Commandant en chef fera ceffer le feu en retraite par un roulement; à ce fignal, les bataillons fe conformeront à ce qui a été prefcrit dans le feu en avançant, N.º 375.

A R T I C L E 8.

Paffage du défilé en avant.

404.   La ligne marchant en bataille, & rencontrant un défilé qu'elle devra traverfer, exécutera ce mouvement de la manière fuivante; le Commandant en chef voyant la ligne arrivée près du défilé, l'arrêtera & fera enfuite le commandement fuivant, qui fera répété par tous les Chefs de bataillon.

1.

Paffage du défilé en avant.

405.
Pl. XXXIII.
Fig. 1.

Le Commandant en chef fe portant auffitôt au bataillon qui fe trouvera vis-à-vis du défilé, enverra l'ordre au Chef du bataillon voifin de droite & de gauche, de faire rompre par feclion, celui de droite à gauche, & celui de gauche à droite, ce qui fera exécuté de même par les bataillons fuivans, jufqu'aux deux ailes.

406.   Le bataillon placé vis-à-vis du défilé rompra en même temps par feclion à gauche & à droite, au commandement de fon Chef: les deux feclions qui font en face du paffage fe porteront en avant, deux fois l'étendue du front de feclion, pendant que les autres rompront, & feront arrêtées par leurs Chefs refpectifs; celui de la feclion de droite commandera auffitôt après: *Guide à gauche,* & le Guide de cette feclion fe portera à la gauche du premier rang de fa feclion. Le Chef de la feclion de gauche commandera en même temps: *Guide à droite,* & le Guide de cette feclion fe portera à la droite du premier rang de fa feclion.

407.   Ces difpofitions étant faites, le Commandant en chef commandera:

2.

Colonne en avant.

Ce commandement ayant été répété, les Chefs des bataillons qui auront rompu à gauche commanderont, *Guide à droite,* ceux

des

des bataillons qui auront rompu à droite commanderont, *Guide à gauche*, & le Commandant en chef commandera enfuite :

3.

MARCHE.

408. A ce commandement vivement répété, les deux fections placées vis-à-vis du défilé fe porteront en avant pour y entrer, & marcheront à côté l'une de l'autre, en fe réglant fur les deux Guides placés coude à coude entre les deux fections; les deux colonnes marcheront à la rencontre l'une de l'autre; les fections correfpondantes de chaque colonne tourneront, l'une à droite, l'autre à gauche, pour fe réunir derrière celles qui feront entrées dans le défilé, & prendront enfuite, au commandement *Guide à gauche* ou *Guide à droite*, de leurs Chefs refpectifs, le Guide au centre.

409. Les fections réunies traverferont le défilé au pas cadencé, en fe réglant fur les deux Guides placés au centre, lefquels marcheront à côté l'un de l'autre exactement dans la trace, & à diftance de fection des Guides qui les précèdent.

410. Les Chefs de fection marcheront devant le centre de leurs fections refpectives.

411. Si le défilé vient à fe rétrécir, les Chefs de fection feront mettre des files en arrière, par la droite dans la colonne de droite, par la gauche dans la colonne de gauche, & fe porteront de leur perfonne à la place de leur Guide, qui reculera au fecond rang; le ferre-file de chaque fection fe placera en même temps au troifième rang derrière le Chef de fection & le Guide. Les Chefs de fection feront enfuite rentrer des files en ligne auffitôt que le terrain le permettra, de manière que le défilé foit conftamment rempli: les Chefs de fection & ferre-files reprendront leurs places dès que les files feront toutes rentrées en ligne.

412. A mefure que les deux colonnes déboucheront du défilé, les Chefs de peloton feront doubler leur première fection fur la feconde dans la colonne de droite, la feconde fection fur la première dans celle de gauche: les pelotons ainfi formés & réunis deux à deux, continueront à marcher avec le Guide au centre de la divifion.

413. Si le Commandant en chef veut faire déployer en fortant du défilé, il arrêtera la tête lorfqu'il jugera qu'elle aura laiffé entre elle & la fortie du défilé l'efpace néceffaire pour contenir la totalité de chaque colonne ferrée en maffe, & fera prévenir les Chefs de

bataillon de faire ferrer en maſſe. Les pelotons ſuivans de chaque colonne continueront à marcher, feront arrêtés par leurs Chefs reſpectifs à trois pas l'un derrière l'autre, & feront alignés ſur le centre des deux pelotons réunis. Lorſque le dernier peloton de chaque colonne aura ferré, le Commandant en chef fera déployer.

414. Si le Commandant en chef veut ſe remettre en bataille, face au flanc droit ou au flanc gauche, & de manière qu'une des ailes de la ligne appuie au défilé, ſi c'eſt à droite, il arrêtera les deux colonnes à l'inſtant où la dernière ſubdiviſion de celle de droite ſera ſortie du défilé, la colonne de droite ſe formera enſuite *à droite en bataille*, & celle de gauche *ſur la droite en bataille*.

415. Pour faire face à gauche on obſervera l'inverſe.

416. Si le défilé ſe trouvoit vis-à-vis l'intervalle de deux bataillons, celui de droite romproit tout entier par ſection à gauche, celui de gauche romproit tout entier par ſection à droite ; les deux colonnes marcheroient à la rencontre l'une de l'autre, & lorſque la ſection de la tête de chacune ſeroit arrivée à diſtance de peloton de l'autre, ces deux ſections tourneroient, l'une à droite, l'autre à gauche, pour ſe réunir & entrer dans le défilé à côté l'une de l'autre, comme il a été expliqué ci-deſſus.

417. Si le défilé ſe trouvoit vis-à-vis du bataillon de la droite ou de celui de la gauche de la ligne, le Commandant en chef feroit rompre la ligne toute entière par peloton à droite, ou bien à gauche, & la mettroit enſuite en marche pour traverſer le défilé en colonne ſimple, la droite ou la gauche en tête : le premier peloton ſe dirigeroit par le chemin le plus court vers l'entrée du défilé.

Obſervations relatives au paſſage du défilé.

418. Si l'on paſſe le défilé en double colonne, & s'il ſe trouve plus près de l'aile droite que de l'aile gauche, ou l'inverſe, l'une des deux colonnes ſera plus profonde que l'autre ; d'où il s'enſuit que plus le défilé ſe trouvera près du centre de la ligne, moins il faudra de temps pour le traverſer & ſe former enſuite en bataille.

419. Par la méthode indiquée ci-deſſus, chaque ſection pourra ſe réduire à trois de front, y compris la file formée par les Chefs de fection, Guide & Serre-file ; ainfi la double colonne pourra fe réduire à fix de front.

420.   Si le défilé fe rétrécit au point de ne pouvoir donner paffage à fix hommes de front, & fi on le paffe en double colonne, l'une des deux s'arrêtera & fe remettra en marche à la fuite de l'autre, lorfque la queue de celle-ci l'aura dépaffée ; fi l'on prévoit cette circonftance, il eft préférable de faire paffer le défilé fur une colonne fimple, la droite ou la gauche en tête.

421·   Lorfqu'on paffera le défilé en colonne fimple, la droite ou la gauche en tête, l'on pourra en fortant du défilé, même par le flanc, fe prolonger à droite ou à gauche, & fe former en bataille par file, ou bien former les pelotons, & fe mettre enfuite en bataille face en avant, à droite, à gauche, ou face au défilé en exécutant la contre-marche.

A R T I C L E 9·

Paffage du défilé en arrière.

422.   La ligne marchant en retraite & rencontrant un défilé qu'elle devra traverfer, le Commandant en chef l'arrêtera près du défilé, & lui fera faire demi-tour à droite, ce qui étant exé-cuté, il commandera :

I.

En arrière par les deux ailes, paffez le défilé.

Ce commandement ayant été répété, le Chef du bataillon de l'aile droite de la ligne commandera auffitôt après : PL. XXXIII. *Fig.* 2.
En arrière par l'aile droite, paffez le défilé.

Le Chef du bataillon de l'aile gauche de la ligne commandera :
En arrière par l'aile gauche, paffez le défilé.

423·   Les deux bataillons des ailes commenceront auffitôt le mouvement, en fe conformant à ce qui a été prefcrit dans l'École de bataillon ; & lorfque la tête de chacun d'eux fera arrivée vis-à-vis du défilé, ils y entreront enfemble, & à côté l'un de l'autre, celui de droite en tournant par file à gauche, celui de gauche en tournant par file à droite ; pour cet effet, fi l'un d'eux étoit arrivé au défilé avant l'autre, il l'attendroit.

424. Les bataillons fuivans exécuteront fucceffivement le même mouvement que le bataillon voifin du côté de l'aile ; le Chef de chacun d'eux fera le commandement prefcrit ci-deffus, & felon que fon bataillon devra commencer le mouvement par fon aile droite ou par fon aile gauche, de manière que fa première file fuive à environ fix pas de diftance, la dernière file du bataillon qui le précède : les bataillons correfpondans des deux ailes entreront dans le défilé à côté l'un de l'autre, comme il a été prefcrit pour les deux premiers.

425. Si le défilé donne paffage au front d'un peloton, on fera former les fections dans chaque colonne en y entrant ; les fections marcheront alors réunies deux à deux, en fe conformant à ce qui a été prefcrit dans le paffage du défilé en avant, N.ºs 408 & fuivans.

426. Ce mouvement commencera à la tête des deux colonnes, fur l'avertiffement du Commandant en chef, ou bien de l'Officier qu'il aura chargé de les conduire, & aura lieu fucceffivement à mefure que les fubdivifions de chaque colonne entreront dans le defilé.

427. La tête de chaque colonne étant fortie du défilé, on formera fucceffivement les pelotons dans chaque colonne, en fe conformant à ce qui a été prefcrit ci-deffus, N.° 412 ; & fi le Commandant en chef veut fe former en bataille face au défilé, il fera tourner la colonne de gauche à gauche, celle de droite à droite, & arrêtera chaque colonne à l'inftant où fa dernière fubdivifion fera entrée fur la direction de celle de la tête ; la colonne de gauche fe formera enfuite *à gauche en bataille*, celle de droite *à droite en bataille*, ou bien l'une des deux exécutera la contre-marche : les Guides fe mettront promptement à leur Chef de file, & le tout fe formera à gauche ou à droite en bataille.

Obfervations relatives au paffage du défilé en arrière.

428. On a fuppofé dans cet exemple le défilé placé derrière le centre de la ligne ; mais s'il en étoit autrement, en forte que, par exemple, il fe trouvât à droite du défilé deux bataillons de plus qu'à la gauche, ces deux bataillons pafferoient le défilé les premiers, en colonne fimple, la tête de la colonne de gauche

s'arrêteroit

s'arrêteroit pendant ce temps à hauteur du défilé, & partiroit ensuite avec la tête du troisième bataillon de droite pour entrer dans le défilé à côté l'un de l'autre en colonne double; si, étant dans cet ordre, le défilé venoit se rétrécir au point de ne pouvoir donner passage à six files de front, l'une des deux colonnes s'arrêteroit pour se mettre ensuite en marche à la queue de l'autre.

429. Lorsque le défilé se trouvera derrière le bataillon de droite ou de gauche de la ligne, le Commandant en chef ne fera passer le défilé que par une aile, & pour cet effet il substituera dans son commandement l'indication de *par l'aile droite*, ou bien *par l'aile gauche*, à celle de *par les deux ailes*; le mouvement commencera par l'aile la plus éloignée du défilé, en sorte que le bataillon qui se trouve vis-à-vis le passage, y entre toujours le dernier.

ARTICLE 10.
Changemens de front.

430. Les changemens de front s'exécuteront par les moyens prescrits pour les formations *en avant en bataille*, & *face en arrière en bataille*, ainsi qu'il va être expliqué.

431. On suppose que le Commandant en chef veuille faire changer de front perpendiculairement sur le centre de la ligne, en portant l'aile gauche en avant, il établira le peloton de droite du cinquième bataillon sur la nouvelle direction qu'il voudra donner à la ligne, par les moyens indiqués dans l'École de bataillon, & commandera ensuite:

I.
Changement de front sur le cinquième bataillon, l'aile gauche en avant.

432. Ce commandement ayant été répété, le Commandant en chef enverra au Chef du sixième bataillon l'ordre de faire rompre par peloton à droite, ce qui sera exécuté également par les deux bataillons suivans.

433. Le Commandant en chef ordonnera en même temps au Chef du quatrième bataillon de faire rompre par peloton à gauche,

ce qui fera exécuté également par les trois bataillons placés à la droite du quatrième.

434. Le cinquième bataillon ne bougera.

435. Le Commandant en chef voyant les bataillons de droite & de gauche rompus en colonne, enverra au Chef du fixième l'ordre de commander: 1.° *En avant en bataille; 2.° Bataillon, tête de colonne à gauche;* & au Chef du troifième celui de commander; 1.° *Face en arrière en bataille; 2.° Bataillon, tête de colonne à gauche.* Il ordonnera au Chef du quatrième de commander: 1.° *Bataillon par le flanc gauche; 2.° A GAUCHE;* & à celui du cinquième de commander: 1.° *Changement de front en avant fur le premier peloton; 2.° Par peloton = DEMI À DROITE.*

436. Le Commandant en chef fera établir pendant ce temps le huitième peloton du quatrième bataillon fur la nouvelle ligne de bataille, à huit toifes du flanc droit du cinquième, par les moyens indiqués dans l'École de bataillon, N.° 372, & commandera enfuite:

2.

MARCHE.

437. A ce commandement vivement répété, le mouvement général commencera.

438. Le cinquième bataillon exécutera fon changement de front comme il a été expliqué dans l'École de bataillon.

439. Le quatrième fe conformera également à ce qui a été prefcrit dans l'École de bataillon pour fe former *face en arrière en bataille* fur fon huitième peloton.

440. Les bataillons de gauche déboîteront diagonalement en avant, & fe porteront fur la nouvelle ligne de bataille par les moyens prefcrits ci-deffus pour la formation *en avant en bataille.*

441. Les bataillons de droite déboîteront diagonalement en arrière, & fe porteront fur la nouvelle ligne de bataille par les moyens prefcrits ci-deffus pour la formation *face en arrière en bataille.*

442. Si, dans la même fuppofition d'un changement de front fur le centre de la ligne, le Commandant en chef vouloit porter l'aile droite en avant, il prendroit pour bafe d'alignement le

huitième peloton du quatrième bataillon , & après l'avoir établi
fur la nouvelle direction , il commanderoit :

Changement de front fur le quatrième bataillon l'aile droite en avant.

443. Le quatrième bataillon exécuteroit un changement de front
en avant fur fon huitième peloton , comme il a été prefcrit
dans l'École de bataillon.

444. Le cinquième bataillon romproit par peloton à droite , & fe
formeroit face en arrière en bataille fur fon peloton de droite,
que le Commandant en chef, avant de faire commencer le
mouvement, auroit eu foin d'établir fur la nouvelle direction,
à huit toifes du flanc gauche du quatrième bataillon.

445. Les trois bataillons de droite romproient par peloton à
gauche, déboîteroient diagonalement en avant, & fe formeroient
enfuite en avant en bataille fur la nouvelle ligne.

446. Les trois bataillons de gauche romproient par peloton à
droite, déboîteroient diagonalement en arrière, & fe formeroient
enfuite face en arrière en bataille fur la nouvelle ligne.

447. Les changemens de front fur l'une ou l'autre extrémité de la
ligne s'exécuteront d'après les mêmes principes.

448. Si c'eft fur l'extrémité de l'aile droite , tous les bataillons,
hors celui de droite, rompront par peloton à droite, & fe
conformeront enfuite à ce qui a été prefcrit ci-deffus, N.° 440 ;
fi l'on doit changer de front en avant, à ce qui a été prefcrit
N.° 441 ; fi l'on doit changer de front en arrière , le bataillon
de droite exécutera fon mouvement comme il a été prefcrit
dans l'École de bataillon.

449. Si c'eft fur l'extrémité de l'aile gauche, tous les bataillons,
hors celui de gauche, rompront par peloton à gauche, & fe
conformeront à ce qui vient d'être prefcrit, felon qu'ils doivent
changer de front en avant ou en arrière ; le bataillon de gauche
exécutera fon mouvement, comme il a été prefcrit dans
l'École de bataillon.

Obfervations relatives aux changemens de front.

450. On prendra toujours pour bafe d'alignement dans les

changemens de front de plufieurs bataillons, le peloton de droite ou celui de gauche d'un bataillon.

Dans le cas où la nouvelle direction ne feroit pas perpendiculaire, ou à peu-près, à la direction primitive de la ligne, le bataillon placé à côté de celui par lequel paffe la nouvelle direction, ne doit point déboîter diagonalement en avant ou en arrière ; ainfi, fi la ligne doit changer de front fur le cinquième bataillon, par exemple, l'aile gauche en avant, le fixième bataillon ne rompra point par peloton à droite, mais il exécutera le changement de front par les mêmes commandemens & moyens que le cinquième. Le quatrième bataillon exécutera ce qui lui a été prefcrit ci-deffus, N.° 435.

Si, dans le même cas, la nouvelle direction paffe à l'extrémité de la droite, ou à l'extrémité de la gauche, le bataillon placé immédiatement à côté de celui de l'aile, fe conformera à ce qui vient d'être prefcrit, felon que la ligne devra changer de front en avant ou en arrière.

Dès qu'il y aura deux bataillons formés fur la nouvelle ligne de bataille, le Commandant en chef pourra faire commencer le feu de demi-bataillon, de peloton ou de deux rangs ; les Chefs des bataillons fuivans feront commencer le feu dans leur bataillon auffitôt qu'il fera formé ; les Porte-drapeaux refteront pendant le feu devant le centre de leur bataillon, mais les Guides généraux rentreront à leurs places de bataille.

Changement de front fur deux lignes.

451. Lorfque deux lignes en bataille l'une derrière l'autre devront changer de front en avant ou en arrière, perpendiculairement ou obliquement, fur l'extrémité de l'aile droite ou de l'aile gauche, ou fur un autre bataillon quelconque de la première ligne, ce mouvement s'exécutera dans l'une & l'autre ligne de la manière fuivante :

Changement de front perpendiculaire en avant fur l'extrémité de l'aile droite de la première ligne.

452.
Pl.XXXIV.
Fig. 1.
Le Commandant en chef fera prévenir le Commandant de la feconde ligne, que la première va changer de front en avant perpendiculairement, fur l'extrémité de fa droite.

Mouvement

Mouvement de la première ligne.

453. Le Commandant en chef, ou celui qu'il aura désigné pour commander la première ligne, établira le peloton de droite de cette ligne perpendiculairement à la direction où il se trouve, face à droite, & fera ensuite exécuter un changement de front en avant sur ce peloton, par les commandemens & moyens prescrits ci-dessus.

Mouvement de la seconde ligne.

454. Le Commandant de la second ligne étant prévenu du mouvement que doit exécuter la première, se portera au peloton de droite de son second bataillon, l'établira face à droite, perpendiculairement à la direction où il se trouve, & fera ensuite exécuter un changement de front central sur ce peloton, l'aile gauche en avant, par les moyens prescrits ci-dessus.

Pʟ. XXXIV.
Fig. 1.

Changement de front perpendiculaire en arrière, sur l'extrémité de l'aile droite de la première ligne.

455. Le Commandant en chef fera promptement prévenir le Commandant de la seconde ligne, que la première va changer de front en arrière, perpendiculairement sur l'extrémité de sa droite.

Mouvement de la première ligne.

456. Le Commandant de la première ligne établira le peloton de droite de cette ligne perpendiculairement à la direction où il se trouve, face à gauche, & fera ensuite exécuter un changement de front en arrière sur ce peloton, par les commandemens & moyens prescrits.

Pʟ. XXXIV.
Fig. 2.

Mouvement de la seconde ligne.

457. Le Commandant de la seconde ligne étant prévenu du mouvement que doit exécuter la première, enverra aussitôt un Aide-de-camp se placer à distance de bataillon, plus un intervalle du flanc droit sur l'alignement de la seconde ligne, afin d'indiquer le point où devra s'appuyer la droite de cette ligne, & la fera rompre toute entière par peloton à droite ; il la fera ensuite former en bataille parallèlement à la première, par les commandemens & moyens prescrits pour former une colonne, la droite en tête, *face en arrière*

Pʟ. XXXIV.
Fig. 2.

en bataille, avec cette feule différence, qu'au commandement *MARCHE*, qui fera fait pour commencer le mouvement, le bataillon de la tête fe portera en colonne droit en avant, en fe dirigeant fur l'Aide-de-camp, & fera arrêté à diftance de peloton de lui: ce bataillon fe formera enfuite *face en arrière en bataille*, par les moyens prefcrits dans l'École de bataillon; tous les autres bataillons déboîteront diagonalement en arrière, pour fe porter vers la nouvelle direction, & s'y formeront enfuite *face en arrière en bataille*.

458.   Les changemens de front en avant ou en arrière fur l'extrémité de l'aile gauche, s'exécuteront d'après les mêmes principes.

Changement de front perpendiculaire, l'aile gauche en avant, fur le centre de la première ligne.

459.   Chaque ligne eft fuppofée être de huit bataillons.

460.   Le Commandant en chef ayant fait prévenir celui de la feconde ligne, du mouvement que va exécuter la première, fe portera au peloton de droite du cinquième bataillon.

Pʟ. XXXV. *Fig. 1.*

Mouvement de la première ligne.

461.   Le Commandant de cette ligne établira le peloton de droite du cinquième bataillon perpendiculairement à la direction où il fe trouve, face à droite, & fera enfuite exécuter un changement de front central, l'aile gauche en avant, fur ce peloton, par les commandemens & moyens prefcrits.

Mouvement de la feconde ligne.

462.   Le Commandant de la feconde ligne ayant été prévenu du mouvemement que doit exécuter la première, fe portera à fon fixième bataillon, établira le peloton de droite de ce bataillon face à droite, perpendiculairement à la direction où il fe trouve, & fera enfuite exécuter un changement de front central, l'aile gauche en avant, fur ce peloton, par les commandemens & moyens prefcrits.

463.   Pour changer de front fur le centre de la première ligne, l'aile droite en avant, on obfervera les mêmes principes; le Commandant de la première ligne prendra pour bafe d'alignement le peloton de gauche du quatrième bataillon de cette ligne; le Commandant de la feconde ligne prendra pour bafe d'alignement le peloton de gauche du troifième bataillon de cette ligne.

464. On pourra changer de front fur tel autre bataillon de la première ligne qu'on voudra choifir, l'aile gauche ou l'aile droite en avant, par les mêmes principes.

Changement de front oblique, en avant, fur l'extrémité de l'aile droite de la première ligne.

465. Le Commandant en chef fe portera à la droite de la première ligne, & choifira en avant de la gauche, le point de direction de gauche de la nouvelle pofition qu'il voudra donner à la ligne.

466. L'Adjudant-major du premier bataillon fe placera en même temps, à l'avertiffement du Commandant en chef, devant & contre la file de droite de ce bataillon, fera face à gauche, Pl. XXXVI. marchera cinquante pas le long du premier rang, s'arrêtera *Fig. 1.* alors & fera face en tête; il fe portera enfuite, au pas ordinaire, perpendiculairement en avant du front de fon bataillon en comptant les pas, & le Commandant en chef placé à la droite, l'arrêtera à l'inftant où il lui couvrira le point de direction de gauche de la nouvelle pofition, ce qui étant exécuté, l'Adjudant-major reftera en place, & le Commandant en chef s'étant fait rendre compte du nombre de pas que cet Adjudant aura marché en avant du front, pour fe porter fur la nouvelle direction, fera auffitôt prévenir le Commandant de la feconde ligne du mouvement que va exécuter la première, & du nombre de pas que l'Adjudant-major du bataillon de droite de cette ligne aura marché en avant.

467. On fuppofe que ce nombre de pas foit de foixante.

Mouvement de la première ligne.

468. Le Commandant en chef établira le peloton de droite de la première ligne fur la nouvelle direction, après y avoir fait placer deux Jalonneurs devant ce peloton, & fera enfuite exécuter à toute la ligne un changement de front en avant, par les commandemens & moyens prefcrits.

Mouvement de la seconde ligne.

469.   Le Commandant de la seconde ligne ayant été prévenu
du mouvement que devra exécuter la première, ainsi que du
nombre de pas que l'Adjudant-major du bataillon de droite
de cette ligne aura marché en avant du front, se portera à
la droite de la seconde ligne, ordonnera à l'Adjudant-major
du premier bataillon de cette ligne, de se placer devant &
contre la première file de droite de son bataillon, de marcher
cinquante pas le long du premier rang, & de marcher ensuite
soixante pas perpendiculairement en avant du front, afin de
déterminer la nouvelle direction de la seconde ligne.

470.   L'Adjudant-major du bataillon de droite de la seconde ligne
ayant exécuté ce qui vient d'être expliqué, le Commandant de la
seconde ligne établira promptement le peloton de droite du premier bataillon de cette ligne, sur la nouvelle direction, comme
il vient d'être prescrit pour celui de la première ligne, & fera
exécuter ensuite à toute la ligne un changement de front en avant
sur ce peloton.

*Changement de front oblique en arrière, sur l'extrémité de
l'aile droite de la première ligne.*

471.   Le Commandant en chef se portera à la droite de la
première ligne, choisira en arrière de la gauche, le point de
direction de gauche de la nouvelle position qu'il voudra
donner à cette ligne; l'Adjudant-major du premier bataillon
se placera en même temps, à l'avertissement du Commandant
en chef, derrière & contre l'homme de droite du troisième
rang de son bataillon, marchera cinquante pas le long de ce
rang, s'arrêtera & fera face en arrière; il se portera ensuite,
au pas ordinaire, perpendiculairement en arrière du bataillon,
en comptant les pas, & le Commandant en chef placé à la
droite, l'arrêtera à l'instant où il lui couvrira le point de direction de gauche de la nouvelle position qu'il aura choisie.

Pl. XXXVI.
Fig. 2.

472.   Le Commandant en chef fera ensuite prévenir le Commandant

mandans de la feconde ligne, du mouvement que va exécuter la première, ainfi que du nombre de pas que l'Adjudant-major du bataillon de droite de cette ligne devra marcher perpendiculairement en arrière du front de fon bataillon, pour déterminer la nouvelle pofition qu'elle devra prendre.

Mouvement de la première ligne.

473. Le Commandant en chef établira le peloton de droite de la première ligne fur la nouvelle direction, placera deux Jalonneurs devant ce peloton, & fera enfuite exécuter à toute la ligne, un changement de front en arrière.

Mouvement de la feconde ligne.

474. La feconde ligne exécutera ce qui vient d'être prefcrit pour la première.

Changemens de front obliques en avant & en arrière fur l'extrémité de l'aile gauche de la première ligne.

475. Les changemens de front obliques fur l'extrémité de l'aile gauche, s'exécuteront d'après les mêmes principes qui viennent d'être prefcrits pour les changemens de front obliques fur l'extrémité de l'aile droite.

Changement de front oblique, l'aile gauche en avant, fur le centre de la première ligne.

476. On fuppofe que le Commandant en chef veuille faire exécuter un changement de front oblique fur le peloton de droite du cinquième bataillon, pour porter fon aile gauche en avant : Pʟ.XXXV. *Fig. 2.*

477. Le Commandant en chef fe portera à la droite du cinquième bataillon de la première ligne, choifira en avant de l'aile gauche de cette ligne, le point de direction de gauche de la nouvelle pofition qu'il voudra lui donner, & l'Adjudant-major du cinquième bataillon exécutera auffitôt, à l'avertiffement du Commandant en chef, ce qui a été prefcrit ci-deffus, N.° 466.

478. Le Commandant en chef fera enfuite prévenir le Commandant de la feconde ligne, du mouvement que va exécuter la

N n n n

première, ainsi que du nombre de pas que l'Adjudant-major du cinquième bataillon de la seconde ligne devra marcher perpendiculairement en avant du front, pour déterminer la nouvelle position que cette ligne devra prendre.

Mouvement de la première ligne.

479. Le Commandant de cette ligne établira le peloton de droite du cinquième bataillon sur la nouvelle direction, comme il a été expliqué ci-dessus, N.° 468, & fera ensuite exécuter à toute la ligne, un changement de front central, l'aile gauche en avant sur ce peloton.

Mouvement de la seconde ligne.

480. Le Commandant de la seconde ligne ayant été prévenu du mouvement que doit exécuter la première, ainsi que du nombre de pas dont devra être le changement de front, fera déterminer, par les moyens prescrits ci-dessus, N.° 466, la nouvelle position que devra prendre la seconde ligne.

481. L'Adjudant-major du cinquième bataillon de la seconde ligne étant établi sur la nouvelle direction, le Commandant de cette ligne établira le peloton de droite du cinquième bataillon sur cette direction, comme il vient d'être prescrit pour celui de la première ligne, & fera ensuite exécuter par toute la ligne un changement de front central, l'aile gauche en avant, sur ce peloton.

Changement de front oblique, l'aile droite en avant, sur le centre de la première ligne.

482. Le Commandant en chef se portera à la gauche du quatrième bataillon de la première ligne, choisira en avant de l'aile droite le point de direction de droite de la nouvelle position qu'il voudra donner à cette ligne, & établira l'Adjudant du quatrième bataillon sur la nouvelle direction, par les moyens suivans.

483. L'Adjudant du quatrième bataillon se portera, à l'avertissement du Commandant en chef, devant & contre le Serre-file qui ferme la gauche du premier rang de ce bataillon, fera face à droite, marchera cinquante pas le long du premier rang, s'arrêtera alors & fera face en tête; il fe portera enfuite au pas ordinaire, perpendiculairement en avant du front, en comptant les pas, & le Commandant en chef l'arrêtera à l'inftant où il lui couvrira le point de direction de droite de la nouvelle pofition.

484. Le Commandant en chef fera enfuite prévenir le Commandant de la feconde ligne du mouvement que va exécuter la première, & du nombre de pas que l'Adjudant du quatrième bataillon aura marché perpendiculairement en avant, pour fe porter fur la nouvelle direction.

Mouvement de la première ligne.

485. Le Commandant en chef établira le peloton de gauche du quatrième bataillon fur la nouvelle direction, & fera enfuite exécuter à toute la ligne un changement de front central, l'aile droite en avant fur ce peloton.

Mouvement de la feconde ligne.

486. Le Commandant de la feconde ligne ayant été prévenu du mouvement que doit exécuter la première, ainfi que du nombre de pas dont devra être le changement de front, fera déterminer, comme il vient d'être prefcrit, N°. 483, par l'Adjudant du quatrième bataillon, la nouvelle pofition que devra prendre la feconde ligne.

487. L'Adjudant du quatrième bataillon étant établi fur la nouvelle direction, le Commandant de la feconde ligne établira le peloton de gauche de ce bataillon fur cette nouvelle direction, & fera exécuter enfuite à toute la ligne un changement de front central, l'aile droite en avant, fur ce peloton.

Obfervations relatives aux changemens de front fur deux lignes.

488. Le Commandant de la première ligne doit avoir attention de ne faire à cette ligne le commandement *marche*, pour l'exécution du mouvement général, que lorfqu'il verra la feconde ligne prête à commencer le fien ; le Commandant de celle-ci fera

commencer l'exécution du mouvement général de fa ligne, en même temps que celle de la première ligne.

489. Dans les changemens de front perpendiculaires, la bafe d'alignement de la feconde ligne doit être prife à diftance de bataillon & un intervalle, plus à droite ou plus à gauche que celle de la première ligne.

490. Dans les changemens de front obliques, on doit prendre pour bafe d'alignement de la feconde ligne, la fubdivifion qui correfpond exactement à celle qui aura été prife pour bafe d'alignement de la première ligne.

491. Chaque ligne doit exécuter fon changement de front à pivot fixe, en fe conformant à ce qui a été prefcrit ci-deffus, pour les changemens de front fur une ligne, excepté dans les cas indiqués ci-deffus pour la feconde ligne, N.ᵒˢ 457 & 458.

492. Si, dans les changemens de front, la nouvelle direction des deux lignes n'étoit pas parallèle l'une à l'autre, il pourroit arriver que la feconde ligne vînt à couper la première, ou qu'elle s'en écartât trop, ce qu'il eft très-important de prévenir : or, les moyens qu'on a prefcrits ci-deffus pour affurer le parallélifme des deux lignes, & que leur fimplicité a fait préférer à des moyens plus géométriquement exacts, mais plus longs & plus compliqués, pouvant donner de légères différences d'angle, dont il réfulteroit, fur une grande ligne, des écarts confidérables, le Commandant de la feconde ligne doit obferver avec le plus grand foin la direction des deux lignes, dès qu'il y aura deux ou trois bataillons de formés ; & s'il juge que la direction de la feconde ligne ne foit pas parallèle à celle de la première, il doit la rectifier promptement, en faifant avancer ou reculer les drapeaux des bataillons déjà formés ; les bataillons qui font encore en marche, devant en arrivant fur la ligne, fe conformer à la direction des drapeaux déjà établis, il fera facile par ce moyen d'affurer d'une manière fuffifante le parallélifme des deux lignes.

493. Les changemens de front obliques diminuent l'intervalle entre les deux lignes, & cette diminution fera d'autant plus confidérable, que l'angle que forme la nouvelle direction avec

la

la direction primitive, fera plus ouvert; fi après l'exécution du mouvement, le Commandant en chef juge qu'il foit néceffaire de rétablir l'intervalle entre les deux lignes, il en enverra l'ordre au Commandant de la feconde ligne, qui fera faire auffitôt demi tour à droite, & fera marcher la feconde ligne en retraite jufqu'à ce qu'elle ait repris fa diftance.

494. Dans les changemens de front, foit obliques, foit perpendiculaires, la feconde ligne débordera la première d'un côté & en fera débordée de l'autre; fi le Commandant en chef veut que les flancs des deux lignes fe correfpondent, il en enverra l'ordre au Commandant de la feconde ligne, qui fera rompre auffitôt *par peloton en arrière à droite (*ou *à gauche,)* & marcher en colonne pour porter la feconde ligne à hauteur du flanc de la première. Si la proximité de l'ennemi ne laiffoit pas le temps d'exécuter ce mouvement, il feroit toujours facile de faire correfpondre les flancs des deux lignes, en faifant paffer des bataillons d'une ligne dans l'autre.

A R T I C L E   I I.

Ordre en échelon.

495. L'ordre en échelon peut fe prendre en partant d'un alignement fuppofé parallèle à celui de l'ennemi, ou bien d'un alignement faifant un angle avec celui de l'ennemi. On peut former les échelons par la droite ou par la gauche de la ligne, & par régiment ou par brigade, ainfi qu'il va être expliqué.

Première fuppofition.

496. La ligne étant fuppofée parallèle à celle de l'ennemi, le Commandant en chef voulant faire marcher en échelon par la droite, commandera:

I.

*Échelons par régiment (*ou *par brigade,) à (tant) de pas.*

Ce commandement ayant été répété, le Commandant en chef commandera:

2.

En avant par la droite formez les échelons.

Pl. XXXVII.
Fig. 1.

497. Ce commandement ayant été répété, le Chef du régiment,

O o o o

ou de la brigade de droite de la ligne commandera : 1.° *Bataillon en avant ;* 2.° *MARCHE.*

498. Au premier commandement, le rang du Porte-drapeau & les deux Guides généraux de chacun des bataillons qui devront compofer le premier échelon, fe porteront à fix pas en avant.

499. Au fecond commandement vivement répété, ces bataillons fe mettront en marche.

500. Le bataillon de droite du premier échelon devant régler la marche de tous les échelons fuivans, il eft effentiel qu'il marche bien perpendiculairement devant lui ; en conféquence, le Commandant en chef pourra, lorfqu'il le jugera néceffaire, faire placer des Jalonneurs derrière ce bataillon, pour mieux affurer fa direction.

501. Les échelons fuivans fe mettront fucceffivement en marche, en obfervant de laiffer entre eux le nombre de pas prefcrit ; chaque échelon partira au commandement de fon Chef, qui comptera à cet effet, ou fera compter les pas de l'echelon qui le précède immédiatement.

502. Un ferre-file du peloton de droite de chaque échelon fe placera vis-à-vis la file de gauche de l'échelon qui le précède, & marchera exactement dans la trace de cette file, à hauteur de fon bataillon ; par ce moyen, le Chef du bataillon de droite de chaque échelon pourra s'apercevoir fi fon bataillon vient à croifer fur celui qui le précède.

503. Le bataillon de droite de chaque échelon fera chargé de conferver la diftance qui doit le féparer de l'échelon précédent ; les autres bataillons marcheront à même hauteur que celui de droite, & obferveront de conferver leur intervalle à droite.

504. Pour former des échelons par la gauche, on obfervera les mêmes principes ; le bataillon de gauche du premier échelon, fera bataillon de direction.

505. La diftance ordinaire entre les échelons fera de cent pas, mais elle pourra varier en plus ou en moins, fuivant les vues du Commandant en chef.

506. Les échelons étant en marche, comme il vient d'être

expliqué, lorfque le Commandant en chef voudra réformer la ligne, il ordonnera au Chef du premier échelon de l'arrêter & de faire prendre un alignement général; ce dernier ayant arrêté fon échelon, fe portera à l'aile droite, ordonnera au Porte-drapeau & aux deux Guides généraux du bataillon de droite de lui faire face, les alignera parallèlement, autant que poffible, à la direction primitive de la ligne, & commandera enfuite: 1.° *Drapeaux & Guides généraux fur la ligne;* 2.° *Guides fur la ligne.*

507.   Ces commandemens ayant été répétés par les Chefs des bataillons qui compofent le premier échelon, & exécutés comme il a été prefcrit ci-deffus, N.ºs 362 & 364, chacun d'eux commandera auffitôt après: *Sur le centre* = *ALIGNEMENT.*

508.   Pendant ce temps, les échelons fuivans continueront à marcher droit en avant, & feront arrêtés fucceffivement par leurs Chefs refpectifs, à environ quatre pas en deçà de la ligne de bataille.

509.   Le fecond échelon étant arrêté, fon Chef commandera auffitôt après: 1.° *Drapeaux & Guides généraux fur la ligne;* le Porte-drapeau & les deux Guides généraux de chaque bataillon feront à droite, & fe placeront promptement fur l'alignement des drapeaux du premier échelon; ce qui étant exécuté, le Chef du fecond échelon commandera: 2.° *Guides fur la ligne;* chaque Chef de bataillon voyant fes Guides de peloton établis, commandera: *Sur le centre* = *ALIGNEMENT.*

510.   Les échelons fuivans s'établiront fucceffivement fur la ligne de bataille, par les mêmes moyens.

511.   Chaque Chef d'échelon fera le Commandement de *Guides* = *À VOS PLACES,* auffitôt que fon échelon fera aligné; mais le Porte-drapeau & les deux Guides généraux de chaque bataillon ne reprendront leurs places que fur le commandement de *Drapeaux à vos places,* que fera le Commandant en chef, lorf-que le dernier échelon fera établi fur la ligne de bataille.

512.   Le premier échelon étant aligné, le Commandant en chef pourra lui faire commencer le feu bataillon, de demi-bataillon, de peloton ou de deux rangs; les échelons fuivans le commenceront à leur tour, à mesure qu'ils feront établis fur la ligne de bataille; dans ce cas, les deux Guides généraux de chaque bataillon reprendront leur place de bataille, mais le Porte-drapeau ne reprendra la fienne qu'au commandement de *Drapeaux à vos places,* que fera le Commandant en chef lorfque la ligne fera formée.

5 1 3. Le Commandant en chef pourra également faire marcher en retraite par échelons; pour cet effet, il commandera:

I.

Échelons par régiment (ou par brigade) à (tant) de pas.

Ce commandement ayant été répété, le Commandant en chef commandera :

2.

Pₗ. XXXVII.
Fig. 2.

*En retraite par la droite (*ou *par la gauche) formez les échelons.*

5 1 4. Ce fecond commandement ayant été répété, le Chef du premier échelon lui fera faire *demi-tour à droite,* & le mettra en marche.

5 1 5. Le Chef du fecond échelon lui fera faire demi-tour à droite, lorfque le premier aura marché à peu-près les deux tiers de l'efpace qui devra les féparer l'un de l'autre, & le mettra enfuite en marche à l'inftant où il aura l'intervalle prefcrit.

5 1 6. Chacun des échelons fuivans fe conformera à fon tour, à ce qui vient d'être prefcrit pour le fecond échelon.

5 1 7. Lorfque le Commandant en chef voudra réformer la ligne, il ordonnera au Commandant du premier échelon de l'arrêter, de lui faire faire *demi-tour à droite,* & prendre un alignement général.

5 1 8. Les échelons fuivans continueront à marcher, feront arrêtés fuccefſivement par leurs Chefs refpectifs, lorfqu'ils auront dépaſſé d'environ quatre pas la ligne de bataille, feront enfuite *demi-tour à droite,* & feront établis fur cette ligne par les moyens prefcrits ci-deſſus.

Deuxième fuppofition.

5 1 9. La direction de la ligne étant fuppofée former un angle avec celle

celle de l'ennemi, lorsque le Commandant en chef voudra la former par échelon parallèlement à cette dernière, ce mouvement pourra s'exécuter par régiment ou par brigade, de la manière suivante.

520.   Si la direction de la ligne est telle, que l'aile droite se trouve plus près de la ligne ennemie que l'aile gauche, le Commandant en chef se portera à la droite, & déterminera par les moyens prescrits ci-dessus, N.° 465, une nouvelle direction qu'il jugera parallèle à celle de l'ennemi.

521.   L'Adjudant-major du bataillon de droite exécutera alors, à l'avertissement du Commandant en chef, ce qui a été prescrit ci-dessus, N.° 466, pour mesurer cet angle.

522.   On suppose que l'ouverture de l'angle soit de soixante pas.

523.   Le Commandant en chef enverra au Chef de chaque brigade, l'ordre de faire exécuter un changement de front en avant de soixante pas, sur le peloton de droite de sa brigade, ou de chacun des régimens de sa brigade.

524.   Si les échelons doivent être d'une brigade, les Chefs de brigade se porteront, aussitôt qu'ils auront reçu l'ordre du Commandant en chef, au bataillon de droite de leur brigade, & préviendront l'Adjudant-major de ce bataillon, du mouvement qui devra s'exécuter, ainsi que du nombre de pas qu'il devra marcher en avant.

525.   L'Adjudant-major du bataillon de droite de chaque brigade se conformera aussitôt à ce qui a été prescrit ci-dessus, N.° 466.

526.   Chaque Chef de brigade alignera le peloton de l'aile droite de sa brigade sur l'Adjudant-major établi sur la nouvelle direction, & fera ensuite exécuter à toute la brigade un changement de front en avant sur ce peloton.   Pʟ. XXXVIII.   *Fig. 1.*

527.   Si les échelons ne doivent être que d'un régiment, les Chefs de régiment en recevront l'ordre du Chef de leur brigade, & se porteront aussitôt au bataillon de droite de leur régiment, ordonneront à l'Adjudant-major de ce bataillon d'exécuter ce

qui vient d'être expliqué pour celui du bataillon de droite de chaque brigade, aligneront leur peloton de droite fur l'Adjudant-major, & feront exécuter enfuite à leur régiment, un changement de front en avant fur ce peloton.

528. Les échelons étant ainfi formés, fi le Commandant en chef juge devoir les rapprocher davantage l'un de l'autre, il en enverra l'ordre; le Commandant de chacun des échelons mettra, auffitôt l'ordre reçu, fon échelon en marche, & l'arrêtera à la diftance qui lui aura été prefcrite de l'échelon qui le précède immédiatement, le premier échelon ne bougera.

PL.XXXVIII.
Fig. 2.

529. A l'inftant où chaque échelon s'arrêtera, fon Chef l'alignera, & commandera auffitôt après: *Bataillons en avant.*

530. Le premier échelon fe mettra enfuite en marche, à l'avertiffement du Commandant en chef; le Chef de chacun des échelons fuivans mettra fon échelon en marche à l'inftant où il verra s'ébranler celui qui le précède, & les échelons conferveront toujours la même diftance de l'un à l'autre.

531. Le bataillon de droite du premier échelon fera bataillon de direction, & on pourra placer des Jalonneurs derrière ce bataillon pour mieux affurer fa direction; les autres bataillons de cet échelon feront toujours maintenus à peu-près à hauteur de celui de droite.

532. Le bataillon de droite de chacun des échelons fuivans, marchera à la diftance prefcrite de l'échelon qui le précède; un Serre-file de la droite de ce bataillon fe portera en arrière de la file du drapeau du bataillon de gauche de l'échelon précédent, & marchera exactement dans la trace de cette file, à hauteur de fon bataillon, afin que fi l'échelon venoit à fe jeter à droite ou à gauche, l'Officier qui le commande puiffe s'en apercevoir; les autres bataillons de chaque échelon fe règleront fur celui de droite de leur échelon.

533. Si la gauche de la ligne fe trouvoit plus près de la ligne ennemie que la droite, on pourroit former les échelons par la gauche, d'après les mêmes principes.

Obſervations relatives aux échelons formés en partant d'une direction oblique à celle de l'ennemi.

534. Plus l'angle que formeront entre elles les deux directions ſera ouvert, plus les échelons croiſeront l'un ſur l'autre, & plus auſſi il ſe trouvera d'eſpace de l'un à l'autre.

535. Quoiqu'en formant les échelons de cette manière, ils croiſent plus ou moins l'un ſur l'autre, il ſera néanmoins facile de réformer la ligne pleine par différens moyens.

A R T I C L E   1 2.

Retraite en échiquier.

536. La retraite en échiquier s'exécute par les bataillons pairs & impairs alternativement, ainſi qu'il va être expliqué.

537. Le Commandant en chef voulant faire exécuter ce mouvement, commandera :

1 .

Retraite en échiquier à cent pas.

Pl. XXXIX.
Fig. 1.

Ce commandement ayant été répété, il commandera :

2 .

Bataillons impairs (ou pairs) commencez le mouvement.

538. Le deuxième commandement ayant été répété, les Chefs des bataillons qui devront commencer le mouvement, commanderont auſſitôt après : 1.° *Bataillon,* DEMI-TOUR ═ À DROITE ; 2.° *Bataillon en avant.*

Le Commandant en chef commandera enſuite :

3.

MARCHE.

539. A ce commandement qui ſera vivement répété par les Chefs des bataillons qui auront fait demi-tour à droite, ces bataillons ſe mettront en marche au pas ordinaire, ſe dirigeront perpendiculairement en arrière par les moyens indiqués dans l'École de bataillon, & ſeront arrêtés par leurs Chefs reſpectifs, lorſqu'ils auront marché le nombre de pas preſcrits.

540. Chaque Chef de bataillon ayant arrêté ſon bataillon, lui fera

faire demi-tour à droite, & en rectifiera l'alignement parallèlement à la premiere ligne, sans s'occuper de celui des autres bataillons.

541. Aussitôt que la seconde ligne se remettra face en tête, le Commandant de la première commandera:

1.

Bataillons, demi-tour à droite.

2.

Bataillons en avant.

Ces commandemens ayant été répétés & exécutés, il commandera:

3.

M A R C H E.

542. La première ligne marchera en retraite par les moyens prescrits ci-dessus, passera dans les intervalles de la seconde, marchera cent pas au-delà, s'arrêtera, se remettra face en tête, & s'alignera comme il vient d'être expliqué ci-dessus.

543. La seconde ligne devenue première, exécutera à son tour la même chose, ainsi de suite alternativement.

544. Les Chefs des bataillons de première ligne dirigeront toujours leur Porte-drapeau exactement vers le milieu de l'intervalle des bataillons de seconde ligne où ils devront passer, & c'est de ce point qu'ils devront compter le nombre de pas qu'il leur aura été prescrit de prendre d'une ligne à l'autre,

545.
PL. XXXIX.
Fig. 2.
Lorsque le Commandant en chef voudra réformer la ligne, il fera battre un roulement après que la première ligne se sera mise en marche, & ce roulement sera vivement répété par les Tambours de tous les bataillons de cette ligne; les Chefs des bataillons de première ligne arrêteront alors leurs bataillons respectifs, lorsqu'ils seront arrivés exactement dans les intervalles de la seconde, leur feront faire demi-tour à droite, & rectifieront leur alignement; le Commandant en chef pourra faire prendre ensuite, s'il le juge nécessaire, un alignement général.

Observations relatives à la retraite en échiquier directe.

546. Si les Porte-drapeaux sont affermis, comme ils doivent l'être, dans la longueur du pas, les bataillons qui auront marché en retraite, un même nombre de pas, se trouveront à peu-près à

même

même hauteur; s'il arrivoit cependant qu'un de ces bataillons fe trouvât fenfiblement en avant ou en arrière des autres, le Chef de bataillon le raccorderoit fur l'alignement général.

547. Le Commandant en chef pourra faire prendre plus de cent pas d'une ligne à l'autre, mais jamais moins.

ARTICLE 13.
Paffage des lignes.

548. Le Commandant en chef voulant faire exécuter le paffage des lignes en retraite, fera marcher la première ligne en retraite, & lorfqu'elle fera arrivée à cinquante ou foixante pas de la feconde, il commandera :

I.

Par le flanc gauche (ou le flanc droit) paffez la ligne.

Ce commandement ayant été répété, les Chefs de bataillon commanderont auffitôt après : 1.° *Bataillon, par le flanc gauche (ou le flanc droit) ;* 2.° *Par peloton par file à droite (ou à gauche).*

Le Commandant en chef commandera enfuite :

2.

Pas accéléré = MARCHE.

549. A ce commandement vivement répété, les bataillons de première ligne exécuteront ce qui a été prefcrit dans l'École de bataillon.

550. Le Commandant en chef aura fait prévenir le Commandant de la feconde ligne du mouvement qui devra s'exécuter ; celui-ci voyant la première ligne s'approcher de la feconde, commandera affez à temps pour ne pas arrêter la marche de la première ligne :

I.

Doublez les fections.

551. Les Chefs des bataillons de feconde ligne ayant répété ce commandement, commanderont auffitôt après : 1.° *Secondes fections par le flanc droit ;* 2.° *À DROITE.*

Le Commandant de la feconde ligne commandera enfuite :

Qqqq

2.

MARCHE.

552. A ce commandement vivement répété, les fecondes fections doubleront derrière les premières, en fe conformant à ce qui a été preferit dans l'École de bataillon.

553. Dès que la première ligne aura traverfé la feconde, les Chefs des bataillons de feconde ligne feront d'eux-mêmes & fans commandement général, dédoubler les fections.

554. Le Commandant en chef arrêtera la première ligne, lorfqu'elle fera arrivée à la diftance qu'il jugera néceffaire de prendre en arrière de la feconde, lui fera faire *front*, établira la colonne fur la direction qu'il voudra donner à la ligne, & la formera enfuite *à gauche (ou à droite) en bataille.*

555. Lorfque le Commandant en chef, au lieu de faire marcher la première ligne en retraite, voudra porter la feconde ligne en avant du terrain qu'occupe la première, il enverra l'ordre au Commandant de la feconde ligne de la faire marcher en avant.

556. La feconde ligne marchera en avant en bataille, & lorfqu'elle fera arrivée à cinquante ou foixante pas de la première, le Commandant de la feconde ligne commandera :

1.

Doublez les fections.

Ce commandement ayant été répété, le Commandant de la feconde ligne commandera :

2.

Secondes fections === MARCHE.

557. A ce commandement vivement répété, les fecondes fections doubleront derrière les premières, en fe conformant à ce qui a été preferit dans l'École de bataillon.

558. Le Commandant de la première ligne voyant la feconde exécuter ce mouvement, commandera :

1.

Par le flanc droit (ou par le flanc gauche) paffez la ligne.

Ce commandement ayant été répété, les Chefs des bataillons

de première ligne commanderont auſſitôt après : 1.° *Bataillon var le flanc droit (ou par le flanc gauche) ; 2.° À DROITE (ou À GAUCHE) ; 3.° par peloton par file à droite (ou à gauche.)*

Le Commandant de la première ligne commandera enſuite:

2.

Pas accéléré = *MARCHE.*

559. A ce commandement vivement répété, les bataillons de première ligne ſe conformeront, pour l'exécution du mouvement ordonné, à ce qui a été preſcrit dans l'École de bataillon.

560. Les bataillons de première ligne ayant traverſé la ſeconde, marcheront à même hauteur ; les Chefs de bataillon, les Adjudans-majors & Adjudans y veilleront, ainſi qu'à l'obſervation des diſtances entre les pelotons, & des intervalles entre les bataillons ; les intervalles ſe prendront à gauche ſi les pelotons marchent par le flanc droit, ſe prendront à droite, ſi les pelotons marchent par le flanc gauche.

561. Dès que la première ligne aura traverſé la ſeconde, le Commandant de celle-ci commandera :

1.

Dédoublez les ſections.

Ce commandement ayant été répété, le **Commandant de** la ſeconde ligne commandera :

2.

Secondes ſections = *MARCHE.*

562. A ce commandement vivement répété, les ſecondes ſections dédoubleront, en ſe conformant à ce qui a été preſcrit dans l'École de bataillon.

563. Les ſecondes ſections ayant dédoublé, le Commandant de la ſeconde ligne l'arrêtera, à moins que le Commandant en chef ne lui ait donné l'ordre de la porter plus en avant.

A R T I C L E 14.

Diſpoſitions contre la Cavalerie.

564. On ſuppoſe une colonne de quatre bataillons en marche

par peloton, la droite en tête, dans un pays ouvert; & pouvant être harcelé sur les deux flancs par des hussards ou de la cavalerie, le Commandant en chef fera serrer la colonne à distance de section, puis former les divisions de pied ferme, ce qui étant exécuté, il commandera:

Pl. XL.
Fig. 1.

Colonne contre la Cavalerie.

565. Ce commandement ayant été répété, il fera serrer de nouveau à distance de section.

566. Les Chefs des trois derniers bataillons arrêteront leur première division, à environ peloton & demi de distance de la queue du bataillon qui les précède respectivement.

567. Pendant que ces dispositions s'exécuteront, les canons de régiment se porteront, sur l'ordre que leur enverra le Commandant en chef, sur les deux flancs de la colonne, à hauteur de l'intervalle de leurs bataillons respectifs; les caissons suivront chacun leur pièce.

568. La colonne étant dans cet ordre, le Commandant en chef la remettra en marche au pas de route ou au pas cadencé, & fera sortir, s'il le juge nécessaire, quelques hommes du troisième rang des divisions, qui se porteront sur les deux flancs, à quinze ou vingt pas de la colonne, & tireront à volonté sur les hussards ou cavaliers ennemis qui s'en approcheroient à la portée du fusil; ces tirailleurs suivront la marche de la colonne, à peu-près à hauteur de leur division, le canon marchera en dedans d'eux, à environ huit ou dix pas de la colonne.

569. La colonne marchera ainsi le plus long-temps qu'elle pourra; mais si le Commandant en chef voit l'ennemi s'approcher en force, & se disposer à l'attaquer, il arrêtera la colonne, fera rappeler pour faire rentrer les tirailleurs à leurs divisions respectives, & commandera:

I:
Formez le carré.

Pl. XL.
Fig. 2.

570. Ce commandement ayant été répété, le Chef de la seconde division de fusiliers de la tête de la colonne la fera serrer sur la première à un pas des serre-files; la première division de fusiliers ne bougera.

Le

571. Le Chef de l'avant-dernière division de Fufiliers de la colonne, la fera ferrer fur celle qui la précède à un pas des ferre-files, & le Chef de la dernière division de Fufiliers la fera ferrer de même fur l'avant-dernière.

572. L'Adjudant-major & l'Adjudant du bataillon de la tête fe porteront un peu en avant, & face aux Guides de gauche & de droite de la première division de la colonne, & aligneront promptement les Guides de gauche & de droite des divifions fuivantes fur ceux de la dernière division de la colonne ; l'Adjudant du dernier bataillon avertira les Guides de la dernière division de ne pas bouger, & d'élever leur arme perpendiculairement devant le milieu du corps.

573. Les Guides étant alignés, le Commandant en chef commandera :

2.

Par fection à droite & à gauche en bataille.

574. Ce commandement ayant été répété, les Chefs des fections qui devront l'exécuter, fe porteront devant le centre de leurs fections refpectives, & les préviendront du mouvement qu'elles devront faire.

Le Commandant en chef commandera enfuite :

3.

M A R C H E.

575. A ce commandement vivement répété par les Chefs de bataillon & division, excepté ceux des deux divifions de la tête & des deux divifions de la queue de la colonne, les deux fections de droite de chacune fe formeront *à droite en bataille*, & les deux fections de gauche de chacune, fe formeront *à gauche en bataille.*

576. Les Chefs de fection ayant arrêté leur fection, fe placeront fur la ligne & commanderont, ceux des deux fections de droite de chaque division, *à gauche*═*ALIGNEMENT ;* ceux des deux fections de gauche de chaque division, *à droite*═*ALIGNEMENT.*

577. Les deux divifions de la tête de la colonne ne bougeront ; les deux divifions de la queue feront *demi-tour à droite,* au commandement de leurs Chefs refpectifs, & les ferre-files de chacune fe porteront derrière le premier rang de leur division, devenu troifième rang.

578. S'il fe trouvoit une compagnie de Grenadiers à la tête de la

R r r r

colonne, & une à la queue, on les placeroit par section sur les flancs des deux premières & des deux dernières divisions de la colonne, de manière à les couvrir.

579. Les canons se placeront devant les intervalles des bataillons, que l'on fermera avec les caissons.

580. Le carré étant formé, le Commandant en chef commandera :

4.
Guides, à vos places.

581. A ce commandement répété par les Chefs de bataillon, les Guides placés devant les sections extérieures des deux flancs, reprendront leurs places de bataille, & les Chefs des sections qui se sont formés *à droite en bataille,* se porteront à la droite de leur section.

582. Les Chefs des deux divisions de la tête & de la queue reprendront également leurs places de bataille, ceux des deux dernières divisions se placeront au troisième rang de leur division, devenu premier rang.

583. Le Commandant en chef, les Officiers supérieurs, les Adjū-dans-majors & Adjudans, ainsi que les Tambours & Musiciens se porteront dans l'intérieur du carré.

584. Si le Commandant en chef veut faire exécuter le feu de deux rangs, il commandera :

I.
Feu de deux rangs.

585. Les Chefs de bataillon ayant répété ce commandement, commanderont aussitôt après : *Sections intérieures, l'arme* = AU BRAS.

586. Les sections intérieures prendront l'arme au bras, & les Chefs de bataillon commanderont ensuite : *Sections extérieures* = ARMES.

Le Commandant en chef commandera ensuite :

2.
Commencez le feu.

587. A ce commandement répété par les Chefs de bataillon, les sections extérieures exécuteront le feu de deux rangs, qui commencera par la droite de chaque section ; la division de la tête &

celle de la queue exécuteront également le feu de deux rangs, en le commençant par la droite de chaque peloton.

588.   Les sections & divisions intérieures resteront l'arme au bras, & ne tireront point.

589.   Si malgré le feu des sections extérieures & du canon, l'ennemi avançoit pour charger, le Commandant en chef commanderoit :

1.

Sections intérieures, serrez en masse.

590.   A ce commandement répété par les Chefs de bataillon, les ferre-files des sections extérieures de chaque face se porteront derrière les sections intérieures, les ferre-files de la division extérieure de la tête & de la queue, se porteront derrière la division intérieure.   Pl. XL. Fig. 3.

Le Commandant en chef commandera ensuite :

2.

MARCHE.

591.   A ce commandement, vivement répété par les Chefs de bataillon, les sections intérieures, ainsi que la division intérieure de la tête & de la queue, serreront sur les sections & divisions extérieures, à un pied du dernier rang.

592.   La charge ayant été repoussée, le Commandant en chef voulant faire cesser le feu, fera battre un roulement ; à ce signal le feu cessera, les sections extérieures chargeront leurs armes & les porteront.

593.   Si le Commandant en chef veut faire reprendre l'ordre de marche, il commandera :

1.

Formez les divisions.

594.   Les Chefs de bataillon ayant répété ce commandement, commanderont aussitôt après : 1.° *Bataillon par le flanc gauche & le flanc droit ;* 2.° *à gauche* = *& À DROITE ;* 3.° *par section par file à gauche & à droite.*   Pl. XL. Fig. 4.

595.   Au premier commandement, les Chefs des sections intérieures & extérieures des deux flancs, préviendront leurs sections respectives qu'elles devront faire à gauche ou bien à droite.

596. Les Chefs des deux divifions de la tête les avertiront de ne pas bouger.

597. Les Chefs des deux divifions de la queue, les préviendront qu'elles devront faire demi-tour à droite.

598. Au deuxième, les fections intérieures & extérieures du flanc droit feront *à gauche*, celles du flanc gauche feront *à droite*, les deux divifions de la queue feront *demi-tour à droite.*

599. Au troifiéme, les Chefs des fections des deux flancs avertiront leurs fections du mouvement qu'elles devront faire.

Le Commandant en chef commandera enfuite :

2.

MARCHE.

600. A ce commandement, vivement répété par les Chefs de bataillon, les fections du flanc droit tourneront par file à gauche, celles du flanc gauche tourneront par file à droite ; les deux fections intérieures de chaque divifion marcheront à la rencontre l'une de l'autre pour fe réunir, & feront arrêtées par leurs Chefs refpectifs ; les fections extérieures fuivront la dernière file de la fection intérieure de leur divifion, & feront arrêtées par leurs Chefs refpectifs à l'inftant où la divifion fe trouvera formée ; le Chef de divifion commandera alors : 1.º *Divifion ;* 2.º *FRONT.*

601. Pendant qu'on formera les divifions, celles de la tête reprendront, au commandement de leurs Chefs, diftance de fection entre elles & la divifion qui les fuit refpectivement ; les deux divifions de la queue ne bougeront ; la dernière reprendra fa diftance lorfqu'on remettra la colonne en marche.

602. S'il y avoit des fections de Grenadiers aux angles, elles reprendroient leurs places à la tête & à la queue de la colonne pendant qu'elle fe réformeroit.

603. La colonne étant réformée, le Commandant en chef la remettra en marche, par les commandemens & moyens prefcrits, & fera fortir de nouveau des tirailleurs pour éloigner l'ennemi. Le canon marchera à hauteur des intervalles des bataillons.

Obfervations relatives à la difpofition contre la Cavalerie.

604. On couvrira les angles du carré avec les avant-trains des pièces ; s'il y a des fections de Grenadiers aux angles, elles fe placeront

placeront derrière les avant-trains ; s'il n'y avoit point de Grenadiers, on les remplaceroit aux angles par des hommes qu'on tireroit du dernier rang des sections intérieures du carré.

605.   Si, malgré le feu du canon & de la mousqueterie, la cavalerie s'abandonnoit pour venir enfoncer le carré, les sections extérieures continueroient leur feu jusqu'à ce que l'ennemi fût très-près d'elles ; alors elles présenteroient la baïonnette ; les sections intérieures apprêteroient leurs armes, les trois rangs debout feroient leur décharge à bout-portant, en visant aux cavaliers, & présenteroient ensuite la baïonnette sans s'ébranler ; les rangs s'appuieroient fortement pour mieux résister au choc.

606.   Deux ou quatre bataillons en bataille, menacés d'être enveloppés, pourroient prendre la disposition prescrite ci-dessus, en se ployant d'abord en colonne par division, à distance de section, sur la division du centre, la droite ou la gauche en tête.

607.   Si une colonne de plusieurs bataillons en masse se trouvoit pressée par la cavalerie ennemie, elle pourroit prendre la disposition suivante.

608.   Les deux divisions de la tête ne bougeroient, les deux divisions de la queue feroient demi-tour à droite, & toutes les autres feroient à droite & à gauche, la division de la tête, celle de la queue, les trois files de droite & les trois files de gauche de chacune des autres divisions, exécuteroient alors le feu de deux rangs.

609.   Une colonne d'un seul bataillon, menacée d'être attaquée par la cavalerie, prendra toujours cette disposition.

Honneurs au Saint-Sacrement.

610.   Une troupe étant en bataille & arrêtée, lorsque le Saint-Sacrement approchera d'elle, le Commmandant de la troupe fera présenter les armes, & commandera ensuite : *Genou en terre ;* les tambours battront alors aux champs.

611.   Si la troupe est en marche, le Commandmnt l'arrêtera, & la fera mettre en bataille, de manière à faire face au Saint-

Sacrement, après quoi il fera présenter les armes, & mettre un genou en terre.

612. Au commandement *genou en terre*, les trois rangs prendront la position prescrite pour le premier rang dans les feux.

613. Si c'est un régiment ou un bataillon, tous les Officiers, tant Chefs de peloton que de serre-file, salueront de l'épée, & les Porte-drapeaux salueront du drapeau, en même temps que les Soldats présenteront les armes, & mettront genou en terre en même temps que la troupe.

614. Tous les Sous-officiers, soit de remplacement, soit de sere-file, ainsi que ceux attachés à la garde du drapeau, présenteront les armes, & mettront genou en terre en même temps que les Soldats.

615. Le Chef du régiment se placera à six pas en avant du centre du régiment, & chaque Chef de bataillon à six pas en avant du centre de son bataillon; ils feront face au Saint-Sacrement après avoir fait le commandement de *genou en terre*, salueront de l'épée, & mettront ensuite genou en terre s'ils sont à pied.

616. Les Adjudans-majors & Adjudans placés derrière le centre de leurs demi-bataillons respectifs, salueront, & mettront genou en terre en même temps que leur bataillon.

617. Le Saint-Sacrement passant, les Officiers, Sous-officiers & Soldats inclineront la tête.

618. Le Saint-Sacrement étant passé, le Commandant de la troupe fera cesser les Tambours, & commandera: *Garde à vous.* Les Officiers, Sous-officiers & Soldats releveront la tête.

619. Le Commandant de la troupe commandera aussitôt: *Debout.*

620. A ce commandement, les Officiers, Sous-officiers & Soldats se releveront ; les Sous-officiers & Soldats reprendront la position des armes présentées; les Officiers & Porte-drapeaux tiendront la pointe de leur épée & la lance de leur drapeau baissées, jusqu'au commandement de *portez* = *VOS ARMES.*

621. La troupe s'étant relevée, le Commandant fera porter les armes.

Ordre dans lequel les régimens devront défiler.

622.   Le Commmandant en chef voulant faire défiler, fera rompre par peloton à droite ou à gauche, & commandera enfuite :

Pour défiler.

623.   Ce commandement ayant été répété, les Muficiens & Tambours de chacun des régimens de la colonne fe porteront à la tête de leur régiment.

624.   Le Commandant en chef mettra enfuite la colonne en marche au pas cadencé, l'arme au bras, en obfervant de faire prendre les Guides du côté où fera placée la perfonne à qui l'on doit rendre des honneurs.

625.   Les régimens prendront en marchant environ quarante pas d'intervalle de l'un à l'autre.

626.   Lorfque la tête de la colonne fera arrivée à environ cinquante pas de la perfonne à qui l'on rendra des honneurs, le Chef du premier bataillon lui fera porter les armes, & la mufique commencera à jouer.

627.   Quand les Tambours & Muficiens du premier régiment auront défilé, le Tambour-major les fera former à quelques pas au-delà, & vis-à-vis de la perfonne à qui l'on rend des honneurs ; la mufique continuera à jouer jufqu'à ce que le dernier peloton du régiment ait défilé ; alors elle ceffera, & prendra ainfi que les Tambours la queue de leur régiment.

628.   Tous les bataillons de la colonne porteront les armes, au commandement de leurs Chefs refpectifs, à mefure qu'ils arriveront à cinquante pas de la perfonne à qui l'on rend les honneurs, & reprendront enfuite de même l'arme au bras, lorfque leur dernière fubdivifion l'aura dépaffée d'environ le même nombre de pas.

629.   Dès que la mufique du premier régiment ceffera de jouer, celle du régiment qui fuit commencera ; & lorfque les Tambours & Muficiens du fecond régiment auront défilé, ils iront fe former à la même place que ceux du premier, & y refteront, la mufique continuant à jouer, jufqu'à ce que la dernière fubdivifion de leur régiment les ait dépaffés ; ils prendront alors

la queue de cette fubdivifion, ainfi de fuite de régiment en régiment jufqu'au dernier.

630. Les Chefs de brigade défileront à la tête de leur brigade, à quatre pas en avant des Officiers fupérieurs, ayant à leur gauche leur Aide-de-camp.

631. Les Chefs de régimens défileront à la tête de leur régiment, à quatre pas en avant du Chef de la première fubdivifion, ayant à leur gauche le Lieutenant-colonel ou Chef du bataillon.

632. Le Chef du fecond bataillon défilera à quatre pas en avant du Chef de la fubdivifion de la tête de fon bataillon.

633. Si la perfonne à qui l'on rend des honneurs étoit placée à la gauche, les Chefs de brigade & de régiment fe placeroient à la gauche de leur Aide-de-camp & du Lieutenant-colonel.

634. L'Adjudant-major de chaque bataillon défilera fur le flanc de la colonne à environ fix pas, du côté oppofé à la perfonne à qui l'on rend des honneurs, & à hauteur de la première fubdivifion de fon bataillon; l'Adjudant défilera de même à hauteur de la dernière.

635. Les Chefs de peloton défileront à deux pas devant le centre de leur peloton.

636. Tous les autres Officiers & Sous-officiers marcheront aux places qui leur ont été fixées dans la marche en colonne.

637. Les Soldats & Guides conferveront la tête directe en défilant, les Officiers fupérieurs & les Chefs des fubdivifions effaceront un peu l'épaule, & fixeront les yeux fur la perfonne à qui l'on rend des honneurs, en paffant devant elle.

638. Les Porte-drapeaux refteront dans le rang en défilant.

639. Le Chef de la colonne enverra d'avance deux Aides-de-camp ou deux Officiers à cheval fe placer en avant de la tête de la colonne, à environ cent cinquante pas l'un derrière l'autre ; ils feront face aux Guides de droite ou de gauche de la colonne, felon que la perfonne à qui l'on rend des honneurs fera placée à la droite ou à la gauche, & refteront en place jufqu'à ce que la colonne ait achevé de défiler.

Si

640.   Si la colonne étoit compofée d'un nombre confidérable de bataillons, le Commandant en chef pourroit la mettre en marche au pas de route ; les Chefs de bataillon feroient ferrer les rangs, prendre le pas cadencé & porter les armes, à mefure que les bataillons arriveroient à cinquante pas de la perfonne à qui l'on rend des honneurs, & feroient reprendre le pas de route dès que la queue de leur bataillon l'auroit dépaffée d'environ le même nombre de pas.

641.   Si l'Officier général commandant la ligne eft d'un grade inférieur ou fous les ordres de celui à qui on devra rendre des honneurs, il défilera à quatre pas en avant du Chef de la première brigade.

FAIT à Paris, le premier octobre mil fept cent quatre-vingt-onze. *Signé* L O U I S. *Et plus bas,* DUPORTAIL.